COLLECTION MICHEL LÉVY.

LES
GUÊPES

ŒUVRES COMPLÈTES
D'ALPHONSE KARR
PUBLIÉES DANS LA COLLECTION MICHEL LÉVY

AGATHE ET CÉCILE.	1 vol.
LE CHEMIN LE PLUS COURT.	1 —
CLOTILDE.	1 —
CLOVIS GOSSELIN.	1 —
CONTES ET NOUVELLES.	1 —
LA FAMILLE ALAIN.	1 —
LES FEMMES.	1 —
ENCORE LES FEMMES.	1 —
FEU BRESSIER.	1 —
LES FLEURS.	1 —
GENEVIÈVE.	1 —
LES GUÊPES.	6 —
UNE HEURE TROP TARD.	1 —
HISTOIRE DE ROSE ET DE JEAN DUCHEMIN.	1 —
HORTENSE.	1 —
MENUS PROPOS.	1 —
MIDI A QUATORZE HEURES.	1 —
LA PÊCHE EN EAU DOUCE ET EN EAU SALÉE.	1 —
LA PÉNÉLOPE NORMANDE.	1 —
UNE POIGNÉE DE VÉRITÉS.	1 —
PROMENADES AUTOUR DE MON JARDIN.	1 —
RAOUL.	1 —
ROSES NOIRES ET ROSES BLEUES.	1 —
LES SOIRÉES DE SAINTE-ADRESSE.	1 —
SOUS LES ORANGERS.	1 —
SOUS LES TILLEULS.	1 —
TROIS CENTS PAGES.	1 —
VOYAGE AUTOUR DE MON JARDIN.	1 —

ŒUVRES NOUVELLES D'ALPHONSE KARR
Format grand in-18.

LES DENTS DU DRAGON (2ᵉ édition).	1 vol.
DE LOIN ET DE PRÈS (2ᵉ édition).	1 —
EN FUMANT (3ᵉ édition).	1 —
LETTRES ÉCRITES DE MON JARDIN.	1 —
SUR LA PLAGE (2ᵉ édition).	1 —
LE ROI DES ILES CANARIES (sous presse).	1 —
LA MAISON CLOSE (2ᵉ édition).	1 —
LA PROMENADE DES ANGLAIS.	1 —
LA QUEUE D'OR (2ᵉ édition).	1 —
LES GAIETÉS ROMAINES.	1 —

F. Aureau et Cⁱᵉ. — Imprimerie de Lagny

LES
GUÊPES

PAR

ALPHONSE KARR

— QUATRIÈME SÉRIE —

NOUVELLE ÉDITION

PARIS
MICHEL LÉVY FRÈRES, ÉDITEURS
RUE AUBER, 3, PLACE DE L'OPÉRA
—
LIBRAIRIE NOUVELLE
BOULEVARD DES ITALIENS 15, AU COIN DE LA RUE DE GRAMMONT
—
1874
Tous droits réservés

LES
GUÊPES

Juin 1842.

Un feuilleton de M. Jars, membre de la Chambre des députés. — Les vieilles phrases et les vieux décors. — Les enseignements du théâtre. — Un nouveau cerfeuil. — Les circonstances atténuantes. — M. Jasmin. — Un peintre de portraits. — La refonte des monnaies. — M. Lerminier. — M. Ganneron. — M. Dosne. — M. l'Herbette. — M. Ingres. — M. Boilay. — M. Duvergier de Hauranne. — M. Étienne. — M. Enfantin. — M. Enouf. — M. Rossi. — Le droit de pétition. — M. l'Hérault. — M. Taschereau. — M. d'Haubersaert. — M. Bazin de Raucou. — Madame Dauriat. — Les tailleurs. — M. Flourens. — Le *Journal des Débats*, Fourier et Saint-Simon. — Pétition de M. Arago. — Le droit de visite. — Un éloge.

On a trouvé d'assez mauvais goût un feuilleton fait par M. *Jars* à la Chambre des députés ; — ce feuilleton, outre des compliments à mademoiselle Georges — et une déclaration d'amour à mademoiselle Rachel, renferme une particularité assez curieuse. — Selon M. Jars, *les directeurs des théâtres vont chaque matin chez les auteurs, et leur disent : Voici de l'or ! travaillez pour nous, travaillez vite !*

M. Jars — adresse ensuite quelques reproches et quelques conseils aux auteurs.

Quand on a à porter un nom comme celui de M. Jars, on devrait, ce nous semble, — l'exposer beaucoup moins aux hasards du calembour.

🐝 Il est, selon nous, à la fois odieux et ridicule de voir cette même Chambre, qui traite si légèrement tant d'autres choses, — accorder chaque année une si grotesque importance aux divers tréteaux comiques et tragiques de Paris.

🐝 M. Auguis a demandé une chose presque raisonnable, — à savoir : que la ville de Paris fût chargée de payer les subventions des théâtres qui la divertissent plus ou moins. — N'est-il pas en effet singulier que le pauvre paysan breton ou alsacien — soit obligé de payer sa part de la subvention accordée à l'Opéra, au Théâtre-Français, à l'Opéra-Comique — de Paris !

🐝 Du reste, je signalerai ici une tactique assez habile de la part de la direction de l'Opéra.

Beaucoup de MM. les députés et de MM. les journalistes jouissent d'une entrée gratuite à l'Opéra.

Il y a un article du règlement qui défend d'accorder ces entrées. Or, au moment où la Chambre arrive à ce qu'on appelle *la discussion* de la subvention de l'Opéra, — pour que les députés et les journalistes qui ont promis de l'appuyer n'oublient pas leur engagement, pour que les autres aient au moins le soin de rester neutres et muets, — la direction de l'Opéra — fait mettre dans tous les journaux une note qui rappelle la prohibition de l'article tant du règlement — et invite les personnes ayant *droit* aux entrées à faire établir ce droit sous bref délai.

Ce qui, pour les privilégiés, veut dire : « Vous voyez que vous n'avez aucun droit à la faveur dont vous jouissez; vous savez qu'il nous est même défendu de vous l'accorder ; — une faveur surtout gratuite ne peut pas se donner pour rien ; — ayez donc soin de la mériter et faites votre devoir. »

☙ Et alors, députés et journalistes sortent d'une des cases de leur cervelle cinq ou six phrases vermoulues consacrées à cette question, — absolument comme on sort de temps en temps du magasin les vieux décors de la *Vestale* et de *Fernand Cortez*. « L'Opéra est une gloire nationale ; — le Théâtre-Français est l'*école des mœurs*; — la comédie est le *miroir des vices : castigat ridendo mores*; c'est l'*utile dulci* d'Horace; c'est la *morale embellie par les grâces;* c'est un *magasin de hauts enseignements,* » etc., etc.

☙ Cette fois-ci, je résolus de savoir ce qu'il en était — et de m'assurer par moi-même des heureux effets que produit le théâtre sur la morale publique.

A cet effet, j'allai me mêler aux groupes qui, à la sortie du spectacle, se pressent autour de la statue de Voltaire, sous le péristyle du Théâtre-Français, — pour surprendre les impressions que venaient de recevoir les spectateurs des hauts enseignements qui leur étaient présentés.

ENSEIGNEMENT DU THÉATRE.

Premier groupe.

— Je ne comprends pas que mademoiselle *** mette une robe verte avec des rubans bleus.
— Quel âge peut bien avoir *** ?
— Vous croyez...
— J'ai vu ses débuts...
— Il est changé.

Deuxième groupe.

— *J'aimerais bien* mademoiselle ***.
— Elle a un amant,
— Est-il riche ?

— C'est lui qui a donné les diamants qu'elle portait ce soir.
— Ah! ah! — ils sont fort beaux.
— Ce gaillard-là ne laisse aux autres que la ressource d'être aimés pour rien.

Troisième groupe.

— Quand je pense que je demeure sur le carré de cet homme-là et qu'il est si tranquille!
— Vous ne l'entendez jamais déclamer?
— Non. Il est toujours à cultiver ses œillets.

Quatrième groupe.

— Où allez-vous, demain matin?
— J'irai au bois de Boulogne.
— A cheval?
— Non! — en voiture. — Et vous?
— Moi je comptais aller à cheval, — mais si vous voulez me donner une place, prenez-moi en passant.
— Avez-vous encore de ces cigares?...
— Oui! — j'en apporterai.

Cinquième groupe.

— Au nom du ciel, ne m'envoyez plus de bouquets, mon mari s'en inquiète.
— A quelle heure serez-vous...
— Chut! — le voilà.

Sixième groupe.

— Mais, monsieur, pourquoi me poussez-vous comme cela?
— Monsieur, je vous demande mille pardons.
— Monsieur, il n'y a pas de quoi.
— Ah! mon Dieu! le coquin avait de bonnes raisons pour me pousser, il m'a volé ma montre.

Septième groupe.

— Certainement, je ne m'en irai pas à pied.
— Mais, ma bonne, il fait un temps superbe.
— C'est égal, je suis fatiguée.

Huitième groupe.

— Mademoiselle *** est faite comme un ange.
— Elle n'a pas de gorge.
— Il m'a semblé, cependant...
— Je te dis que je sais à quoi m'en tenir.

Neuvième groupe.

— Croiriez-vous qu'on ne m'a envoyé qu'une stalle d'orchestre !
— C'est comme à moi.
— Je vais joliment éreinter la pièce.
— Et moi donc !
— Avec ça que le cinquième acte est trop long.
— Et puis cela traîne partout.
— Je vais faire mon article tout de suite.

Dixième groupe.

— Les banquettes sont furieusement dures.
— On peut dire qu'elles sont rembourrées avec des noyaux de pêches.
— Hi ! hi ! hi !

Le péristyle se désemplissait peu à peu ; — dans le dernier flot de foule qui sortait une femme jeta un cri ; — son mari, qui lui donnait le bras, — lui demanda ce qu'elle avait.

— Ce n'est rien, mon ami.

— Tu n'aurais pas crié pour rien.

— C'est quelqu'un qui m'a *poussée*.

Le mari jette autour de lui un regard menaçant.

Un homme qui était derrière eux a déjà disparu.

Je savais à quoi m'en tenir sur les *hauts enseignements* de cette *école des mœurs*. — J'allumai un cigare et je rentrai chez moi.

Laquelle est-ce de vous, mes guêpes, — que j'ai chargée de la surveillance de messieurs les savants et de mesdames leurs inventions?

— C'est vous, Grimalkin... — N'avez-vous rien à me dire?

— Si, vraiment, maître ; — M. Lissa a envoyé à la Société royale d'horticulture de Paris des graines de cerfeuil bulbeux, — plante qu'il a introduite en France — et dont il *enrichit* nos jardins.

— C'est donc un fameux cerfeuil, Grimalkin?

— Je le crois bien, maître. — On l'appelle *chærophyllum bulbosum*.

— Et qu'a dit la Société royale d'horticulture?

— Elle a reçu avec plaisir et reconnaissance...

— Mais enfin quels avantages présente ce cerfeuil?

— Je ne sais pas, maître.

— Vous me direz au moins quelle différence.

— Oh! il y en a une : — le rédacteur des *Annales de la Société*, tout en conseillant de le cultiver, conseille de n'en pas trop manger, parce que plusieurs raisons lui font penser qu'il pourrait bien *être vénéneux*.

« Il faut le semer en automne — ou en février au plus tard. »

— A moins qu'on ne le sème pas du tout, Grimalkin.

Le jury et les *circonstances atténuantes* vont toujours leur train.

DÉPARTEMENTS (Isère). — *Pont-de-Beauvoisin*. — Une accusation de parricide accompagnée de circonstances horribles était portée aux assises de l'Isère contre Jean Boudrier, de Pont-de-Beauvoisin, accusé d'avoir mis le feu à une grange où dormait son père, vieillard octogénaire et paralytique. A peine si le lendemain, dans les décombres de l'incendie, on a retrouvé quelques ossements humains calcinés.

Les péripéties de ce drame, qui s'est terminé par une scène aussi terrible, duraient depuis quinze ans, époque à laquelle Jean Boudrier, fuyant la maison paternelle, avait proféré pour dernier adieu ces atroces paroles : « Je voudrais voir rôtir mon père comme un crapaud sur une pelle. »

Le jury a reconnu Jean Boudrier coupable du crime dont il était accusé, mais avec des *circonstances atténuantes*. En conséquence, Jean Boudrier a été condamné aux travaux forcés à perpétuité.

※ Je vous le disais bien, il y a un an, — que vous seriez honteux d'avoir soutenu les fortifications : — et vous, monsieur Barrot, qui les attaquez maintenant à la tribune, — et vous journalistes qui les invectivez dans vos feuilles,

※ M. Jasmin, coiffeur et poëte, est arrivé à Paris où il a dîné avec le roi Louis-Philippe, et avec MM. les coiffeurs de la capitale ; — il a été invité et reçu dans plusieurs maisons du faubourg Saint-Germain.

Rapprochez ceci de ce que je vous ai dit de ce dîner où le roi fit semblant de ne pas savoir que M. de Lamartine fait des vers, et vous en tirerez pour conséquence ce que je vous ai répété déjà bien des fois.

O poëtes, — vous serez toujours méprisés et dédaignés. — La *presse* est arrivée aux affaires, aux *honneurs* (quels honneurs!) mais la presse n'est pas plus la poésie, que les Cosaques ne sont l'armée russe.

Les ravages qu'a causés la *presse* sur son passage — n'ont fait qu'ajouter un peu de haine au mépris que l'on avait pour vous.

On n'accueillerait pas ainsi au château un poëte qui ne serait pas en même temps perruquier.

Peut-être, — par suite de cette affaire, — quelques poëtes vont se faire coiffeurs, — et je n'y verrai pas grand mal ; — mais je suis sûr que depuis huit jours les jeunes coiffeurs inoccupés ont fait plus de trois millions de vers.

Voici ce qui arrive à un peintre qui fait un portrait, sauf les nuances qu'apportent nécessairement la position sociale et l'éducation du modèle.

— Monsieur, suis-je bien ainsi?

— Madame, je ne saurais trop vous recommander de prendre une position naturelle.

— Mais, monsieur, je ne crois pas me maniérer.

— Ce n'est pas ce que je veux dire, madame ; je veux simplement vous engager à prendre la pose qui vous est la plus habituelle ; je ne puis peindre que ce que je vois, et il faut avant tout que la personne que l'on peint tâche de se ressembler à elle-même.

La femme considère cette observation comme non avenue : elle garde une pose prétentieuse et maniérée ; elle lève les yeux au ciel, ou les ferme languissamment ; elle serre les lèvres pour se rapetisser la bouche ; elle est naturellement enjouée, elle prend un air majestueux.

Le peintre fait son esquisse.

— Dites-moi, monsieur, ne serais-je pas mieux ainsi?

— Je ne pense pas.

— Cependant, je pense que cela fera mieux.

Elle prend une pose toute différente de la première, sans être pour cela moins affectée.

Le peintre efface son esquisse. Comme il va en commencer une autre :

— Décidément, vous aviez raison, la première pose valait mieux.

Et le malheureux artiste recommence ce qu'il a effacé.

— Je vous recommanderai la couleur de mes yeux; j'ai la faiblesse d'y tenir. Cela est excusable quand on a si peu de chose de bien.

— Madame est trop modeste; car au contraire...

Pendant ce temps, elle a encore changé de position.

— Voudriez-vous avoir la bonté, madame, de reprendre la position où vous étiez tout à l'heure?

— C'est qu'elle me gêne un peu.

— Alors, madame, prenez-en une que vous puissiez garder, car il me faut recommencer mon ouvrage chaque fois que vous remuez.

— Alors je vais reprendre celle de tout à l'heure. Suis-je bien comme cela?

— Très-bien, si vous y restez.

— Bérénice!

Entre la femme de chambre, laquelle est aussi la cuisinière.

— Bérénice, apportez-moi mon écrin.

Écrin est un mot qui n'est pas d'un usage habituel entre la maîtresse et la domestique, et dont on ne se sert que pour le peintre et pour lui donner une brillante idée de sa distinction.

— Comment dit madame?

— Ma boîte à bijoux, imbécile.

Bérénice apporte une boîte.

— Dites-moi, monsieur, quel collier et quels pendants d'oreilles me conseillez-vous de mettre?

— Ceux qui vous plairont le mieux, madame.

— Mais il me semble qu'un peintre doit avoir là-dessus des idées?

— J'aimerais assez le corail.

— Cependant, ce sont ordinairement les femmes brunes qui affectionnent le corail, et, si j'ai quelque chose de passable, c'est la blancheur de la peau.

1.

— Je n'en ai jamais vu de plus belle.

— Je vais mettre des diamants.

— Bérénice !

— Madame ?

— Avez-vous pensé à prévenir le coiffeur pour ce soir ?

— Non, madame.

— A quoi sert-il alors que je vous parle ? allez-y tout de suite.

— Ah ! monsieur, on est bien malheureux d'avoir des domestiques ; je me surprends quelquefois à envier la position d'un artiste : au moins vous êtes indépendant, vous faites vos affaires vous-même.

— Hélas ! madame, je suis forcé de vous ôter cette illusion : je ne suis pas assez heureux pour cirer mes bottes moi-même ; — mais je vous supplierai de tourner la tête un peu plus à droite, comme vous étiez tout à l'heure.

— Mon Dieu ! monsieur, je ne sais pourquoi on n'a jamais pu me faire ressemblante ; j'ai deux portraits de moi, ce sont deux horreurs. Sur le dernier, j'ai une bouche qui n'en finit pas ; je vous recommanderai la bouche, ce n'est pas que j'y tienne. Quand on a une grande fille de six ans... (La fille en a neuf.) —quand on a une grande fille de six ans, il faut renoncer à toutes les prétentions ; mon mari aime beaucoup ma bouche, et il serait désolé de la voir trop grande sur le portrait.

— Je vous la ferai aussi petite que vous voudrez, madame.

— Surtout, monsieur, je ne veux pas être flattée ; je ne suis pas comme ces femmes qui exigent qu'on donne à leurs portraits tous les charmes qui leur manquent. — Je fais demander le coiffeur pour une soirée, pour un bal où je vais ce soir. Je n'aime guère le monde, mais on ne peut se dérober aux exigences et aux devoirs de la société. Et puis mon mari veut que je sorte un peu de la solitude, qui me plaît infiniment. Je ne sais comment m'habiller ce soir, car il ne faut pas faire peur.

— Certainement, madame...

— Pensez-vous que je ferai bien de mettre du bleu ?

— Le bleu doit vous aller à ravir.

— Cependant, toutes réflexions faites, je mettrai une robe de crêpe rose. — Remarquez, s'il vous plaît, que j'ai le nez assez délicat ; c'est même tout ce que j'ai de remarquable dans la figure.

— Ah ! madame !

— Permettez que je voie.

— Il n'y a presque rien de fait.

— C'est égal, c'est très-joli ; mais pourquoi ai-je ainsi le cou noir et bleu ?

— Ce sont des ombres indiquées.

— Mais c'est que je passe au contraire pour avoir le cou très-blanc, je vous avouerai même que c'est ma prétention.

— Je vois mieux que personne, madame, que vous avez le cou d'une blancheur éblouissante ; mais j'ai eu l'honneur de vous dire que ce sont des ombres que j'indique ; d'ailleurs, cela ne restera pas ainsi.

— A la bonne heure.

— Voulez-vous, madame, vous remettre en place ?

— Très-volontiers : suis-je bien ainsi ?

— Vous êtes charmante de toutes les manières, madame ; mais, si vous préférez maintenant cette pose, il va falloir que j'efface tout pour recommencer. — La tête un peu à droite, — baissez les yeux un peu plus.

— Est-ce que je n'avais pas les yeux au ciel ?

— Non, madame.

— C'est singulier ! c'est que c'est un mouvement qui m'est très-familier.

— Il est alors facile de changer le mouvement des yeux.

Entre un monsieur ; ce monsieur est un courtier marron que madame décore du titre d'agent de change.

— Tenez, monsieur T***, mon mari veut que je me fasse peindre encore une fois.

— On ne saurait trop reproduire un aussi charmant visage.

— Voyons, T***, vous savez que j'ai horreur des compliments. Trouvez-vous que je sois ressemblante ?

— Certainement, la peinture de monsieur est fort bien ; je dirai plus... elle est... fort bien ; mais vous êtes plus jolie que cela.

Le peintre se retourne avec l'intention de faire observer au connaisseur que le portrait n'est qu'ébauché ; mais il s'arrête, et sa pensée se dessine sur ses lèvres en un sourire ironique. Le connaisseur continue :

— Il y a, ou plutôt il n'y a pas... un je ne sais quoi ; enfin, monsieur, je voudrais voir ici, dans les yeux, plus de... vous comprenez, et aussi quelque chose dans le front.

— Et, dit la femme, ne trouvez-vous pas aussi que le cou est un peu noir ?

— J'ai eu l'honneur, dit le peintre un peu impatienté, de dire à madame que, si je ne marque pas d'ombres, elle aura la figure plate comme une silhouette ; avec plus d'attention, madame apercevrait ces ombres sur la nature.

— Ah ! pour cela, dit le connaisseur, monsieur a raison : ce sont les ombres ; — on ne peut chicaner les peintres là-dessus ; c'est une imperfection, mais ils ne peuvent faire autrement ; l'art a ses limites. Les madones de Raphaël ont peut-être un peu moins d'ombres que le portrait que fait monsieur, mais elles en ont cependant.

Le peintre, pour cette fois, se lève et annonce qu'il reviendra le lendemain. Le lendemain, on le fait attendre une heure ; plus, on ne veut plus mettre de diamants, et la coiffure a été changée.

Toujours préoccupée des ombres de son cou, la dame a clandestinement enlevé et jeté ce que le peintre avait mis de bleu sur la palette.

Au moment où on s'occupe de la refonte des monnaies,

M. Anténor Joly a adressé au gouvernement un mémoire dans lequel il propose un système qui a reçu l'approbation d'une grande partie des journaux. — D'après ce système, — on échapperait à la monotonie de voir sans cesse sur les gros sous la même figure de roi d'un côté, et de l'autre l'invariable couronne de chêne.

On se rappelle ce paysan qui exilait Aristide seulement parce que cela l'ennuyait de l'entendre appeler le *Juste*. Qui sait si les révolutions n'ont pas pour principe l'ennui de voir toujours la même figure sur les pièces de monnaie?

Selon le nouveau système, nos sous seraient frappés aux diverses effigies des grands hommes : — d'un côté le visage, — de l'autre les vertus et belles actions. — De même qu'on dit un *louis*, — un *napoléon*, — un *philippe*, — on dirait un *martin*, — un *chambolle*, — un *lerminier*. — J'aurais bien quelques objections à faire à cette innovation :

1º Nous avons beaucoup de grands hommes fort laids; — l'aspect trop fréquent de leur figure pourrait diminuer sensiblement le respect que méritent leurs actes.

2º Ce serait donner au pouvoir un nouveau et terrible moyen de corruption; — tant de gens échangent volontiers l'honneur contre les honneurs; — que ne fera-t-on pas pour devenir gros sou! Quelle gloire d'être gros sous, et devant quelle infamie reculera-t-on si elle aide à y parvenir?

3º Ne serait-ce pas donner à la fois un nouvel aliment et un nouveau prétexte à l'amour de l'argent?

4º N'a-t-on pas à craindre un fâcheux agiotage, — une dépréciation de certains gros sous et un enchérissement de quelques autres; — tandis qu'un système monétaire bien établi doit être fondé sur un rapport quelconque entre le signe et la valeur représentée? — Ne verra-t-on pas, — et cela — à l'arbitraire des goûts, des sympathies et des caprices, — donner trois *ledru* pour un *jars*, — et *vice versa?*

Néanmoins, — et malgré ces objections et plusieurs autres encore qu'il serait facile de faire, — nous donnons un spécimen de quelques-unes des nouvelles monnaies qui proviendraient de l'application de ce système. — Je prends une pièce au hasard; — pour savoir de quel côté je la présenterai à mes lecteurs, — je la jette en l'air :

— Pile ou face ?

La pièce tombe pile : — c'est le côté des vertus et des belles actions.

M. LERMINIER.

1830 Démocrate assez farouche.
1840 Dévoué à la dynastie, nommé professeur.
1841 On lui jette des pommes cuites.
1842 *Idem* crues.

Dieu protége la France.

M. GANNERON.

1820 Épicier. Apporte à la chandelle de notables perfectionnements.
1832 Député, colonel de la deuxième légion.
1840 Écrit : « Plusieurs compagnies ont ouverTES des souscriptions. »
1841 Danse avec les filles du roi.
1842 Est mécontent.

Dieu protége la France.

M. JARS.

Est envoyé à la Chambre pour le maintien des droits et des libertés de la France.

— Monte à la tribune et dit des douceurs à mademoiselle Rachel.

— Le *Moniteur* est chargé de porter le poulet.

Dieu protége la France.

M. DOSNE.

1825 Reçoit gratuitement une charge d'agent de change de la duchesse d'Angoulême.

840 Parie à la Bourse contre la politique de son gendre. — S'en retourne à Lille.

Dieu protége la France.

M. L'HERBETTE.

1839 Se coupe les cheveux en brosse.

1840 Demande à la Chambre des députés que les femmes de lettres puissent écrire malgré leurs maris.

Dieu protége la France.

M. INGRES.

1828 Supprime le rouge.

1832 Nettoie sa palette du jaune.

1841 Ne sait pas où Dieu avait la tête quand il a mis tant de vert dans la nature.

Dieu protége la France.

M. BOILAY.

1839 Est inventé par M. Thiers.

1841 Passe à M. Guizot.

1842 Est mis à Charenton.

Dieu protége la France.

M. DUVERGIER DE HAURANNE.

1828 Fait des vaudevilles.

1829 La fameuse chanson de la redingote ; après la révolution de Juillet, se donne à M. Guizot.

1840 Passe à M. Thiers.

Dieu protége la France.

M. DE RAMBUTEAU.

1837 Prononce le fameux discours : « Les habitants de Paris sont mes enfants.—C'est les pauvres qu'est les aînés. »
1838 Reprononce le fameux discours.
1839 Prononce le discours où il appelle *donataire* celui qui donne.
1840-41-42 Fait paver la rue Vivienne perpétuellement.

Dieu protége la France.

M. CHAMBOLLE.

1840 S'en va-t-en guerre. — Le 25 août 1840, — imprime que M. de Lamartine est un niais.

Dieu protége la France.

M. ÉTIENNE.

Fait des vaudevilles et des chansons bachiques ; est reçu membre du Caveau et de plusieurs sociétés buvantes et chantantes.

Est nommé pair de France.

Trouve mauvais qu'un poëte (M. de Lamartine) se mêle de politique.

Écrit : « C'est avec une plume trempée dans notre cœur. »

Dieu protége la France.

M. COUSIN.

1815 Baise la botte de l'empereur de Russie.
Dit à M. Molé, à la Chambre des pairs : « Je vous donne un démenti. »
1840 Cire les souliers de M. Thiers.
Se lave les mains.
Laisse tomber la littérature en quenouille.
1841 Refuse un titre *vain*.

Dieu protége la France.

M. DUPIN L'AINÉ.

1830 À très-peur.
1835 Insulte M. Clauzel. — M. Clauzel demande raison. — Me Dupin s'excuse. — Fait trois discours contre le duel.
 Est très-audacieux. — Son audace n'effraye que lui. — Il va le soir en demander pardon au château.
 Dieu protége la France.

M. ENFANTIN.

1827 Invente un nouveau bleu pour le billard.
1828 Rend un point au garçon de billard du Grand-Balcon.
1830 Se déclare dieu.
1840 Découvre un nouveau crapaud.
 Dieu protége la France.

M. ENOUF.

1826 Elève des veaux à Carentan.
1838 Fait à la Chambre une proposition hardie qui n'est pas appuyée; — à savoir : de ne parler pas plus de quatre à la fois.
 Dieu protége la France.

M. VIVIEN.

1828 Ecrit le *Code des théâtres* et le *Mercure des salons*, — journal des modes.
— Est ministre après la révolution de Juillet.
 Dieu protége la France.

M. AUGUIS.

1832 Fait mettre une paire de manches à son habit vert.
1833 Fait retourner ledit habit.
1835 Le donne à son portier.
1837 Le reprend à son portier pour ses étrennes.

1840 Y fait mettre des pans neufs.
1841 Y fait mettre des boutons.
> Dieu protége la France.

M. ROSSI.

En 17»» naît Autrichien.
En 1808 devient Français.
En 1812 — Italien.
    1814 — Napolitain.
    1820 — Genevois.
    1830 — Refrançais.
> Dieu protége la France.

M. ARAGO.

18»» Annonce que des étoiles fileront, les étoiles ne filent pas.
1840 Dîne beaucoup à Perpignan.
> Dieu protége la France.

DROIT DE PÉTITION.

1828 Les garçons de bureau vendent les pétitions à la livre.
1842 Les garçons de bureau vendent les pétitions au kilogramme.
> Dieu protége la France.

M. L'HÉRAULT.

Est envoyé à la Chambre pour le maintien des droits et des libertés de la France.

Il porte une redingote gris-crapaud.
> Dieu protége la France.

JOURNAL DES DÉBATS.

Epouse successivement et non *sans dot* les intérêts de tous les gouvernements, prouve qu'il n'a jamais varié dans ses opinions et qu'il a été de tout temps pour le gouvernement *actuel*.

Conseille aux *pauvres* de mettre à la *Caisse d'épargne*.
> Dieu protége la France.

JUIN 1842.

M. DE BALZAC.

Se livre à diverses incarnations comme Vichnou.
— Imprimeur.
— Viellerglé.
— Horace de Saint-Aubin.
— Balzac.
— De Balzac.
— Le plus fécond de nos romanciers.
— Cultive des ananas.
— Défend Peytel, qui lui pardonne en mourant.
— Tombe du théâtre, et se remet à faire de beaux romans.
    Dieu protége la France.

M. TASCHEREAU.

1839 Dit : « Oh! oh! »
1840 « Allons donc! »
1841 « La clôture! »
1842 « L'appel nominal!!! »
    Dieu protége la France.

M. TROGNON.

Est nommé professeur du duc de Joinville.
1833 Son élève le force de s'habiller en Turc.
1840 Le fait mettre à terre à l'île de Wight, parce que sa figure attristait un bal que le prince donnait sur son vaisseau.
    Dieu protége la France.

M. D'HAUBERSAERT.

1830 Il avait le nez couleur cerise.
1833   cramoisi.
1835   ponceau.
1840   écarlate.

1842 Beaucoup plus rouge qu'en 1840.
>Dieu protége la France.

M. BAZIN DE ROCOU.

Manifeste l'intention d'écrire plusieurs ouvrages.
Est nommé par le roi chevalier de la Légion d'honneur.
>Dieu protége la France.

M. LEDRU-ROLLIN.

— Achète un privilége trois cent trente mille francs.
— Fait un discours contre les priviléges.
1840 Se présente comme candidat dynastique.
1842 Se présente comme candidat républicain.
>Dieu protége la France.

M. AMILHAU.

1820 Conspire.
1840 Juge les conspirateurs.
>Dieu protége la France.

M. CHAPUYS DE MONTLAVILLE.

1840 Ne salue pas la reine.
1841 Fait son grand discours contre les épingles de la duchesse d'Orléans.
— Demande une réduction de huit cent mille francs sur un article de cent quarante mille.
1842 Découvre qu'un greffier de justice de paix grève le Trésor de cinquante francs par an.
>Dieu protége la France.

S. M. LOUIS-PHILIPPE.

1842, 20 février. Vend les premiers haricots verts de l'année.
>Dieu protége la France.

M. COULMAN.

— Se présente aux Tuileries fort mal vêtu.

JUIN 1842.

Demande si on le prend pour un marquis.
Dieu protége la France,

LE PETIT MARTIN.

Origine de sa *grandeur*. — Il a un pouce de moins que M. Thiers.

Il fait les commissions.

Il entre au conseil d'Etat.
Dieu protége la France.

LE DANDYSME.

Enrichit la langue française des mots : « deat heat, — stagss hund, — joal stalkes, — comfort, — stud book, — new betting room stakes, — two years old stakes, — sport, — sportmen, — sportwomen, — gentlemen riders, — turf, — sport, — steeple chase, etc. »

— En 1839 invente les gilets trop courts.
Dieu protége la France.

MADAME DAURIAT.

A neuf ans commence à fumer des cigares.

A quarante ans se déclare contre un gouvernement sous lequel on n'est plus jeune.

Prêche publiquement la liberté de la femme.

Demande à être *députée*.

Laisse croître *sa barbe*.
Dieu protége la France.

M. LEBŒUF.

Fait la *banque* à Fontainebleau. — Donne sa voix en échange d'une invitation aux bals de la cour pour madame Lebœuf.
Dieu protége la France.

LES TAILLEURS.

1831 Demandent des droits politiques.

1838 Se prononcent pour le *sans-culottisme* avec une touchante abnégation.
1840 Veulent fumer en travaillant.
>Dieu protége la France.

M. GANNAL.

Veut *empailler les cendres* de l'empereur.

— Écrit clandestinement sur les pierres tumulaires à la suite des vertus des défunts : « Empaillé par M. Gannal. »

— Un de ses élèves empaille les côtelettes et les petits pois — qui seront mangés par nos descendants. — Nous pouvons aujourd'hui faire à dîner pour nos arrière-neveux.
>Dieu protége la France.

LE COURRIER FRANÇAIS.

1840 Veut qu'on chasse à coups de pieds le roi de Sardaigne.
1842 Pense que le roi de Sardaigne est un grand prince, puisqu'il a su apprécier mademoiselle Fitz-James.
>Dieu protége la France.

LA SCIENCE.

On s'obstine à *nourrir* de gélatine les malades des hôpitaux qui s'obstinent à en mourir de faim.

On découvre un nouveau cerfeuil vénéneux.

On attaque la pyrale, insecte qui nuit à la vigne, au moyen d'une composition qui détruit les ceps — et brûle les mains qui l'emploient.

Le gaz éclate.

Les chemins de fer causent d'horribles catastrophes.

On propose d'employer la vapeur et les rails à marcher plus lentement qu'un fiacre sur le pavé.
>Dieu protége la France.

JUSTICE.

Une douzaine d'empoisonneurs, d'assassins, de parricides, éprouvent chaque année l'indulgence du jury.

Ces encouragements réussissent autant qu'on devait s'y attendre

Dieu protége la France

M. FLOURENS.

Élève des canards.
Est élu membre de l'Académie française.

Dieu protége la France.

On voit que, malgré quelques inconvénients, ce système monétaire n'est pas sans agréments. — Je joins ma voix à celle de la plupart des journaux pour conseiller au ministère d'en user; on dit que cela coûtera cher et que chaque pièce de deux sous reviendra à cinq cents francs.—Mais cela fera une galerie curieuse, et il faudrait, pour s'en priver, n'avoir pas une centaine de millions dans la poche des autres.

❧ Le *Journal des Débats* avait à rendre compte d'un ouvrage où il est question de quelques dieux qui se sont révélés à la France dans ces dernières années, — entre autres de Fourier et du père Enfantin, — le *Journal des Débats* s'est trouvé un peu embarrassé; — il a attaché à sa rédaction trois ou quatre saint-simoniens; — qu'est-il arrivé de là? — Fourier, qui n'aurait eu que six colonnes tout au plus d'amertumes et de sarcasmes sur les douze colonnes du feuilleton, a empoché en outre la part de facéties et de reproches à laquelle avait droit le saint-simonisme, dont l'article ne dit pas un mot.

❧ Dans plusieurs départements, le ciel s'est fait d'airain, les nuages ne laissent pas échapper une goutte d'eau ; — quelques personnes, — frappées du bouleversement qui a eu lieu depuis quelques années dans l'ordre des saisons, — veulent s'en prendre à M. Arago.

Voici leurs raisons :

Il y a des artisans qui mettent sur leur enseigne : *fait tout ce qui concerne son état.*

Il serait à désirer que ce principe, — et la négation qui en est le corollaire obligé, reçût son application dans toutes les positions sociales. — On verrait beaucoup mieux aller l'état particulier dont chacun s'occuperait, et ainsi l'*état* en général, dont chacun ne s'occuperait pas.

Malheureusement beaucoup de gens semblent avoir adopté aujourd'hui une enseigne contraire :

FAIT TOUT CE QUI CONCERNE L'ÉTAT DES AUTRES.

On en voit surtout de fréquents exemples à la Chambre des députés.

Entre autres, M. Arago. — M. Arago est un savant célèbre; pendant longtemps, on s'est habitué à n'avoir chaud ou froid en France que sur l'avis de M. Arago. Les journaux considéraient M. Arago comme un capucin hygromètre; on disait : M. Arago a ôté ou a remis son capuchon, — c'est-à-dire il fait beau ou il pleut.

En ce temps-là, les affaires du ciel allaient on ne peut mieux. — La nuit succédait au jour régulièrement et le jour à la nuit, — et l'on savait gré à M. Arago; — l'année avait ses cinquante-deux dimanches, et l'on disait : « Cet excellent M. Arago ! »

Pour les affaires de la terre, elles allaient comme elles ont toujours été et comme elles iront toujours : — fort mal pour le plus grand nombre, — au bénéfice de quelques-uns.

Mais voici qu'un jour M. Arago se laissa choir dans le puits des affaires politiques, — qu'il se fit député et *grand citoyen*.

De ce jour, les affaires de la terre se mirent à aller absolument comme elles allaient auparavant; — pour les affaires du ciel, ce fut autre chose : l'anarchie se mit dans les astres; — la voix même de M. Arago ne fut plus écoutée : — M. Arago avait dit : « Les étoiles fileront. »

Et les étoiles ne filèrent pas : — il y eut au ciel des étoiles *intelligentes,* — comme sur terre des baïonnettes *intelligentes;* — il pleut l'hiver, il ne pleut pas l'été; — il fait chaud en février et froid en mai; enfin, on s'attend à voir arriver, d'un moment à l'autre, la fameuse semaine des trois jeudis, tant prédite par les prophètes.

Voilà sur quoi se fondent les personnes qui veulent s'en prendre à M. Arago de ce qu'il ne pleut pas.

A force de récriminations, il est et il demeure avéré que tous les ministres que nous avons eus depuis douze ans — se sont au moins laissé jouer par l'Angleterre, et que quelques-uns en vue de la traite, — d'autres en vue de l'alliance anglaise, — quelques autres par pusillanimité, — tous ont plus ou moins consenti au *droit de visite* qui institue les Anglais *commissaires de police des mers.* Le soin que les ministres, ceux d'aujourd'hui et ceux qui les ont précédés, prennent de se rejeter la chose les uns sur les autres, montre au moins qu'ils reconnaissent unanimement que l'état de choses actuel ne peut durer, — que ratifier le traité serait une lâcheté, — que, si la France ne veut pas que les vaisseaux fassent la traite, c'est elle seule qui surveillera l'exécution des lois qu'elle s'impose à elle-même et qu'elle seule a le droit de s'imposer.

Je vous l'ai déjà dit : il ne faut pas jouer avec l'orgueil national; la Chambre des députés a voté un supplément de fonds pour la marine, — c'est une bonne et sage manifestation; — tenez-vous pour avertis, — car cette guerre que vous redoutez trop, — vous l'aurez par les moyens mêmes que vous employez pour l'éviter; peut-être, au moment où j'écris ces lignes, commence-t-elle par un coup de poing entre deux matelots.

Juillet 1842.

Dédicace à la reine Pomaré. — Dissertation sur les tabatières. — La cuisine électorale. — *Am Rauchen.*

Pourquoi et comment ce numéro est offert et dédié à la reine Pomaré, et ce que c'est que la reine Pomaré. — Une digression peu étendue au sujet de MM. Hatstard, Piati, Mamoi, Priter et Tate. — A une date récente, on lit dans le *Journal d'Anvers* — que S. M. Pomaré, reine d'Otaïti, — par l'organe de ses ministres;

Hatstard, président du conseil et ministre des relations extérieures;

Piati, secrétaire d'État au département de l'instruction publique.

Mamoi, ministre de la justice et des cultes;

Priter, ministre de la guerre;

Et Tate, ministre de l'intérieur,

Reconnaît à S. M. Louis-Philippe et à la nation française la souveraineté sur son pays. — On ne donne pas le nom du ministre des finances, — parce qu'il n'y a pas de finances à Otaïti, ou parce que le secrétaire d'État qui en est chargé — est quelque Gouin ou quelque Passy, — ou quelque autre ministre de remplissage, — quelque cheville comme en met M. de Pongerville dans ses vers hexamètres, — auxquels on n'a cependant jamais fait le reproche de ne pas être assez longs.

DÉDICACE A S. M. LA REINE POMARÉ, SOUVERAINE DE L'ILE D'OTAÏTI. — « Madame, j'ignore ce que vous avez l'habitude de donner pour les dédicaces. — Autrefois, en France, le roi donnait une tabatière enrichie de diamants; — il y avait des poëtes qui avaient ainsi un revenu fixe de quatre ou cinq tabatières de rente. — On ne s'informait pas si l'auteur de la dédicace prenait ou non du tabac, parce qu'on était sûr que, ne prît-il pas de tabac, il prendrait néanmoins volontiers des tabatières — enrichies de diamants.

» La tabatière est ici tombée en désuétude; — la dédicace aussi; — les académies en province, qui proposent, — pour de magnifiques prix de trois cents francs, — tant de questions saugrenues à résoudre, devraient bien encourager à des recherches ayant pour but de fixer l'histoire du cœur humain sur ce point : « a-t-on cessé de donner des tabatières après qu'on a cessé de faire des dédicaces, ou a-t-on cessé de faire des dédicaces aux rois depuis qu'ils ne donnent plus de tabatières — *enrichies de diamants?* »

» Il ne faut pas croire cependant que la source des faveurs royales soit tout à fait tarie et desséchée.

» Le public, — le peuple roi, — est jaloux des autres rois; — par ses trente-trois millions de mains, il donne plus, — chacune ne donnât-elle qu'un liard, — que ne peut donner le prince le plus magnifique.

» Il n'y a donc plus que quelques poëtes, mal avec ledit public, — qui risquent de temps en temps la dédicace.

» Non pas au roi, — ce serait trop hardi.

» Autrefois, pour insulter le roi de France, on allait un peu pourrir à la Bastille; — mais aujourd'hui, pour ne pas l'insulter, — le public vous condamne à mourir de faim.

» C'est pourquoi les plus audacieux — cherchent des objets pour les dédicaces à l'ombre du trône; — M. Fouinet a dédié, il y a quelques années, quelque chose au fils du duc d'Orléans; la duchesse lui a envoyé un porte-crayon en or. — La portière de la maison qu'habite M. Fouinet, à laquelle madame Fouinet a montré le porte-crayon, m'a assuré que le porte-crayon était *contrôlé par la Monnaie.*

» Le porte-crayon est le présent ordinaire de la duchesse d'Orléans.

» La reine de France — donne des épingles.

» La duchesse de Nemours ne donne rien.

» Personne ne donne de tabatière ; — la tabatière est une forme réservée à la munificence personnelle du roi, — lequel n'en donne jamais [1].

» Quelques autres, — comme M. Nisard, — je ne sais, princesse, si vous connaissez M. Nisard, — dédient leurs ouvrages à des princes étrangers, au roi Léopold, par exemple, qui leur donne en échange — son innocente contrefaçon de la croix d'honneur française.

» J'ignore, princesse, quelle forme prendra votre munificence pour répondre à la dédicace que je lui fais de ce volume in-32 ; — je n'ose espérer votre portrait en pied : — c'est une faveur par trop intime, si, comme l'assurent plusieurs navigateurs, vous ne portez pour vêtement qu'une paire de boucles d'oreilles.

» Je crois donc devoir avertir Votre Majesté que je serais certainement flatté d'une décoration — quoique la vôtre se compose d'un clou de girofle comme on sait : — cela se met dans la sauce, il est vrai, mais c'est un sort commun avec le laurier des poëtes.

» Je serais donc flatté — d'être grand girofle, — à moins cependant que vous n'aimiez autant m'envoyer un peu de bon tabac [2].

» *De progrès en progrès, de liberté en liberté,* nous en sommes arrivés à ce point que le gouvernement ne permet d'acheter ni de vendre du tabac que dans ses propres boutiques, dans lesquelles il entasse avec soin toutes sortes d'herbes âcres et nauséabondes qu'il nous vend fort cher.

---

[1] Voir aux notes de la *Dédicace.*
[2] Voir les notes.

» Vous voulez, grande reine, donner vous et vos États au roi des Français et à la nation française [1]. — Vous voulez prendre votre part des bienfaits du régime constitutionnel. — Permettez-moi de vous détailler quelques-uns de ces bienfaits, — et de vous donner ainsi un avant-goût des félicités auxquelles vous et vos sujets vous vous dévouez avec tant d'empressement.

» J'ai l'honneur d'être, madame, de Votre Majesté, etc.

» A. K. »

NOTES SUR LA DÉDICACE.

[1] Il faut dire cependant — que j'ai eu une fois dans ma vie l'occasion de demander quelque chose à la famille royale, — c'était pour de pauvres pêcheurs de mes amis, — pour un village entier que le ciel et la mer avaient ruiné ; — deux jours après, j'avais reçu des secours pour mes amis.

Tandis que plusieurs *amis du peuple* auxquels je m'étais adressé en même temps n'avaient pas jugé à propos de me répondre.

[2] Le tabac que vend le gouvernement est tellement mauvais, que les fils du roi fument du tabac de contrebande, qu'ils achètent pas bien loin de la rue Vivienne, à Paris.

[3] A dire le vrai, je ne suis pas fâché que le peuple français — se trouve un peu roi — et roi constitutionnel ; je désire qu'il reçoive à son tour, pendant quelque temps, toutes les avanies qu'il prodigue aux siens depuis une vingtaine d'années.

Il est bon que les épiciers, bonnetiers, marchands d'allumettes chimiques, cessent un moment d'être tyrans pour devenir rois constitutionnels, et trempent un peu leurs grosses lèvres dans les breuvages amers qu'ils font boire à leurs rois.

> Mihi demandatis rationem quare
>   Opium facit dormire,
>   A cela respondeo
>   Quia est in eo
>   Virtus dormitiva.   Molière.

[1] Voir les notes.

Je commencerai, madame, par vous parler d'une invention qui a produit le gouvernement constitutionnel.

Vos sujets ont été bien étonnés la première fois qu'ils ont entendu un coup de fusil et qu'ils en ont vu les résultats. — Leur étonnement n'a pas diminué — quand ils ont vu que ce bruit et cette mort soudaine — se produisaient — en mettant dans un tube une ou deux pincées d'une petite graine noire ressemblant fort à la graine de pavots ; — que cette graine, au lieu de germer et de produire des feuilles et des fleurs, — éclatait et allait tuer les gens à de grandes distances, — ressemblant encore en cela à la graine de pavots, qui endort de certaine façon, mais l'emportant de beaucoup sur les qualités de cette graine, en cela que le sommeil qu'elle procure est éternel.

Eh bien, l'invention de cette graine noire, — qui a donné au nombre, à la lâcheté et à l'adresse, — un avantage invincible sur la force et le courage, — cette invention n'est rien en comparaison de celle dont j'ai à vous entretenir.

La première se fait avec du charbon et du salpêtre. — Voici comment on use de la seconde :

Plusieurs milliers d'hommes vont chercher aux coins des bornes, dans les tas d'ordures, — dans les endroits les plus boueux, — tout ce qu'il y a de chiffons misérables, de lambeaux infects, de haillons pourris. — On les entasse dans des caves, on les fait pourrir encore, — puis on en fait une pâte que l'on étale et que l'on fait sécher en feuilles minces.

D'un autre côté, — on concasse un poison violent que l'on appelle noix de galle ; — on y mêle un peu d'un autre poison qu'on nomme vitriol, — et on en fait un liquide d'une couleur triste et funeste, de la couleur du deuil et de la mort.

D'autre part, on a rassemblé curieusement les plumes d'un animal, emblème de la sottise, et dont le nom est devenu une injure ; — on les taille en forme de dard. — Quand cela est fait, — des milliers de gens — s'établissent sur les tables et se livrent au singulier exercice que voici.

🙞 Cette liqueur noire, composée du mélange de deux poisons, est dans un petit vase, — devant eux ; ils s'arment de leur harpon de plume d'oie, — et ils se livrent à la pêche de vingt-quatre petits *signes* qu'ils mettent sécher, à mesure qu'ils les ont pêchés, l'un après l'autre sur les feuilles minces provenant des pourritures diverses dont je vous parlais tout à l'heure, — c'est-à-dire, pour parler plus clairement, que de leur plume d'*oie*, trempée dans ce poison noir, — ils dessinent sur leur papier vingt-quatre petits dessins, toujours les mêmes, mais dans un ordre différent, — mettant l'un avant l'autre, ou celui-ci après celui-là.

C'est par ce moyen qu'on détruit les religions, qu'on renverse les rois, — qu'on déshonore ou ridiculise les particuliers, qu'on excite les haines, qu'on allume les guerres, qu'on engendre des flots de bile, — et qu'on fait répandre des flots de sang.

C'est bien pis que les caractères magiques, que les signes cabalistiques des sorciers.

Vous voyez un homme qui vit calme, heureux, sans désirs, dans la retraite, à cent lieues de vous ; — vous tracez deux ou trois douzaines de ces signes choisis entre les vingt-quatre : — cet homme pâlit, ses yeux s'animent d'un feu sombre ; il repousse les caresses de ses enfants, — il cesse d'arroser son jardin, ses fleurs sont flétries, — son dîner est empoisonné, les mets qu'il aime ne lui inspirent plus que le dégoût, — son oreiller est rembourré d'épines ; — il est sous des arbres frais, il ne goûte plus la fraîcheur, — il ne sent plus les parfums du chèvrefeuille, — il n'entend plus la voix de la fauvette cachée dans les feuilles ; — son chien vient le flatter, il repousse le chien d'un coup de pied ; — il n'oserait sortir, tout le monde rirait sur sa route ; — il avait commencé un ouvrage avec ardeur, il y avait déposé ses plus doux souvenirs, ses plus fraîches sensations, il jette l'ouvrage au feu ; — tout cela parce que vous avez tracé ces maudits signes dans tel ou tel ordre.

Maintenant, regardez ailleurs, à cent lieues d'un autre côté : un pauvre jeune homme, dans une mansarde sans meubles, grignotte quelques mauvaises croûtes de pain ; — quelques grosses larmes roulent dans ses yeux, — rougis par les veilles et par la misère ; — il n'oserait sortir de chez lui, — il est timide, — de cette timidité des orgueilleux ; — il lui semble que tout le monde voit sa misère et y insulte ; — d'ailleurs, il trouve qu'on a raison, il est découragé, il ne se sent ni talent ni esprit, — il n'est bon à rien, il ne fera rien.

Prenez alors les mêmes signes dont vous vous êtes servis tout à l'heure : — mettez celui-ci avant celui-là, — bien ; — ôtez celui-là d'où il est, rapportez-le ici, — très-bien ; — changez de place ces deux autres, — c'est bien cela ; — mettez au commencement celui-là qui est à la fin, — mettez à la fin celui-là qui est au milieu, — séparez ces deux-ci par celui-là, mettez cet autre à côté : — on ne peut mieux, — eh bien !

Voyez, — il relève la tête ; — les couleurs de la santé, de la vie, de l'espoir, reviennent sur son visage ; — il lève les yeux au ciel ; — son sang coule à pleine veine, il se sent fort, — il sait qu'il arrivera à son but ; — toutes les misères du passé et du présent sont effacées, il ne voit que les gloires et les joies de l'avenir ; — son pain dur est plus savoureux que le meilleur salmis de bécasses ; — son lit de sangle — devient un moelleux divan recouvert des étoffes les plus riches ; — l'eau de sa cruche se change en vin du Rhin ; — les belles filles qu'il n'osait regarder dans la rue sont maintenant à lui ; — son ouvrage, il le continue avec confiance ; — il sort pour qu'on le voie, pour qu'on le salue, pour qu'on l'admire, et il baisse la tête en passant sous la porte cochère, tant il se sent grandi. — Il se baisserait sous le ciel pour ne pas décrocher quelques étoiles.

Voilà, madame, avec quoi et comment on gouverne aujourd'hui le pays. — Il y a beaucoup d'écoles où on apprend aux enfants à tremper des plumes d'*oie* dans le poison en question et à tracer les vingt-quatre signes ; — avec ces vingt-quatre signes, — que tous savent tracer, — on s'attaque, on se fait maigrir, on se blesse les uns les autres, — on renverse et on détruit tout.

Nous allons parler un peu de l'éducation des enfants.

On renferme les enfants au nombre de soixante dans une chambre ; on les empêche de jouer à la balle ou à la toupie — jeux de leur âge — pour leur faire apprendre les *belles-lettres*, qui sont les récréations de l'âge mûr.

On leur fait passer huit années d'ennui, de chagrin, de pleurs, de privations, — pour leur apprendre une langue que personne ne parle plus sur toute la surface de la terre.

De telle sorte que le but de l'éducation, le résultat de ces années de tristesse et de travail — est de se trouver à vingt ans beaucoup moins habile que ne l'était un jeune Romain à six ans.

On a trouvé singulier que Caton s'avisât d'apprendre le grec dans un âge avancé. — Il est, selon moi, bien plus singulier qu'on force de pauvres petits enfants à apprendre le latin. — Caton apprenait le grec parce qu'il avait envie de le savoir — et d'ailleurs il y avait encore des Grecs.

L'éducation consiste tout entière dans le langage ; — on récompensera l'enfant qui dépeindra la débauche en beau style ; celui qui exprimerait, avec des solécismes, les plus nobles et les plus purs sentiments, aurait nécessairement des pensums et serait mis en retenue.

On vous fait traduire toutes les vertus républicaines ; — on ne vous parle pendant huit ans que de république ; — on vous fait admirer Mucius Scævola. D'autre part — on ne vous apprend qu'à écrire de belle prose et à faire des vers.

Après quoi, ceux qui sont trop poëtes meurent de faim dans les greniers ; ceux qui sont trop républicains meurent dans les rues — en prison ou au bagne : — aussi, parmi ces enfants devenus hommes, — tout ne consiste-t-il qu'en paroles.

Qu'un procureur du roi passe dix ans — à envoyer le plus possible les gens au bagne ou à l'échafaud, que pendant dix ans il s'efforce de faire condamner trois innocents contre deux coupables, et cela avec la même ardeur, — il n'en sera pas moins considéré ; — mais qu'il s'avise d'écrire *homme* sans *h* — *omme*, — il est perdu, il ne peut plus se montrer, — on le désigne du doigt, — il faut qu'il change de nom et qu'il quitte la ville ; — il vaut mieux, pour sa fortune et sa considération, qu'il fasse couper la tête à un homme sur l'échafaud — que de lui retrancher une lettre sur le papier.

Parlons un peu, madame, du gouvernement.

Un droguiste qui voudrait se faire bonnetier ferait hausser les épaules à tous les bonnetiers de son quartier. « Eh ? s'écrierait-on de toutes parts, où a-t-il appris notre état ? quand s'en est-il occupé, — et comment veut-il le faire s'il ne l'a pas appris ? »

Mais qu'un droguiste ou qu'un bonnetier ait amassé une fortune suffisante — dans les raccourcissantes préoccupations du commerce qui consistent à payer les choses au-dessous de leur valeur et à les revendre au-dessus, — il aspire à gouverner son pays, et personne ne le trouve mauvais.

Notez qu'il ne s'avise de cela qu'à l'âge où ses facultés s'effacent au point qu'il n'est plus capable de tenir sa maison comme par le passé. — Ses enfants alors et ses gendres craignent qu'il ne patauge d'une manière désastreuse dans ses affaires, et ils lui font venir l'idée d'être député. — Peu leur importe qu'il aille porter sa part de sottises dans l'administration du pays, — pourvu qu'il ne fasse plus de fautes dans l'achat et la vente du coton.

Certes, si un homme de cinquante ans était venu trouver M. Ganneron ou M. Cunin-Gridaine — et avait dit à l'un: « Je veux être épicier, » — ou à l'autre : « Je me destine à la fabrication des draps, » — M. Ganneron ou M. Gridaine aurait dit à cet homme :

— Mon bon ami, vous êtes-vous occupé de la partie?
— Non, monsieur, aurait-il répondu.
— Alors, mon bon ami, vous êtes fou.

Eh bien, M. Ganneron et M. Cunin ont passé leur jeunesse et une bonne moitié de leur âge mûr dans les préoccupations de l'épicerie et de la fabrication des draps. Après quoi un jour ils se sont mis dans le gouvernement, — l'un comme député, l'autre comme ministre.

Il n'y a pas un seul métier pour lequel on n'exige un apprentissage : — un maçon, — un coiffeur, — un cordonnier, — apprennent leur état. — Mais le Français qui, autrefois, se contentait de naître malin, — naît aujourd'hui profond politique et parfaitement capable de gouverner son pays ; — ce talent lui vient si bien tout seul, qu'en attendant les occasions de l'exercer il fait comme les chevaux qu'on va lancer sur l'hippodrome, il s'amuse à galoper en sens contraire du chemin qu'il a à parcourir.

Il s'occupe en attendant l'âge ou le cens, — de toutes les choses qui n'ont aucun rapport avec la politique.

On ne tient aucun compte des connaissances spéciales, tel ministre passe de l'intérieur aux affaires étrangères ou aux finances. — M. Thiers n'a pas été bien loin de prendre le portefeuille de la guerre, et c'est parce qu'on n'a pas voulu le lui confier qu'il n'a pas eu celui des finances.

La Chambre des députés — c'est-à-dire le véritable gouvernement du pays — se compose donc, pour les deux tiers, d'épiciers retirés, de bonnetiers fatigués, de rôtisseurs fourbus, d'étuvistes édentés, de marchands de vin usés ; — l'autre tiers, à très-peu d'exceptions près, est formé d'avocats — accoutumés à plaider sur tous les sujets le pour ou le contre, souvent même le pour et le contre.

Mais en ce moment, madame, la France vous présente un aspect assez curieux : — on prépare des élections générales ; — il s'agit, pour les uns, de se faire réélire ; pour les autres, d'arriver à la députation.

Certes, à voir la quatrième page de tous les journaux sans cesse remplie de remèdes pour les maladies les plus horribles, — on pourrait croire que la France est un pays particulièrement malsain, qui ne produit que des êtres chétifs et livrés aux maux les plus variés, aux affections les plus déplorables et les plus dégoûtantes. — Mais, quand on lit les autres pages, on est bien consolé, en voyant les professions de foi des candidats, — de quel fervent amour de la patrie tout le monde est ici possédé, — avec quel désintéressement, quelle abnégation — on se résigne à la députation !

C'est partout le même langage et les mêmes vertus, — à proprement parler, il n'y a, pour tous les candidats, qu'une seule et même profession de foi.

C'est celle exactement — que font sur les places publiques les arracheurs de dents, — les extirpateurs de cors, les destructeurs de punaises.

« Ce n'est pas leur intérêt particulier qui les attire sur cette place ; non, messieurs, c'est l'amour de l'humanité, c'est l'amour de la patrie ! — c'est pour faire profiter leurs compatriotes de ce précieux citoyen, — qui va ramener l'âge d'or, proscrire les abus, — diminuer les impôts, etc.

» Et combien le vends-tu ? — Je ne le vends pas vingt sous — je ne le vends pas dix sous, messieurs, — je ne le vends pas, je le donne. »

Que l'antiquité vienne donc encore nous parler de son Décius, — qui se jette à cheval dans un gouffre pour sauver la république; — nous avons en ce moment sept ou huit cents Décius — qui, pour sauver la France, — se pressent, se bousculent, se battent comme des crocheteurs aux bords du gouffre — où leur patriotisme et leur dévouement les précipitent; — mais l'ardeur de tous est la même, — et comme le gouffre ne peut contenir qu'un nombre fixe de victimes, — il n'est pas de moyen qu'on n'emploie pour supplanter les autres qui veulent aussi se dévouer, — les crocs-en-jambe, — les coups portés par derrière, — etc. — Heureuse France!

Je me rappelle un bal masqué où il se trouva vingt-deux polichinelles; — c'est un peu l'aspect que présentent les candidats; — ils ont tous pris le même costume, — la robe blanche et sans tache des candidats de l'antiquité; — les mêmes paroles, — le même masque; — tous les intérêts particuliers se transforment en *intérêts du pays;* — c'est bien l'histoire de mes vingt-deux polichinelles. Celui-ci, cependant, veut être député pour quitter sa province et son ménage; — celui-là veut avoir la croix; — cet autre une place : — tout cela s'appelle, pour l'instant, *dévouement* et *intérêt du pays*. Vingt-deux polichinelles!

Les électeurs sont comme le public des théâtres; — il leur faut du commun; — il faut que le candidat ressemble à un type de candidat qu'ils ont dans la tête.

Quelque chose d'indépendant en paroles, — quelque chose qui fasse de l'opposition, — mais sans succès, — parce que l'électeur ne veut pas de révolution ni d'émeute. — Il aime la provocation, mais il n'aime pas le combat.

Aussi les républicains, dans leurs professions de foi, se font doux comme des moutons; — leur drapeau n'est plus rouge, il est rose.

Les candidats du ministère mettent au contraire leur chapeau sur l'oreille et font les crânes et les tapageurs; — ils ont de grandes cannes — et font la grosse voix.

Le ministère a permis à ses candidats de s'élever *contre le droit de visite;* — l'opposition a autorisé les siens à ne pas s'élever contre le *recensement*, dont elle a tant fait de bruit.

La profession de foi est ce qui se crie sur les toits, ce qui s'imprime; — mais les candidats sont loin de se fier à ce programme de leurs vertus, — ils ont soin de caresser tout bas les vices de leurs commettants. — Ils achètent les voix une à une, l'opposition par des promesses et des menaces, — le ministère par des promesses et des à-compte. Une fois ces marchés passés à voix basse, — on met tout haut la chose aux enchères ; — les professions de foi servent alors de prétexte; — celui qui a obtenu une bourse dans un collége pour son fils, ou un bureau de tabac pour lui-même, ne peut pas dire que c'est pour cela qu'il vote de telle ou telle manière. Il choisit dans la profession de foi de son candidat la phrase la plus ronflante — et il dit : « Voilà pourquoi je vote pour lui. »

Un spectacle qui ne manque pas non plus de gaieté, c'est l'attitude des journaux au moment des élections.

Les professions de foi de tous les candidats sont identiquement les mêmes.

UN JOURNAL DE L'OPPOSITION :

« Voici, vous dit-il, — la profession de foi du candidat de l'opposition, de M. Évariste Bavoux :

« Nous voulons au dedans la sage répartition des impôts, — » le règne des lois et le progrès.

» Au dehors, la force et la dignité. »

» Ces nobles paroles, ajoute le journal, sont une garantie plus que suffisante, — tous les patriotes doivent voter pour M. Bavoux. » — Voici maintenant ce que dit M. Chevalier ; — comparez et jugez :

« Nous voulons au dedans la sage répartition des impôts, — « le règne des lois et le progrès.

» Au dehors, la force et la dignité. »

« Certes, si c'est avec de telles paroles, respirant le servilisme et le dévouement au ministère, que M. Michel Chevalier croit abuser les électeurs, il est dans une erreur dont nous devons l'avertir. — Les électeurs comprennent à demi-mot et traduisent la profession de foi de M. Michel Chevalier par soutenir le ministère de l'étranger, — l'aider à augmenter encore les impôts — et voter pour le droit de visite.

» M. Chevalier n'est pas pour M. Bavoux un concurrent sérieux. »

Un journal ministériel :

« Nous donnons la profession de foi de M. Michel Chevalier ; — ce sont de nobles paroles. — L'élection de M. Chevalier est certaine.

« Nous voulons, dit M. Michel Chevalier, — au dedans, la
» sage répartition des impôts, — le règne des lois et le pro-
» grès.

» Au dehors, la force et la dignité. »

» On s'expliquera facilement l'échec assuré de M. Bavoux en comparant sa profession de foi à celle de M. Michel Chevalier.

» La voici :

« Nous voulons, au dedans, la sage répartition des impôts,
» — le règne des lois et le progrès.

» Au dehors, la force et la dignité. »

» C'est le langage audacieux du désordre et de l'anarchie. — Les électeurs en feront justice. »

Quelques personnes désœuvrées se rassemblent dans diverses salles de concert, — chez M. Herz, chez M. Érard, — non pour y entendre ou y faire de la musique, — mais pour y proposer divers *rébus* aux candidats. — C'est, pour le candidat, une situation analogue à celle d'Œdipe devant l'énigme du sphinx ; s'il ne devine pas, il est mis en pièces.

Cependant, les phénomènes que j'ai déjà signalés reparaissent dans les journaux — qui ont à remplir à quelque prix que ce soit — la place réservée d'ordinaire aux débats des Chambres. — On attribue à divers cochers de fiacre contemporains certaines actions que nous avons autrefois vues en thème attribuées à Épaminondas ou à Périclès.

On rend compte de livres envoyés au journal il y a sept ou huit mois.

On *annonce* un concert qui a eu lieu l'hiver dernier — et dont le bénéficiaire n'a jamais pu obtenir une mention en *temps utile*, comme on dit au Palais.

Voici encore deux de ces histoires qu'on peut retrouver tous les ans dans les journaux à la même époque :

« Une femme de trente-huit ans est accouchée à Caen, le 14 mai, de son vingtième enfant, en second mariage. Sa fille aînée a épousé le frère de son second mari ; elle se trouve donc la belle-sœur de sa fille, qui a un enfant de trois ans ; l'accouchée est la grand'mère et la tante de l'enfant, sa fille devient la tante de son frère, et le nouveau-né devient oncle de sa tante et frère de son cousin germain. »

« EURE. — Dernièrement, un enfant de trois ans est tombé dans l'Avre, éloigné de tout secours. Fort heureusement, un chien qui était avec lui se précipite à l'eau et ramène sur la rive ce pauvre enfant. L'animal avait mis une telle prudence dans cet acte instinctif, qu'on n'a pas même retrouvé l'indice de ses crocs sur le bras de l'enfant, qu'il avait saisi pour le retirer de la rivière. »

N. B. — L'année passée, l'enfant était tombé dans la Marne.

Nous conseillons la Nièvre pour l'année prochaine : c'est une rivière encore vierge de belles actions.

Il n'est pas de recueil de vers de jeune homme — *Premières rimes*, *Fleurs d'Avril*, *Premiers élans*, etc., etc., — premiers essais si méprisés, d'ordinaire, dans les bureaux de journaux, qui n'obtienne en ce moment une mention honorable

C'est la belle saison pour se livrer fructueusement à des actions recommandables. — En temps ordinaire, les journaux n'en disent mot ; — mais pour le moment, sauvez la vie à une mouche qui se noie ; — dites à un passant : « Monsieur, vous allez perdre votre foulard ; » — avertissez une femme que le cordon de son soulier est dénoué, — vous voyez votre nom en toutes lettres dans les feuilles publiques avec le récit de votre belle action et un convenable éloge d'icelle.

Les journaux se sentent pris d'un goût subit pour les sciences, — pour l'agriculture, — pour tout ce qu'on trouve dans les recueils spéciaux et qui fournit des lignes.

Voici, par exemple, une histoire qui reparaît tous les ans à la même époque, c'est-à-dire dans l'intervalle d'une session à l'autre, — en même temps que les *centenaires*, les veaux à deux têtes, — les détails circonstanciés d'incendies dans des pays qui n'existent pas, etc.

« Un monsieur qui est en ce moment à Bruxelles, et qui s'appelle le baron Frédéric d'A..., a l'honneur d'exposer au public qu'étant doué d'un talent de conversation fort distingué, nourri d'études solides (ce qui devient de plus en plus rare), ayant recueilli dans ses nombreux voyages une foule d'observations instructives et intéressantes, il met son temps au service des maîtres et maîtresses de maison, ainsi que des personnes qui s'ennuieraient de ne savoir avec qui causer agréablement.

» Le baron Frédéric d'A... fait la conversation en ville et chez lui. Son salon, ouvert aux abonnés deux fois par jour, est le rendez-vous d'une société choisie (vingt-cinq francs par mois). Trois heures de ses journées sont consacrées à une causerie instructive, mais aimable. Les nouvelles, les sujets littéraires et d'arts, des observations de mœurs où domine une malice sans aigreur, quelques discussions polies sur divers sujets, toujours étrangers à la politique, font les frais des séances du soir.

» Les séances de conversation en ville se règlent à raison

de dix francs l'heure. M. le baron Frédéric d'A... *n'accepte que trois invitations par semaine*, à vingt francs (sans la soirée). L'esprit de sa causerie est gradué selon les services. (Les calembourgs et jeux de mots sont l'objet d'arrangements particuliers.)

» M. le baron Frédéric d'A... se charge de fournir des causeurs *convenablement vêtus* pour soutenir et varier la conversation, dans le cas où les personnes qui l'emploieraient ne voudraient pas avoir l'embarras des répliques, observations ou réponses. Il les offre également comme *amis* aux étrangers et aux particuliers peu repandus dans la société. »

Cette plaisanterie a été inventée il y a six ans par Gérard, l'auteur de la traduction de *Faust*,—un jour que nous mangions ensemble du macaroni fait par Théophile Gautier.

Je n'ai pas encore vu cette année le *serpent de mer*,— mais il ne peut tarder à faire son apparition annuelle; — le *serpent de mer* a été imaginé par Léon Gozlan, je crois, il y a treize ou quatorze ans.—Depuis ce temps, les journaux en ont annoncé une nouvelle apparition chaque année, — toujours entre deux sessions.

Pour en revenir aux élections, — selon les journaux de l'opposition, toutes les candidatures hostiles au gouvernement sont assurées ; — les amis du ministère n'ont aucune espèce de chance ; — d'après les journaux ministériels, les candidats de l'opposition n'ont aucun succès à attendre, et ne sont pas même des rivaux sérieux pour les *conservateurs*.

On appelle *conservateurs* — ceux qui sont aux affaires, qui tiennent les places et l'argent et voudraient les *conserver* : — cela, dans les journaux du parti, est représenté comme une vertu civique.

On appelle *indépendants* ceux qui voudraient les places et l'argent, — qui attaquent les places, les abus, l'argent, les sinécures, non pour les détruire, mais pour les conquérir, et qui, à mesure qu'ils arrivent, deviennent les *conservateurs* les plus énergiques et les plus féroces.

Selon les journaux ministériels, tous les candidats de l'opposition sont des anarchistes, des gens sans portée, des brouillons, — en un mot, tout ce qu'étaient, sous la Restauration, les gens appelés aujourd'hui conservateurs.

Selon les journaux de l'opposition, tous les candidats conservateurs sont des gens gorgés d'or, abreuvés de la sueur du peuple et ignorant complétement l'orthographe.

Or, conservateurs ou indépendants, — les journaux de toutes les couleurs, de toutes les nuances, sont d'accord sur ceci : c'est que la *presse* a toujours raison.

Il n'y a pas un journal cependant dont un autre journal ne dise, — ou qu'il est vendu au pouvoir, — ou qu'il veut rétablir la guillotine en permanence.

La presse en général ne souffre pas d'appel de ses décisions, comment cependant de tant de journaux vendus, absurdes, féroces (d'après ses propres paroles), former une presse noble, indépendante, courageuse, — désintéressée, — amie de la nation, qu'elle prétend être ? — Comment faire un édifice de marbre avec de la boue et du sable ? — C'est une observation que je leur soumets.

🙢 Il se fait en ce moment pour les élections une alliance qu'il m'est impossible de ne pas trouver singulière : — c'est celle des républicains et des légitimistes.

C'est une alliance bizarre et fondée sur ceci : le parti qui est le plus fort est évidemment le parti conservateur. — Le parti légitimiste, livré à ses propres forces, ne peut espérer le renverser ; — le parti républicain est dans la même situation, — mais tous deux réunis peuvent l'emporter sur le parti conservateur. — Le parti conservateur une fois abattu, les deux partis alliés se sépareront, prendront du champ et se battront entre eux.

Ils ne se réunissent provisoirement que pour conquérir le champ de bataille où chacun des deux alliés espère écraser l'autre.

Quel que soit le résultat des élections, — tous les candidats, dont les deux tiers à peu près n'ont pour but que de renverser le roi Louis-Philippe, — sont prêts à lui prêter le serment de fidélité exigé par la loi.

Il n'y a donc d'aucun côté — ni bonne foi, ni probité, ni convictions sérieuses.

Sans parler des ruses, des perfidies, des intrigues de toutes sortes, — sans parler de la corruption qu'emploient tous les partis.

C'est la plus sale cuisine qu'on puisse imaginer ; — pendant ce temps le pays est encore plus embarrassé que celui qui tient la queue de la poêle, — car c'est lui qu'on fait frire.

Et — des gens m'écrivent chaque mois pour me reprocher de ne pas prendre de *couleur*, de n'appartenir à aucun parti ; — montrez-m'en un qui soit honnête — et nous verrons.

Les couleurs politiques sont comme les couleurs du peintre, elles n'ont qu'une surface mince, et cachent toutes la même toile.

En peinture, — grattez le rouge, — le blanc, — le vert, — le bleu : vous trouverez la toile — et la même toile.

En politique, — grattez les rouges, — les verts, — les bleus, — vous trouverez des ambitieux, des vaniteux, des avides.

Il s'imprime en ce moment — assez et plus qu'assez de *journaux*, de *brochures*, de *revues*, de *pamphlets*, de *circulaires*, de *comptes rendus*, de *lettres*, de *professions de foi*, etc., etc.

Tout cela est au service des ambitions, des orgueils, des avidités dont je vous parle,

Il n'y a que ce petit livre qui vous dise la vérité.

Mais on ne le reconnaîtra que plus tard, quand une autre folie aura remplacé celle d'aujourd'hui et permettra de la juger.

Continuez, — reine Pomaré, — à demander pour votre

peuple et pour vous — les bienfaits du gouvernement constitutionnel.

Pour moi, je vous ai avertie, — il ne me reste qu'à me dire itérativement de Votre Majesté le très-humble et très-obéissant serviteur.

Certes, — on a bien dit des choses contre certains musiciens et certains instruments, — contre la clarinette, qui rend sourds ceux qui l'entendent et aveugles ceux qui en jouent, contre les trompes de chasse — qui se disent de l'une à l'autre, — depuis si longtemps, que le roi Dagobert a mis sa culotte à l'envers, — ce qui a nécessairement donné à M. Sudre l'idée première de son télégraphe musical.

Contre l'orgue de Barbarie, dans lequel on a l'air de moudre un air — comme on moud du café ; — mais je ne sais rien de plus terrible contre les instruments de cuivre que ce qu'on trouve dans un journal anglais :

« On vient d'imaginer, pour les régiments, un instrument pour la *marque*. »

Cet instrument, substitué au fer brûlant, est en cuivre, et représente la lettre D. Cette lettre est percée d'une multitude de trous, à travers chacun desquels le mouvement d'un ressort fait sortir autant d'aiguilles acérées.

Après avoir appliqué l'instrument sur le bras ou dans le creux de la main du déserteur, selon que le porte la sentence, on fait, à l'aide d'une pression, sortir des pointes qui pénètrent dans l'épiderme à la profondeur requise, et y tracent l'empreinte sanglante de la lettre D. Pour rendre la marque indélébile, on frotte la plaie avec une brosse imbibée d'indigo en poudre et d'encre de la Chine délayée dans une quantité d'eau suffisante.

D'après le règlement, la marque ne peut être infligée qu'en présence de la troupe rassemblée sous les armes, et sous les yeux du chirurgien, *par le trompette-major* pour la cavalerie, et par le *musicien qui joue du cor* dans l'infanterie.

Les joueurs de cor — et de trompette remplacent le *bourreau !*

🐝 Cette année sera tristement célèbre par les grandes catastrophes et les accidents sans nombre qui ont frappé tous les pays. Mais, au milieu des massacres, des incendies, des orages, des tempêtes et des tremblements de terre, les trois derniers jours de la première semaine du mois de mai doivent marquer parmi les jours néfastes, parce qu'ils rappellent les trois plus grands malheurs de l'année : 6 mai, l'incendie de Hambourg laisse sans asile vingt-deux mille habitants ; le 7 mai, le tremblement de Saint-Domingue écrase dans la ville du Cap dix mille personnes sur une population de quinze mille ; et le 8 mai, l'événement du chemin de fer de Versailles jette dans le deuil deux cents familles, et porte l'effroi et l'inquiétude dans toutes les provinces. On trouverait difficilement le triste pendant de ces trois journées.

🐝 Un des prétextes sous lesquels on m'écrit le plus habituellement des injures, — c'est qu'il m'arrive parfois de parler un peu de moi. J'ai essayé de prendre ce reproche en considération — et de suivre le conseil qu'on me donnait en même temps, — c'est-à-dire d'en laisser parler les autres ; — j'avouerai franchement que je ne suis pas parfaitement satisfait de l'épreuve.

En effet, sans parler de ceux qui ne m'aiment pas — et qui m'appellent « ami du château, » je n'ai pas fort à me louer de ceux qui n'ont pour moi que des sentiments de bienveillance. — L'éditeur Souverain — a fait imprimer une fois à la quatrième page des journaux une annonce dans laquelle j'étais traité d'arc-en-ciel.

Un autre éditeur — y fait dire (toujours à la quatrième page) que je suis *médisant, cancanier* et un peu *venimeux.*

Il y a un brave homme qui gagne sa vie à vendre mes petits livres, et qui fait mieux que cela encore.

Si je suis éloigné de Paris, — si je pêche des maquereaux à

Étretat ou des sardines à Sainte-Adresse, si le volume arrive un peu trop tard, — ce pauvre homme s'inquiète, conçoit contre moi une vive malveillance, — et commence à dire à tout venant que les *Guêpes* ne paraissent plus, — que l'on ne sait pas où je suis, etc., etc.

Cela ne le console que pendant les deux ou trois premiers jours de retard; — au quatrième, il dit aux gens qu'il rencontre : « Il paraît que les *Guêpes* se sont arrangées avec le ministère. » Le lendemain, il sait le chiffre de ma honte : « l'auteur reçoit trois mille francs par an. »

— Ah! ah!

— Oui, c'est M. Cavé qui a arrangé l'affaire.

— Mais cependant je ne vois pas qu'il soit bien complaisant pour le ministère...

— Aussi on a suspendu la pension.

— Alors il s'est vendu pour l'honneur? — c'est singulier!

— Vous savez qu'il est très-bizarre.

Le surlendemain, — ce n'est plus trois mille, mais six mille francs que je reçois par an. — Ce mois-ci, — diverses circonstances retardent l'envoi du manuscrit, je suis persuadé que ma subvention, que le prix de mon infamie, est monté à un chiffre qui pourrait me tenter.

Les gens qui ont lu les différentes sottises que quelques journaux ont écrites contre moi — seraient bien désappointés si, par hasard, ils me rencontraient.

Comment reconnaître en effet un *ami du château*, — un *familier du duc d'Orléans*, — un écrivain *vendu* au pouvoir, dans un homme qui vit seul au bord de la mer, — qui a le visage brûlé par le soleil, les mains durcies par la bêche et par la rame, — que l'on trouverait mêlé avec les autres pêcheurs, — vêtu comme eux, — les aidant à mettre les bateaux à la mer, — ou à *virer au cabestan* — pour les monter sur la terre, — quand la mer est en colère.

Dans le plus *dur* pêcheur de *crevettes* de la commune.

Dans un homme qui, si on lui demandait *ses papiers*, — n'aurait à présenter que celui dont voici la copie exacte :

FRANCE.

POLICE DE NAVIGATION.

Nom du navire,   n. 7.

L'ARSELIN.   *Tonnage,*

Nom du patron,   » 95/100.

ALPHONSE KARR.

Congé valable pour un an.

LOUIS-PHILIPPE, ROI DES FRANÇAIS, à tous ceux qui les présentes verront, salut.

« Vu les articles 2-4-5-11 et 22 de la loi du 27 vendémiaire an XI, — et l'article 5 de l'ordonnance du 23 juillet 1838 ;

» Nous déclarons qu'il est donné congé au sieur *Alphonse Karr* de sortir du port avec le bateau nommé *l'Arselin,* — à charge par ledit sieur de se conformer aux lois et règlements de l'État ; — ledit navire a été reconnu du tonnage de — » tonneaux — quatre-vingt-quinze centièmes, — non ponté, — deux mâts, — et il est actuellement attaché au port de Fécamp.

» *Prions* et *requérons* tous souverains, États, amis et alliés de la France et leurs subordonnés, mandons à tous fonctionnaires publics, aux commandants des bâtiments de l'État, et à tous autres qu'il appartiendra, — de le laisser sûrement et librement passer avec son bâtiment, — sans lui faire ni souffrir qu'il lui soit fait aucun trouble ni empêchement quelconque, — mais, au contraire, de lui donner toute faveur, secours et assistance partout où besoin sera.

» Reçu soixante-quinze centimes. »

Certes, voilà qui n'est pas cher ! protégé par tant d'États, de souverains, d'officiers publics, de fonctionnaires — et vaisseaux de l'État pour soixante-quinze centimes.

Je donnerais volontiers soixante-quinze autres centimes pour être protégé comme écrivain aussi bien que je le suis comme pêcheur ; — malheureusement il n'en est pas ainsi, — j'en raconterai une autre fois — une preuve convaincante.

AM RAUCHEN. — L'amour est comme ces arbres à l'ombre desquels meurt toute végétation. — L'homme qui aime une femme, non-seulement n'aime rien autre chose, mais finit par ne rien haïr non plus ; c'est en vain qu'il cherche dans les replis de son cœur toutes les préférences, toutes les sympathies, toutes les répugnances, tout cela est mort, mort d'indifférence.

Il faut qu'un jeune homme — jette ses gourmes, — qu'il fasse un poëme épique en *seconde*.

Qu'il porte des souliers lacés, dissimulés par des sous-pieds très-tirés, des éperons si longs qu'on devrait, pour la sûreté des passants, y attacher de petites lanternes et crier : « Gare ! » — qu'il s'écrive à lui-même des lettres de *comtesse* et se les envoie par la poste ; — qu'il ait pour ami un acteur de mélodrame et le tutoie très-haut dans la rue ; — qu'il mette un œillet rouge à sa boutonnière pour simuler à vingt pas le ruban de la croix d'honneur ; qu'il parle de créanciers et de dettes qu'il n'a pas ; qu'il plaisante beaucoup sur les femmes et sur l'amour, tandis que le moindre geste de la femme de chambre de sa mère le fait pâlir ou devenir cramoisi, et que le son de sa voix le fait frissonner ; — qu'il appelle, en parlant d'eux, tous les hommes remarquables de l'époque simplement par leur nom sans y joindre le monsieur ; — qu'il se dise désillusionné quand il n'a encore rien vu de la vie ; — qu'il parle avec dédain de l'amour, de l'amitié, de la vertu, à cette riche époque de l'existence où le cœur, gonflé de bienveillance et d'exaltation, laisse déborder toutes les tendresses et tous les beaux sentiments ; — qu'il prétende fumer avec le plus grand plaisir des cigares violents qui lui font vomir, dans une allée écartée du jardin, jusqu'aux clous de ses souliers ; — qu'il parle avec un enthousiasme grotesque des choses à la mode qu'il ne sent pas, et cache avec soin les beaux et vertueux enthousiasmes de son âge ; — qu'il vole dans les maisons des cartes de visite de personnages qu'il n'a jamais vus — et les accroche à sa propre glace, pour donner à son portier et à sa femme de ménage — une haute opinion de ses relations ; — qu'il parle tout haut avec un ami qu'il rencontre au théâtre ou à la promenade, — et ne lui dise rien qui l'intéresse, — toute la conversation n'ayant d'autre but que d'être entendu des promeneurs et des spectateurs sur lesquels on veut *faire de l'effet ;* — qu'il porte un lorgnon avec des yeux excellents ; — qu'en parlant de ses parents, il les appelle *ganaches*, quand, le matin même, trouvant dans la chambre de sa mère un de ses vêtements tombé sur un tapis, il l'a baisé en le ramassant précieusement ;

Toutes choses dont les gens les plus sensés, les meilleurs, les plus spirituels, trouveront quelques-unes dans leurs souvenirs.

Je ne parle pas de ceux qui recommencent ces sottises toute leur vie ; — ce ne sont plus des gourmes : c'est la teigne.

Il n'y a rien d'égal à la petitesse de l'homme, si ce n'est sa vanité. — Il a jugé à propos de se créer un Dieu ; — de lui imposer ses passions, — de le mêler à ses querelles, — de lui donner sa sotte figure, — de l'affubler de vêtements roses et bleus ; — il existe des discussions écrites où deux auteurs soutiennent deux opinions touchant la chevelure de Dieu. — L'un, dont j'ai oublié le nom, prétend qu'elle est rousse ; — l'autre, l'historien Josèphe, soutient qu'elle est couleur noisette.

Il y a des hommes qui ont *protégé* Dieu — contre d'autres hommes, — et qui les ont brûlés pour les forcer de croire.

Mais ce qui me semble le plus singulier, c'est quand un homme croit avoir *offensé* Dieu.

L'homme qui ne peut anéantir ni une goutte d'eau ni un grain de poussière, — lui, toujours enfermé dans les mêmes passions, dans les mêmes joies, dans les mêmes douleurs.

O homme! mon pauvre ami, avec quelles armes penses-tu offenser Dieu, — et quelle est donc sa partie vulnérable? a-t-il, comme Achille, quelque bout de talon qu'il ait négligé de rendre éternel?

O homme! Dieu est tout ce qui est: Dieu est la mer, le ciel, et les étoiles; — Dieu est la terre et l'herbe qui la couvre; — Dieu est à la fois les forêts et le feu qui dévore les forêts; — Dieu est l'amour qui rend les tigres caressants, et qui force les papillons à se poursuivre dans les luzernes, — et l'amour des fleurs qui se fécondent en mêlant leurs parfums; — Dieu est les hommes qui pourrissent dans la terre et les violettes qui tirent leurs couleurs et leurs parfums de la putréfaction des hommes; — Dieu est l'air bleu, les nuages, le soleil, — les hautes montagnes — et les insectes qui vivent huit cents dans une goutte d'eau.

Et tu crois offenser Dieu! tu crois offenser Dieu! mais regarde celui qui, selon toi, a le plus offensé Dieu, — le soleil cesse-t-il de caresser son front? — les parfums des fleurs deviennent-ils fétides pour lui? — l'eau des fleuves recule-t-elle devant ses lèvres sèches? — les fruits deviennent-ils de la cendre dans sa bouche? — l'herbe jaunit-elle sous ses pieds? Non, pas que je sache.

Dieu t'a jeté dans la vie et t'a renfermé dans des limites infranchissables; — ta chaîne te permet de cueillir quelques fleurs à droite et à gauche et de te piquer les doigts à leurs épines; mais il ne t'en faut pas moins parcourir la même route que ceux qui t'ont précédé et ceux qui te suivront; — il te faut mettre tes pieds dans l'empreinte de leurs pieds.

Toi-même tu es en Dieu, — mais tu es moins que n'est un grain de sable dans la mer.

Et cependant te figures-tu ce que serait la révolte d'un grain de sable — dans les profondeurs de l'Océan?

🐝 Les femmes n'aiment réellement que les hommes qui sont plus forts qu'elles.

Car, si *leur plaisir* le plus vif est de *plaire* et de *commander*, — leur bonheur est d'*aimer* et d'*obéir*.

En général, les rêveries des femmes ne sortent guère des espaces réels; — il faut que toute idée puisse se traduire à leurs yeux par une forme visible. — Pour les conduire au ciel, Dieu doit faire la moitié du chemin; — leur religion est l'amour pour un Dieu fait homme.

Il ne faut croire l'indulgence des gens que lorsqu'elle s'exerce dans les choses qui leur sont personnelles. — Tel homme se prend de pitié pour un empoisonneur, — pour un assassin, — vous le croyez indulgent; — attendez pour le juger qu'on lui marche sur le pied dans une foule, — ou qu'on casse par maladresse — une de ses tasses du Japon.

🐝 La lune montait au ciel derrière les peupliers, — un rossignol fit entendre ces trois sons graves et pleins sur la même note, — prélude ordinaire de son hymne à la nuit et à l'amour.

LE ROSSIGNOL. La lune monte au ciel en silence, — le travail, — l'ambition, — l'avidité, sont endormis, — ne les réveillons pas; — ils ont pris tout le jour, mais la nuit est à nous.

Beaux acacias dont les panaches verts s'étendent sur nos têtes, secouez vos grappes de fleurs blanches, arrosez la terre de vos douces odeurs.

Brunes violettes, roses éclatantes, le parfum que vous ne dépensiez le jour qu'avec avarice, — exhalez-le de vos corolles, comme les âmes exhalent leur parfum, qui est l'amour.

Les lucioles se cherchent dans l'herbe, ils semblent voir des amours d'étoiles tombées du ciel.

LA CHOUETTE. Il n'y a dans l'année que quelques nuits comme celle-ci: Il n'y a que quelques étés dans la jeunesse. Il n'y a qu'un amour dans le cœur.

Tout est envieux de l'amour, et le ciel lui-même, car il n'a pas de félicités égales à donner à ses élus.

Le malheur veille et cherche; — cachez votre bonheur, soyez heureux tout bas.

Tout bonheur se compose de deux sensations tristes : le souvenir de la privation dans le passé, et la crainte de perdre dans l'avenir.

LE ROSSIGNOL. Beaux acacias, dont les panaches verts s'étendent sur nos têtes, secouez vos grappes de fleurs blanches, arrosez la terre de vos douces odeurs.

Chèvrefeuilles, jasmins, cachez sous vos enlacements les amants qui vous ont demandé asile. Faites-leur des nids de fleurs et de parfums.

LA CHOUETTE. Le malheur veille et cherche, cachez votre bonheur, soyez heureux tout bas.

Et toi, l'amoureux, tes yeux auront perdu leur éclat.

Soyez heureux bien vite, car toi, la belle fille, bientôt le duvet de pêche de tes joues sera remplacé par des rides.

LE ROSSIGNOL. Qu'est-ce que le passé, qu'est-ce que l'avenir? les rudes épreuves de la vie ne payent pas trop cher une heure d'amour.

Mille ans de supplice pour un baiser,

LA CHOUETTE. Cette existence qui déborde de vos âmes, vous en deviendrez avares, — et vous la cacherez dans votre cœur comme si vous enfouissiez de l'or.

Vos mains sèches se toucheront, sans faire tressaillir votre cœur, — vous ne vous rappellerez cette nuit d'aujourd'hui, si vous vous la rappelez jamais, que comme une folie, une imprudence, et vous frémirez de l'idée que vous auriez pu vous enrhumer, — puis vous mourrez.

LE ROSSIGNOL. Oui, nous mourrons, mais la mort n'est qu'une transformation.

Nous ressortirons de la terre fécondée par nos corps — tubéreuses, roses, jasmins — et nous exhalerons nos parfums toujours dans de belles nuits comme celle-ci.

Et toi, chouette, n'es-tu pas aussi amoureuse, et n'échanges-tu pas de tristes caresses dans les ruines et les tombeaux?

Beaux acacias, dont les panaches verts s'étendent sur nos têtes, secouez vos grappes de fleurs blanches, — arrosez la terre de vos douces odeurs.

Août 1842.

Mort du duc d'Orléans. — La Régence. — Le duc de Nemours et la duchesse d'Orléans. — M. Guizot. — Un curé de trop. — Humbles remontrances à monseigneur Blancart de Bailleul. — Un violon de *Stra*, dit *Varius*. — Fragilité des douleurs humaines. — Sur les domestiques. — Correspondance. — M. Dormeuil. — Une foule d'autres choses. — M. Simonet. — Une Société en commandite. — Quelques annonces. — M. Trognon M. Barbet. — M. Martin. — M. Poulle. — M. Pierrot. — M. Lebœuf. — M. Michel (de Bourges). — M. Dupont (de l'Eure). — M. Boulay (de la Meurthe). — M. Martin (du Nord), etc. — *Am Rauchen.* — *Wergiss-meinnicht.*

Le 13 juillet 1842, le duc d'Orléans allant à Neuilly — a été jeté hors de sa voiture par des chevaux emportés. — Il est tombé sur les pavés de la route — qui lui ont brisé la tête en plusieurs parties. Il est mort à quatre heures du soir, — sans avoir repris connaissance, dans une pauvre boutique d'épicier. — Le roi et la reine, qui étaient accourus, ont suivi le corps de leur fils porté par les soldats, sur un brancard.

Toute la France a compris cette immense douleur et l'a respectée. — Tout le monde a été frappé à la fois de compassion et de respect — en voyant que, de toutes les grandeurs qui séparent des autres la famille royale, il n'y en a qu'une seule qu'on lui ait laissée; — qu'elle ne dépasse aujourd'hui le commun des hommes que par la grandeur de ses misères et de son affliction.

Beaucoup de gens ne se souciaient guère des attaques au trône, à la couronne, à la pourpre, — et à cent autres métaphores, qui ont senti ce coup qui s'adressait au cœur — et qui en ont tressailli. — Un roi avait paru quelque chose d'autre qu'eux-mêmes, qui n'a ni les mêmes joies, ni les mêmes douleurs; mais alors, en pensant au roi, à la reine, à la duchesse d'Orléans, on a dit : « Pauvre père! pauvre mère! pauvre femme! » et on a compris, et on a pleuré avec eux.

On parlait surtout de la reine, qui avait à creuser dans son cœur une nouvelle tombe à côté de celle de sa fille Marie; — de la reine — qui, dans la partie politique qui se joue depuis tant d'années, a vu mettre en jeu si souvent déjà la vie de tous ceux qu'elle aime, — et qui croyait les avoir regagnés et rachetés, tant elle avait craint, pleuré et prié pour eux. — On a compté les épines qui forment les fleurons de sa couronne royale.

Puis, quand le duc d'Orléans a été mort — tout le monde a vu ce que presque personne n'avait songé à remarquer auparavant : c'est que c'était un des hommes les plus distingués de ce temps-ci; on a vu qu'il tenait, par des liens qu'on n'a sentis que lorsqu'ils se sont rompus, à tout ce qui a de la vie, de la force et de la jeunesse en France.

On a vu que son absence laissait un vide, et, en regardant autour de soi parmi les grands hommes que les journaux inventent et annoncent pêle-mêle avec les pommades pour teindre les cheveux, et l'eau pour détruire les punaises, — on a vu que parmi ces héros de réclame — il n'y avait personne pour remplacer le prince mort.

Puis ensuite on a songé aux conséquences politiques de ce triste événement.

On a vu que le roi Louis-Philippe a soixante-dix ans et que son successeur n'a pas encore quatre ans.

Et on a compté tout ce qu'entre ces deux règnes il peut tenir de troubles, de désordres et de malheurs.

Après ce moment de stupeur — les avidités, les rapacités ardentes des partis se sont ranimées. — Le duc d'Orléans n'était pas encore enterré — que chaque parti a voulu tirer avantage de sa mort.

L'opposition s'en est servie d'argument contre M. Guizot : — M. Guizot s'en est servi d'argument contre l'opposition.

M. Guizot a fait venir le roi à la Chambre des députés ; — il ne lui a pas laissé le temps d'être père quelques jours au milieu de sa famille ; et l'a forcé de reprendre son rôle de roi ; il était trop tôt ; — cet homme, — éprouvé par des fortunes si diverses, auquel ses ennemis les plus acharnés n'ont pu refuser le courage et la fermeté, — n'a pu jouer, au bénéfice de M. Guizot, son rôle jusqu'au bout ; il a pleuré devant les envoyés de la nation.

Les uns ont dit : « Le duc d'Orléans est mort, donc il faut renvoyer M. Guizot. »

Les autres : « Le duc d'Orléans est mort, donc il faut garder M. Guizot. »

Le raisonnement des uns était aussi insolemment absurde que celui des autres.

AOUT 1842.

Puis vint la question de la régence. — Les journaux de l'opposition demandèrent une loi spéciale, personnelle et provisoire, — c'est-à-dire un petit nid à débats, à troubles et à émeutes.

Les journaux du ministère commencèrent à demander, de leur côté, la régence pour M. le duc de Nemours.

C'était justement tomber dans l'écueil où voulaient les amener leurs ennemis.

Ils se ravisèrent et demandèrent la régence pour le plus proche parent ascendant mâle du roi mineur, — c'est encore le duc Nemours; — mais c'est en même temps un principe et une loi fondamentale. — Il est déjà assez honteux pour quatre cent cinquante législateurs de n'avoir pas prévu le cas d'une minorité et d'une régence, sans que lesdits quatre cent cinquante législateurs hésitent à en faire une quand la nécessité le commande.

Les journaux de l'opposition avaient crié très-fort quand le duc d'Orléans avait épousé une luthérienne, — ce qui ne les avait pas empêchés dans le temps de soutenir l'élection de M. Fould par cette raison remarquable qu'il fallait bien avoir un juif à la Chambre, — ce qui amènerait un jour à dire : « Il faut bien qu'il y ait un ferblantier au Palais-Bourbon, » s'il n'y en avait déjà plusieurs.

Lesdits journaux demandèrent alors la régence pour la duchesse d'Orléans.

Cette tendresse subite ne voulait pas dire autre chose que l'espoir de voir des troubles plus faciles sous l'administration d'une femme.

C'est un procès qui peut honnêtement se plaider, — car les raisons pour chacun des deux prétendants peuvent se balancer.

On peut dire pour le duc de Nemours — qu'il s'est bien battu en Afrique, — que c'est un caractère ferme et froid, —

que la régence est une royauté provisoire, qu'une des lois fondamentales du royaume exclut les femmes du trône, — que d'ailleurs, à l'époque où nous vivons, il peut arriver qu'il y ait besoin, chez le régent, des qualités que la plus noble des femmes n'est pas forcée d'avoir.

On peut dire pour la duchesse d'Orléans — que, à tort ou à raison, — le duc de Nemours n'est pas populaire, — que cette impopularité vient en partie de cette malheureuse dotation qu'on a eu la sottise de demander pour lui, — ce qui est cause qu'il s'est répandu dans le public plusieurs centaines de phrases toutes faites contre lui.

Et on ne sait pas avec quelle facilité le gros du public adopte d'abord les phrases, puis ensuite les sentiments qu'elles expriment.

On pourrait dire — qu'il ne serait peut-être pas d'une mauvaise politique — que le régent fût dans une position à ne pouvoir être roi dans aucun cas; de telle façon que le roi mineur fût pour lui un pupille et non une barrière.

On pourrait encore faire une longue énumération des brillantes et solides qualités que reconnaissent à la duchesse d'Orléans — ceux qui l'ont approchée.

Pour moi, j'ai sur la régence l'opinion que j'ai sur la royauté : nommez n'importe qui, — pourvu que ce soit d'une manière stable; — faites une loi sérieuse, — une loi fondamentale que vous n'ayez pas besoin de rapiécer, de ressemeler à chaque événement imprévu, — et réellement je trouve qu'il ne devrait pas y avoir autant d'événements imprévus pour près de cinq cents que vous êtes qui devez les prévoir.

« M. le général Rulhières, — commandant la dixième division militaire, était dans son appartement lorsque, le pied lui ayant glissé sur le parquet, — il est tombé et s'est grièvement blessé au genou. »

Je saisis cette occasion pour remarquer une fois tout haut

qu'il n'existe dans aucun pays sauvage, — dans aucun pays de la Nouvelle-Zélande, — un usage aussi barbare, aussi saugrenu, — aussi grotesque, aussi bête, — que celui qui consiste à rendre laborieusement — les appartements et les escaliers glissants. — En les cirant et en les frottant, les gens auxquels il m'est arrivé de dire cela — m'ont répondu : « C'est plus propre. »

Ces gens qui exposent eux et leurs connaissances à se rompre la colonne vertébrale sous prétexte de propreté — regarderaient à deux fois à se laver les mains l'hiver, s'ils ne pouvaient avoir d'eau chaude.

On rit beaucoup en France des sauvages qui se peignent les oreilles en rouge, — pourquoi? Parce qu'en France — on se peint les sourcils en noir, — et que ce n'est que sur les joues qu'on met du rouge. — On rit des Hottentots tatoués, — quoique la moitié de nos soldats et les deux tiers de nos serruriers portent sur les bras, peints en bleu ineffaçable, — des cœurs percés — et des Napoléons.

Mais on rirait bien plus si un voyageur venait d'un pays récemment découvert — et nous disait :

« Les *naturels* — ont un usage dont il est difficile de s'expliquer la raison.

» Au moyen de certaines préparations, ils rendent le plancher de leurs habitations tellement glissant, qu'il est impossible d'y faire un pas sans tomber, à moins d'une grande habitude et d'une extrême attention.

» Leurs escaliers, qui, par leur forme et leur disposition, présentent déjà assez de chances pour des chutes graves, — sont également enduits de la même façon, — pour rendre les accidents inévitables, de fréquents qu'ils seraient seulement sans cette précaution.

» Nous avons tâché de découvrir le but secret de cette préparation, — mais ils gardent à ce sujet un secret impénétrable; — quelqu'un de nous avait pensé d'abord que cette habitude singulière avait le même but que celui qu'ont adopté les Chinois de ferrer et de déformer les pieds de leurs femmes au point de leur en rendre l'usage impossible; — mais nous n'avons pu admettre cette explication, — parce que les hommes, chez nos naturels, ne sont pas moins exposés que les femmes aux accidents qui résultent fréquemment de cette coutume.

» La seule explication un peu plausible que nous avons pu trouver est qu'ils attachent probablement quelque idée superstitieuse aux chutes imprévues, — de même qu'en France les bonnes femmes prennent pour un heureux présage le hasard qui leur fait mettre un de leurs bas à l'envers. — Peut-être les naturels dont nous parlons, considérant comme d'un favorable augure les chutes violentes, ont-ils cru ne devoir négliger aucun moyen de les rendre fréquentes et dangereuses. »

La douleur que cause la mort d'une personne aimée est tellement profonde, — que la Providence a mis l'oubli le plus près possible, par pitié pour l'homme, qui ne pourrait supporter longtemps ce désespoir à un égal degré.

On fêtait l'autre jour un des saints du mois de juillet chez un de nos peintres les plus connus; — un de nos amis se trouvait parmi les convives bruyants — qui *sablaient*, comme on disait jadis, le vin de Champagne dans la chambre à coucher du peintre, transformée pour la circonstance en salle à manger.

Mon ami était à la droite de la maîtresse de la maison, — seconde femme du peintre en question, — remarié depuis quelques mois seulement. Il avait en face de lui le maître de la maison, derrière lequel s'élevait un beau dressoir gothique en bois sculpté, — chargé de porcelaines de Chine — et surmonté de quelque chose comme une urne funéraire de très-mauvais goût.

Les verres et les paroles s'entre-choquaient, la gaieté était à son comble, — le maître de la maison surtout paraissait en proie à une hilarité indicible ; — le contentement de soi et le bonheur de vivre se lisaient sur ses traits : — il souriait à ses amis — et paraissait fier de sa femme, dont la beauté, la grâce et l'enjouement — faisaient du reste le plus bel ornement de cette étourdie et étourdissante assemblée.

Tout à coup, — mon ami lève les yeux par hasard, probablement en suivant le vol d'une mouche — et, apercevant cette urne de mauvais goût, dont je vous ai parlé, — s'écrie : « Ah mon Dieu! — qu'est-ce que c'est donc que cet abominable *machin* que vous avez là-haut? »

Heureusement le bruit des verres et des conversations couvrit la question, qui ne fut entendue que de la maîtresse de la maison; elle se pencha à l'oreille de mon ami, et lui dit: « Taisez-vous donc! c'est le cœur de la première femme. »

Monseigneur Blancart de Bailleul, évêque de Versailles, se trouve en ce moment dans un grand embarras : — voici l'histoire :

Il y a dans une commune de Seine-et-Oise — appelée Santeny, — un vieux curé — qui dessert la commune, je crois, depuis une trentaine d'années. C'est un bon vieux prêtre, qui a pris au sérieux le vœu de pauvreté, — qui ne possède rien au monde — et qui met tous ses plaisirs mondains — à faire pousser dans le jardin du presbytère des petits pois qu'à force de soins — il réussit presque toujours à voir en cosses avant tous ceux du pays, — et il met alors sa joie à en faire de petits présents.

Il y a quelque temps, un jeune prêtre allemand se présente au presbytère — et demande à parler à M. le curé; — M. le curé était à table — se lève, le force à prendre place, et l'oblige à dîner avec lui — en affirmant qu'il ne l'écoutera pas sans cela.

— Vous êtes ici pour quelques jours?

— Mais… oui, répond le jeune prêtre avec embarras.

— Marianne, dit le curé à sa vieille servante, — il faut faire un bon lit à monsieur, vous le bassinerez, — car il doit être fatigué. — A propos, Marianne, donnez-moi cette bouteille de vin — que l'on nous a envoyée.

Le jeune prêtre se repent amèrement d'avoir cédé aux instances du curé — et de s'être ainsi exposé à cet excellent accueil; — comment lui dire qu'il ne vient pas lui faire une de ces visites que se font les prêtres entre eux, mais qu'il se présente — de par monseigneur Blancart de Bailleul, pour le remplacer.

D'ailleurs — le vieux curé cause avec tant d'abandon, — tant de bonté! — Le jeune homme remet au lendemain à déclarer l'objet de sa visite. Ils font ensemble la prière du soir, le curé conduit son hôte à sa chambre, — l'hôte ne tarde pas à s'endormir.

Le lendemain matin, il découvre en se levant qu'il a occupé le seul lit de la maison — et que le curé a passé la nuit sur un vieux canapé; — il se sent touché, — il veut partir sans rien dire, — et de quelque autre maison envoyer au bonhomme la dure nouvelle qu'il n'ose lui dire de vive voix.

Mais le déjeuner est prêt, — le bon curé a cueilli lui-même le dernier plat de ses petits pois; — il aborde son hôte avec tant de bienveillance, il lui serre la main avec tant de bonhomie, que l'autre n'ose refuser; — il s'assied; — le bonhomme parle des trente ans qu'il a passés dans sa cure, — de l'amitié qu'il a pour ses paroissiens et de celle qu'il pense leur avoir inspirée : — il est heureux, mille fois plus heureux qu'il ne peut le dire; — il aime sa maison, il aime son jardin — qui est si heureusement exposé, où les petits pois viennent si bien et sont si précoces! — le puits a une eau excellente et n'est pas profond : — c'est si commode pour arroser!

Comment précipiter le bon curé de tout ce bonheur-là? — comment lui arracher tous ses trésors d'un seul mot? Le jeune prêtre remet au tantôt à faire sa révélation; — mais à dîner le vieux lui dit : « Vous ne m'avez pas encore dit ce que vous venez faire ici. — Je ne vous le demande pas; mais, voyez-vous, — je parie que vous n'êtes pas riche; — eh bien! vous pouvez rester ici tant que vous voudrez; — regardez cette maison comme la vôtre; — l'ordinaire n'est pas somptueux, mais il y a assez pour nous deux et pour Marianne. »

Comment prendre brutalement à un homme qui offre tout de si bon cœur?

Toujours est-il que huit jours se passent ainsi, — au bout desquels — le jeune prêtre se trouve mille fois plus embarrassé que le premier. — Enfin il prend le parti qu'il avait imaginé le premier jour; — il quitte sans rien dire le presbytère, et envoie au curé une lettre dans laquelle — il lui raconte — et la cause de son arrivée — et son embarras et son chagrin.

Le vieux curé relit la lettre à plusieurs reprises; — n'en peut croire ses lunettes, se la fait relire par Marianne, — des pleurs s'échappent de ses yeux. — Il fait chercher le jeune homme et lui dit:

— Qu'ai-je fait à monseigneur? — on ne déloge plus à mon âge que pour prendre son dernier logement; — je suis vieux, — il ne pouvait donc pas attendre un peu? — Où veut-il que j'aille?

— Je n'en sais rien, répondit le jeune homme; — mais les ordres sont formels, et les voici.

— Mon Dieu! s'écria le curé, — comment y a-t-il tant de dureté dans le cœur des chefs de votre Église! — Que veut-on que je devienne, — vieux et pauvre comme je suis? — Mais obéir, ce serait un suicide, et je n'obéirai pas. — Monsieur, dit-il au jeune prêtre, — allez dire à monseigneur de Bailleul que je n'abandonnerai pas mon église; — que, si l'on veut m'en arracher, il faudra qu'on emploie la violence.

Voici un schisme à Santeny.

Le jeune curé *in partibus* — va loger chez le charpentier de l'endroit.

L'ancien curé reste au presbytère — et refuse les clefs du tabernacle et le calice, — dont il continue à faire usage. — Le jeune dit aussi la messe, — mais avec des ornements loués ou empruntés.

Que va faire monseigneur Blancart de Bailleul? — Va-t-il révoquer ses ordres, — ou les faire exécuter en employant la force?

Peut-être monseigneur, distrait par d'autres préoccupations, ne sait-il pas qu'il y a en France beaucoup de villages qui n'ont pas de curé, — ce qui ne rend nullement nécessaire d'en mettre deux à Santeny.

On rapporta dernièrement à deux hommes bien placés dans l'administration que M. Passy avait dit, en parlant d'eux : « L'un est un fou, l'autre est un voleur. »

— Cela ne se passera pas ainsi ! s'écria M. ***.

— Et comment voulez-vous donc que ça se passe? — lui demanda son compagnon d'infortune.

— J'obtiendrai raison de M. Passy; — je me battrai avec lui.

— Il refusera de se battre avec son subordonné.

— Oui, eh bien! je vais donner ma démission.

— Vous êtes fou!

— Comment dites-vous?

— Allons, allez-vous me chercher querelle aussi à moi?

— Non, je veux savoir ce que vous m'avez dit.

— Je vous ai dit : « Vous êtes fou. »

— Alors, je suis content, et je ne demanderai rien à M. Passy.

— Comment? que voulez-vous dire?

— M. Passy a dit de nous deux — « l'un est un *fou*, l'autre est un *voleur*. » — Vous dites que c'est moi le *fou*, — donc c'est vous qui êtes... *l'autre;* c'est à vous à vous fâcher.

M. ***, — commissaire-priseur, — a, l'autre jour, *mis sur la table*, comme on dit à l'hôtel de la place de la Bourse, un

violon de Stradivarius, — avec toutes les attestations nécessaires à l'authenticité de son origine.— M. *** l'a ainsi nommé :
« Un violon de Stra, *dit* VARIUS. »

⁂ Comme on présentait à M. Guizot pour une place de consul qui se trouvait vacante un homme qui réunissait les deux conditions principales de l'ancienneté et de la capacité, — M. Guizot répondit : « C'est vrai, mais que voulez-vous, il faut avant tout obéir aux exigences parlementaires; dites à votre candidat de se faire appuyer par des *députés de l'opposition.*

⁂ On trouve à la quatrième page des journaux une annonce ainsi conçue :

MAISON SUSSE.
ENCRE ROYALE DE JOHNSON.

. . . .

Cette encre préserve les plumes métalliques de l'oxydation, quand elles sont de bonne qualité comme celles de Bookman.

. . . .

PLUMES ROYALES DE BOOKMAN.
Ces plumes sont inoxydables.

C'est-à-dire que les plumes royales de Bookman sont *inoxydables* dans une encre *qui préserve de l'oxydation*, comme l'encre royale de Johnson.

Et que, de son côté, l'encre royale de Johnson *préserve de l'oxydation* — les plumes qui sont *inoxydables*, — comme les *plumes royales de Bookman.*

⁂ On trouve encore à la quatrième page des mêmes journaux une autre annonce qui n'est pas indigne de l'attention :

LOTION DE GOWLAUW.

« Le célèbre inventeur de cette lotion, le docteur Gowlauw, médecin du prince de GALLES en 1755, — rencontra dans l'exercice de ses fonctions élevées des circonstances *particulières* qui exigèrent qu'il dévouât longtemps ses talents à l'étude des *maladies de la peau.* »

Je l'ai dit, — l'annonce ne respecte rien ; — la voilà qui jette sur la mémoire du prince qui fut depuis roi d'Angleterre — une dégoûtante insinuation. — Mais ce qu'on ne saurait trop admirer, — c'est le sérieux et l'industrie de celui qui imagine que le *médecin du prince de Galles* a dû, plus que tout autre, avoir à s'occuper des maladies de la peau.

🐜 Voici un aperçu de M. Vivien — qui n'a pas semblé heureux. — Il était question de l'élection de M. Pauwels, — élection qui a été ajournée — parce qu'il y a eu deux bulletins *signés* qui ont été comptés à M. Pauwels contrairement à l'intention de la loi, qui veut que les votes soient secrets.

D'autre part, M. Pauwels est accusé d'avoir amené deux électeurs en voiture.

Là-dessus — M. Vivien s'écrie — contre M. Pauwels :

« Messieurs, le fait des deux bulletins signés est grave, mais ce n'est pas tout ; et, à propos de ce fait, un rapprochement me frappe : il y a eu deux bulletins signés, et M. Pauwels avoue avoir été chercher deux électeurs. »

Il ne s'est trouvé personne — pas même M. Pauwels, pour dire à M. Vivien : « Mais, monsieur, tout le monde sait que la loi défend de voter avec des bulletins signés ; donc M. Pauwels serait allé chercher exprès, en voiture, les deux électeurs qui devaient entacher son élection d'illégalité et en faire prononcer au moins l'ajournement. »

🐜 Les quatre-vingt-six départements de la France — envoient à Paris quatre cent cinquante-neuf députés — qui ouvrent la session — en faisant un serment qui n'est pas formulé en français.

« Je jure fidélité... etc... et de me conduire en bon et loyal député. »

Il faudrait dire : « *Je jure d'être fidèle,* » — ou répéter « *je jure* » — au second membre de la phrase.

🐜 Tous les partis se sont accusés mutuellement d'avoir

corrompu des électeurs pour faire nommer leurs candidats ; — cela me paraît un terrible argument contre le suffrage universel et l'abaissement du cens électoral. — En effet, s'il est si facile de corrompre des gens qui sont riches, puisqu'un électeur doit payer deux cents francs de contributions directes, — qu'adviendra-t-il quand vous admettrez au scrutin des hommes pauvres et besogneux, — sinon ce que je vous ai annoncé déjà plusieurs fois, — c'est-à-dire des électeurs à trois francs, — à deux francs cinquante centimes, si on prend une certaine quantité, avec le treizième en sus ?

❧ Un député a été accusé d'avoir fait boire deux électeurs ; la chose était attestée par une protestation signée de plusieurs électeurs ; — c'est une jolie chose que le gouvernement représentatif, si les représentants du pays pensent eux-mêmes qu'on peut obtenir les suffrages de ses concitoyens au moyen de quelques verres de vin. — Toujours est-il que le député accusé a apporté à la Chambre un certificat de ses deux électeurs, qui affirment sur l'honneur qu'ils étaient un peu *gais*, mais nullement ivres au point de n'avoir pas su ce qu'ils faisaient.

❧ M. Pauwels a été convaincu d'avoir emmené deux électeurs dans sa voiture ;

Conséquemment de les avoir corrompus.

Ah çà ! messieurs les députés, sérieusement, c'est donc en France une chose déjà bien *avancée* et bien *faisandée* que la masse électorale, — puisqu'elle n'attend qu'un aussi futile prétexte pour *se corrompre* ?

Parlez-moi de l'Angleterre, — où une élection coûte pour le moins un demi-million ; — à la bonne heure, — mais en France, c'est honteux : — un litre de vin ou une promenade en voiture.

❧ Qui osera maintenant saluer un électeur, — ou sa femme, ou sa nièce, si l'électeur est chose si fragile qu'on ne puisse le rencontrer sans risquer de le corrompre!

Les divers partis qui composent la Chambre se sont reproché, avec preuves à l'appui, — une foule de manœuvres peu honorables. — Le ministère n'a pu nier que maladroitement certaines munificences qu'un hasard malheureux a placées quelques jours avant les élections. — Le parti de la République et le tiers-parti — se sont, de leur côté, fort mal défendus de leur alliance avec les légitimistes. — M. Barrot, entre autres, a remarquablement pataugé à ce sujet.

🐝 Mais, — au nom du ciel, — que prouve tout ceci ? — que les hommes sont avides et rapaces. — Ne le savions-nous pas déjà ? — Commencez donc par être une fois tous d'accord pour décréter — le désintéressement, le patriotisme, l'abnégation ; jusque-là ce sera la plus laide et la plus sotte chose du monde que votre gouvernement représentatif.

🐝 Le *Siècle* a eu dernièrement à soutenir un procès — parce qu'un de ses rédacteurs s'était permis quelques critiques à l'égard des produits d'une madame H..., — marchande de modes, — je crois, — ou de quelque chose d'analogue.

Plusieurs procès de ce genre avaient déjà été jugés en faveur des marchands contre les journalistes.

Cette fois, cependant, le tribunal a pensé sagement — qu'il ne fallait pas punir les rares effets des remords qui peuvent s'emparer des journalistes à l'occasion de leur complicité quotidienne avec les marchands de n'importe quoi. Le jugement qui a acquitté le *Siècle* — est d'autant plus remarquable, que cent exemples dans un an viennent démontrer que les tribunaux, qui ne reconnaissent pas en fait la propriété littéraire, — n'appliquent les lois que contre les écrivains — et point pour eux.

En effet, une marchande de modes a cru pouvoir intenter un procès à un journal, parce que ledit journal avait trouvé qu'elle faisait pencher ses plumes un peu trop à gauche, — ou que ses capotes n'avaient pas tout à fait aussi bon air que celles de mademoiselle une telle.

Et en cela elle était encouragée par des précédents nombreux de procès ainsi intentés et gagnés.

Mais qu'un écrivain pâlisse sur un ouvrage, qu'il y consacre de longues veilles, qu'il y mette les études et les souffrances de toute sa vie;

Le moindre grimaud, — le petit jeune homme auquel on confie des articles d'essai pour son admission à un journal, dit impunément que le livre est mauvais, que l'auteur n'a pas le sens commun, etc., etc.

Un tribunal rirait beaucoup, — et croirait qu'on lui apporte une *cause grasse*, — si un auteur s'avisait de lui déférer une plainte relativement à un fait de ce genre.

Et cependant — c'est assez quelquefois pour influencer un grand nombre de lecteurs, — pour empêcher l'auteur de trouver un libraire, c'est assez pour le ruiner.

Mais la justice ne reconnaît que la propriété des choses matérielles. — M. Hugo et M. de Lamartine, s'ils veulent être pris par elle au sérieux, devront se faire marchands d'allumettes chimiques ou fabricants de cirage podophile.

En énumérant le mois passé tout ce que j'avais obtenu de protection de la part des rois, d'États, de vaisseaux, pour la somme de soixante-quinze centimes, je disais que je donnerais volontiers soixante-quinze autres centimes pour trouver comme écrivain la protection dont je jouis comme pêcheur. — Voilà un exemple de ce que j'avançais :

Il y a environ deux mois, j'appris, par deux feuilletons de Janin et de Théophile Gautier, que trois ou quatre messieurs avaient bien voulu prendre dans un petit roman de moi, qui s'appelle *Hortense*, — le sujet d'une pièce jouée sur le théâtre du Vaudeville.

Quelques jours après je vis, dans un autre journal, l'analyse d'une autre pièce jouée sur le théâtre du Palais-Royal, — et intitulée : *Dans une armoire*. Cette pièce est entièrement prise dans un petit conte qui a été imprimé sous le titre de : *Histoire de tant de charmes ou de la Vertu même*.

Je ne fais pas partie de la Société des gens de lettres, — d'aucune autre société. — Je n'aime pas qu'un musicien ou poëte puisse aller prendre au collet un homme qui fredonne dans la rue une romance de lui, — en lui disant : « C'est trois francs. »

Je me contentai donc d'écrire à M. Dormeuil, — directeur du théâtre du Palais-Royal, — et le soir accessoirement *père noble* et jouant les *rôles à canne*, les *utilités*, etc.

Je disais à ce M. Dormeuil — que je ne venais pas inquiéter *ses auteurs* — dans *leurs droits et recettes*, mais que, sachant peu leur nom, — et pas du tout leur adresse, je le priais de me rendre, d'accord avec eux, une justice qui ne leur coûterait rien.

Le même sujet, avec les mêmes détails, paraissant à la fois sur le théâtre du Palais-Royal — et dans un livre de moi, — je ne voulais pas que le public, — qui ne s'amuserait pas à consulter les dates, — m'accusât d'avoir *pris* l'ouvrage de MM. Laurencin et... je ne sais qui...

Il me semblait donc qu'il serait honnête à ces messieurs de mettre sur l'affiche que leur pièce était tirée d'un ouvrage de moi.

M. Dormeuil ne crut pas devoir me répondre.

Sur ces entrefaites j'arrivai à Paris, et j'allai, avec un de mes amis, demander une réponse à M. Dormeuil ; j'eus beaucoup de peine à rencontrer cet acteur, — qui s'excusa de ne pas m'avoir répondu, et m'affirma qu'il avait cru en être dispensé parce qu'il avait fait droit à ma réclamation immédiatement en mettant sur l'affiche la note que j'avais demandée.

« Du reste, me dit-il, la pièce n'a pas eu grand succès, elle est mal écrite, — comme tout ce que fait M. Laurencin. »

AOUT 1842.

Je me retirai—et ne pensai plus à la chose.

Mais voilà que j'apprends que M. Dormeuil — n'a point mis sur ses affiches ce qu'il m'a dit y avoir mis.

Pour moi je suis assez embarrassé ; — que puis-je faire à M. Dormeuil pour le punir de jouer le jour des Scapins, les *Lafleur*, les rôles les plus honteux du répertoire comique ? Rien, sinon de le siffler en plein jour et en pleine rue, — quand je le rencontrerai, comme si j'avais encore dix-huit ans.

Ce n'est pas par une semblable conduite que messieurs les comédiens plaideront avec succès contre le préjugé qui les sépare de la société, et dont ils se plaignent si amèrement.

Je me défie beaucoup des grands hommes, des héros de désintéressement et de dévouement à la patrie, dont les organes de certains partis veulent aujourd'hui nous imposer l'admiration et le joug, — quand je relis dans les journaux et les brochures, publiés il y a treize ou quatorze ans, — précisément les mêmes éloges pour des gens à l'égard desquels ils ne trouvent pas aujourd'hui assez d'injures.

Voici quelques lignes prises au hasard dans un gros livre publié sous les auspices de ce qu'on appelait alors le *Comité directeur*, — sous le titre de BIOGRAPHIE DES DÉPUTÉS.

Session de 1828.

Imprimerie de Anthelme Boucher, — rue des Bons-Enfants, 34.

« L'opposition d'aujourd'hui (1828) peut être regardée comme le type d'une véritable représentation nationale ; elle renferme l'élite de la France. »

N. B. C'est cette opposition qui est aujourd'hui aux affaires. — Le langage des journaux et des brochures a un peu changé à leur égard.

M. de Chantelauze est un homme de courage et de patriotisme qui ne cédera jamais aux suggestions de l'autorité. »

Un des hommes sur lesquels, depuis dix ans, il a tombé

l'averse la plus drue d'injures et de quolibets, est M. Etienne. — Le journal le plus bafoué est sans contredit le *Constitutionnel*. — Lisez :

« ÉTIENNE (Meuse, *candidat libéral*). C'est un député dont le nom seul vaut la biographie la plus étendue. Homme de lettres distingué, rédacteur du *Constitutionnel* et de la *Minerve*, ses titres à la députation sont bien connus de tous les amis des libertés publiques. Comme littérateur, M. Étienne, ancien membre de l'Institut, éliminé par M. de Vaublanc, *a fait ses preuves de telle manière, qu'il serait puéril de les rappeler :* comme publiciste, il a assuré à la *Minerve* le succès de vogue qu'elle a obtenu, par les *délicieuses* lettres sur Paris dont il a enrichi cet important ouvrage. Il a également assuré le succès du *Constitutionnel, répandu aujourd'hui dans les quatre parties du monde.* Comme député, il a soutenu les intérêts de ses concitoyens avec autant d'*énergie que de talent*. On se rappelle surtout sa belle et touchante improvisation en faveur de son honorable collègue et ami Manuel, expulsé, par l'arbitraire et la tyrannie, d'un poste où il avait été porté par la volonté libre du peuple français. M. Étienne n'a pas fait partie de la Chambre septennale. Il viendra jeter une nouvelle lumière sur la nouvelle Assemblée, chère à tant de titres aux véritables libéraux. »

Et M. Jacques Lefebvre, — qu'on appelle aujourd'hui loup-cervier, — Fesse-Mathieu, — gorgé des sueurs du peuple, etc., voici son article :

« M. Jacques Lefebvre (ferme libéral) :

» Ce banquier est connu depuis longtemps pour un des membres les plus éclairés du commerce français.

» Les opinions politiques de M. J. Lefebvre ne sont pas douteuses : indépendant par sa position comme par son caractère, il sera l'un des plus fermes défenseurs de la monarchie constitutionnelle.

» Mandataire exact et scrupuleux dans les transactions privées, M. J. Lefebvre s'acquittera avec la même fidélité de la grande mission qui lui est confiée. Il sera un de ces hommes nouveaux, libres de tous fâcheux antécédents et destinés à faire revivre parmi nous la probité politique, vertu si nécessaire pour mettre fin aux agitations de notre patrie. »

Et M. Sébastiani, — comment le traitent aujourd'hui ceux qui disaient alors de lui :

« Nous devons nous borner à remercier les électeurs de l'Aisne. La France leur doit la nomination d'un des plus illustres et des plus généreux défenseurs de ses droits, etc. »

D'où dérive naturellement ce petit raisonnement : — ou messieurs les publicistes se sont étrangement trompés à cette époque, — et nous ne sommes pas obligés de nous en rapporter aujourd'hui à leur clairvoyance ;

Ou ils étaient simplement les compères de leurs grands hommes d'alors, — et leur grande colère vient de ce que les compères, au jour de la curée, n'ont pas voulu partager la recette.

Ce qui fait qu'ils recommencent le même jeu, — avec les mêmes paroles, — absolument comme aux parades des escamoteurs ; — dans l'un et l'autre cas, qu'ils soient dupes ou complices, — on a aujourd'hui le droit d'avoir quelque défiance et de s'en servir.

Qu'est devenu l'ancien *serviteur* dont le type se retrouve si fréquemment dans les romans et dans les comédies ? — ce domestique vertueux, sensible et désintéressé, qui pleure des chagrins de ses maîtres, qui pleure de leur joie, — qui pleure en embrassant l'enfant de la maison, — qui pleure en conduisant le grand-père au cimetière, — qui pleure en suivant la petite-fille à l'autel ?

Où est-il, ce domestique, — presque toujours un vieillard à cheveux blancs, qui, lorsque la fortune de ses maîtres vient à s'écrouler, pleure encore, pour qu'on lui permette de servir sans gages, — et vient, *avec des larmes de joie*, offrir le résultat de ses petites économies ?

Sans parler des assassinats assez fréquents de maîtres par leurs domestiques dont sont remplies les colonnes de la *Gazette des Tribunaux*, — les domestiques n'introduisent-ils pas avec eux dans les maisons toutes sortes de dangers — et par leurs petits pillages habituels et par leurs trahisons — et par leurs complaisances intéressées, etc. ?

Pourquoi la police n'impose-t-elle pas aux domestiques des livrets, comme elle en impose aux ouvriers ?

Il est peut-être utile que les ouvriers présentent cette garantie, mais elle est indispensable pour les domestiques.

On introduit et on enferme avec soi dans sa maison, — dans sa famille, au milieu de sa femme et de ses enfants, — dans son intérieur, dans ses secrets, — des gens qui ne sont sous aucune surveillance spéciale, — qui ne vous donnent comme garantie que de vagues certificats arrachés le plus souvent par l'importunité à l'égoïsme et à l'insouciance, — certificats tellement insignifiants, que la plupart des maîtres ne les demandent plus et s'en rapportent au hasard.

J'ai vu une lettre d'un homme qui écrivait à un de ses amis : « Envoyez-moi un domestique qui s'appelle Pierre. »

Un autre qui a une riche livrée disait : « Trouvez-moi un laquais qui ait : hauteur, cinq pieds quatre pouces ; — épaisseur, trois pouces six lignes, — afin qu'il puisse entrer dans les habits que j'avais fait faire pour son prédécesseur. »

Beaucoup d'esprits poétiques et un peu superficiels se sont laissé séduire par tout ce que présente de gracieux le gouvernement d'une femme ; ils ont rêvé une cour brillante et chevaleresque, — un nouveau règne pour les arts, pour les lettres, pour les plaisirs. — Non, non, le règne des marchands, des avocats et des bourgeois n'est pas fini, il faut qu'il ait son cours.

AOUT 1842.

— C'est une dynastie qui doit avoir sa durée. — Vous l'avez voulue, mes braves gens, vous l'aurez, vous la subirez, vous la garderez. — Vous savez l'histoire des grenouilles de la Fontaine ; — vous avez été plus heureux qu'elles, — vous avez obtenu du premier coup des soliveaux qui vous mangent.

※ Faites une cour bien galante avec des noms tels que Lebœuf, — Poulle, — Martin, — Barbet, — Pierrot !

Et M. Trognon, le trouvez-vous joli ? Je sais que, parodiant un mot de Sylla, on a dit de lui : *Je vois dans Trognon plusieurs vépins.*

Mais voulait-on parler de Pépin le Bref ou de Pépin l'auteur de un, — deux, — trois, — quatre, etc., ans de règne, qui est au contraire fort long.

Il est vrai qu'en prévision de tout ceci — M. *Barbet*, maire de Rouen, — est en instance près du garde des sceaux pour se faire appeler *de Valmont*.

Et M. *Pierrot* — prend tout doucement le nom de *Selligny*.

※ Les journaux de l'opposition se sont beaucoup moqués de ces changements de noms, et ils ont eu raison ; mais, pendant qu'ils y étaient, ils auraient pu faire justice — de quelques dynasties bourgeoises, — qui usurpent certaines villes, — certaines rivières, — certains départements : — MM. Martin, de Strasbourg, — idem, du Nord, — Michel, de Bourges, — Dupont, de l'Eure, — David, d'Angers, — Boulay, de la Meurthe, etc.

Pendant quelque temps on a renfermé la ville ou le département conquis dans une parenthèse ; quelques-uns ont déjà supprimé la parenthèse, les autres suivent sans bruit leur exemple.

Ainsi, quand on avait l'air de crier si fort, si longtemps, contre les préjugés, contre les castes, contre les noms, contre tout, ce n'était pas contre les choses qu'on était réellement si fort en colère, c'était contre ceux qui les possédaient.

Aussi, après avoir renversé les gens, — les a-t-on dépouillé le plus promptement possible et les dépouille-t-on tous les jours.

Les vainqueurs s'arrachent entre eux les lambeaux conquis — et se font de bizarres ornements des morceaux qu'ils peuvent s'approprier.

🐝 La curée qui a lieu depuis douze ans de places, d'honneurs, de titres, ressemble tout à fait à un tableau que fait le capitaine Cook d'une horde sauvage qui a surpris et massacré l'équipage d'un navire. — L'un passe ses jambes dans les manches d'un habit, — un autre, tout nu, se revêt d'une perruque et d'un chapeau ; — un autre met des lunettes — ceux-ci s'attachent au nez les boutons de cuivre des habits des matelots.

Puis ils se croient bien mis, — et se promènent avec fierté.

🐝 Une régente, bon Dieu! c'était bon quand les Français étaient polis et bien élevés. — Est-ce qu'il n'y a pas deux députés, dont j'ai consigné le nom dans quelque volume des *Guêpes*, qui ont refusé de saluer la reine! — Une régente! — livrez donc une pauvre femme aux insultes de certains journaux et à la protection de certains autres! — Une régente! — Dieu vous en garde, pauvre princesse, déjà assez éprouvée!

🐝 Une régence et une régente! — on vous en donnera, — roués d'arrière-boutiques, — talons rouges de comptoir, — raffinés d'estaminet!

AM RAUCHEN. Celui qui n'est rien — est l'égal de tout le monde.

🐝 Tous les hommes aiment le repos.
— Vous me permettrez d'en excepter quelques-uns.
— Lesquels?
— Ceux qui le possèdent.
— Pour que je ne trouve pas la discussion une chose ridicule, il faudrait qu'on me montrât un *seul homme* — depuis l'origine du monde, que la discussion eût fait changer d'opinion.

🐝 Souvent, par une matinée d'automne, alors qu'il fait si bon de flâner par les plaines, un fusil sur l'épaule, vous avez aperçu à l'horizon un lac immense ; vous avez continué votre route, et, arrivé au point où vous aviez vu le lac, vous marchez sur l'herbe et vous ne voyez que des vapeurs qui s'exhalaient de la terre ; — plus loin, vous vous êtes retourné et vous avez revu le lac avec sa surface unie.

Telle est la vie ; on mourrait de désespoir quand on découvre que ce qu'on avait pris pour but de ses pensées, de ses désirs, de ses rêves, n'existe pas, ou n'est qu'un brouillard auquel la distance donne des formes gigantesques. — Mais, comme il faut marcher, entraîné que l'on est par la vie, il vient un moment où, en se retournant, on voit les mêmes prestiges, et jusqu'au bout de la route on jette de temps à autre un regard d'adieu à ce qu'on croit avoir possédé ; la vie est toute dans ce qui n'est pas encore et dans ce qui n'est plus : — désirs et regrets.

Aussi, avec quelle ténacité nous nous rattachons aux moindres souvenirs ! Quelle influence gardent sur nous une mélodie quelquefois sans couleur pour tous, — certains aspects du ciel, — la fleur que d'autres foulent aux pieds avec indifférence !

C'est pour cela — que je me suis laissé plus d'une fois reprocher de parler trop souvent d'une petite fleur bleue — que les Suisses appellent herbe aux perles — et les botanistes *mosotipioïdes*.

Voici pourquoi les Allemands les ont appelées *vergissmeinnicht*, c'est-à-dire *ne m'oubliez pas*.

Dussions-nous nuire à l'intérêt de notre histoire, nous dirons que c'est une des traditions les plus intéressantes que nous ayons jamais entendues.

Il y a un tombeau à Mayence ; — comme le nom que l'on y avait gravé a été effacé, le tombeau est à la disposition du premier venu d'entre les morts ; mais, attendu qu'il est simple, et qu'aucune famille ne pourrait s'enorgueillir de l'attribuer à un de ses membres morts, l'opinion générale le laisse à un poëte, dont on n'a pas même conservé le nom de famille.

Il s'appelait Henreich; et comme ses vers, dont nous ne croyons pas qu'il soit rien resté, étaient tous à la louange des femmes, et surtout à celle de Marie, on l'appelait Henreich Frauenlob, c'est-à-dire le poëte des femmes.

Quand il était parti pauvre pour courir l'Allemagne et chercher fortune au moyen de ses romances et de son talent, Henreich avait laissé à Mayence une fille qui attendait son retour, s'éveillait pâle, dans les nuits d'orage, et priait pour lui.

Après trois ans, il revint riche et renommé. Longtemps avant son retour, Marie avait entendu son nom mêlé à la louange et à l'admiration; et, par une noble confiance, elle savait que ni la louange ni l'admiration n'avaient donné à son amant autant de bonheur et d'orgueil que lui en donnerait le premier regard de la jeune fille qui l'attendait depuis si longtemps.

Quand Henreich vit de loin la fumée des maisons de Mayence, il s'arrêta oppressé, s'assit sur un tertre d'herbe verte, et fit entendre un chant simple et mélancolique — comme le bonheur.

Le lendemain, vers le coucher du soleil, les cloches tintèrent pour annoncer le mariage de Henreich et de Marie à la première aurore.

A ce moment, tous deux se promenaient seuls sur l'allée qui s'étend le long du Rhin.

Ils s'assirent l'un près de l'autre sur un tapis de mousse, et passèrent de longs et fugitifs instants à se regarder, à se serrer les mains sans rien dire, — tant ce qui remplissait leurs âmes était intraduisible par des paroles.

La teinte de pourpre que le soleil avait laissée à l'horizon était devenue d'un jaune pâle, et l'ombre s'avançait sur le ciel, du levant au couchant.

Tous deux comprirent qu'il fallait se quitter : Marie voulut fixer le souvenir de cette belle soirée, et montra de la main à Henreich des fleurs bleues sur le bord du fleuve.

Henreich la comprit et cueillit les fleurs, mais son pied glissa, il disparut sous l'eau ; deux fois l'eau s'agita, et il reparut, se débattant, écumant, les yeux hors de la tête, — mais deux fois elle ressaisit sa proie.

Il voulut crier ; mais l'eau le suffoquait. A la seconde fois qu'il reparut, il tourna un dernier regard vers la rive où était Marie, et, sortant un bras, il lui jeta les fleurs bleues qu'une contraction nerveuse avait retenues dans sa main ; mais ce mouvement le fit enfoncer : il disparut, l'eau reprit son cours, et le fleuve resta uni comme une glace. Ainsi mourut Henreich Frauenlob.

Pour Marie, elle mourut fille, dans une communauté religieuse.

On a traduit l'éloquent adieu de Henreich, et on a appelé la fleur bleue : *vergissmeinnicht*, c'est-à-dire *ne m'oubliez pas*.

Septembre 1842.

La justice. — Ce qu'elle coûte. — Et pour combien nous en avons. — De quelques gargotiers faussement désignés sous d'autres noms. — Un directeur des postes. — Un gendarme et un voyageur. — Sur les chiens enragés. — La Régence. — Le duc de Nemours. — La Chambre des pairs. — M. Thiers. — M. de Lamartine. — Crime d'un carré de papier. — La Tour de François 1er et le *Journal du Commerce*. — Une montagne.

SEPTEMBRE. — Il m'est arrivé quelquefois de soutenir que nous marchions en rond — comme les chevaux de manége — et de nier le *progrès*. Je suis obligé de me rétracter —

quand je vois, d'après le rapport de M. le garde des sceaux, que nous n'avions eu que pour trois millions quatre cent trente-quatre mille trois cent quatre-vingt-trois francs de justice en 1831.

Tandis qu'aujourd'hui on nous en donne pour quatre millions cinq cent soixante et onze mille trois cent vingt-cinq francs.

🐝 Que vouliez-vous qu'on nous donnât de justice pour trois millions, quand pour les quatre millions que nous en avons aujourd'hui — il resterait encore bien des petites choses à dire?

🐝 Disons quelques-unes de ces petites choses.

🐝 D'abord parlons des prévenus, — des accusés.

Un prévenu est peut-être innocent : — si même vous comptez combien il y a de condamnés sur un certain nombre de prévenus, vous serez presque forcé de dire qu'un prévenu est probablement innocent; — en effet, parmi les accusés il y en a beaucoup plus d'acquittés que de condamnés.

Un prévenu est donc peut-être un homme innocent, — auquel, par erreur, vous faites subir une situation plus que fâcheuse. — Vous l'enlevez à sa famille, à ses affaires — pendant plusieurs mois; pendant plusieurs mois vous faites peser sur lui un soupçon de déshonneur; — pendant plusieurs mois vous le condamnez à toutes les angoisses de l'imagination.

Un magistrat disait que, s'il était par hasard accusé d'avoir volé les tours de Notre-Dame, — il commencerait par prendre la fuite.

Et, d'autre part, pas mal de gens rompus, guillotinés, roués, marqués par erreur, — ont laissé leur triste histoire pour montrer que la justice peut quelquefois se tromper.

Il me semble que c'est bien assez pour le pauvre diable de prévenu.

Loin de là, — vous le traitez précisément comme s'il était condamné; — vous le mettez dans la même prison où il sera renfermé s'il est reconnu coupable ; il reçoit la même nourriture et les mêmes brutalités.

Cependant vient le jour du jugement : — trois prévenus sur cinq sont ordinairement acquittés. — Notre homme est du nombre ; au premier moment, — il se réjouit, — il embrasse avec joie sa femme, ses enfants, ses amis ; — ses amis... je me trompe, la plupart se sont retirés. — Il rentre chez lui, — ses voisins l'évitent, — on a associé pendant quatre mois son nom à l'idée du crime dont il était accusé, — et pendant quatre heures le procureur du roi s'est efforcé d'entasser tous les arguments possibles pour prouver sa culpabilité. — Quelques-uns le croient plus heureux qu'innocent — le voilà dans son logement avec sa femme et ses enfants : « Où est donc la pendule — et la petite montre, — et nos deux couverts d'argent, tout ce que nous avions acheté à force d'économie ?

— Hélas ! il a fallu vendre tout cela ; — comment aurions-nous vécu, tes enfants et moi pendant ta détention ?

— C'est vrai ; mais me voilà libre, — je vais travailler, nous allons réparer cela. »

Mais le lendemain — ceux qui lui donnaient de l'ouvrage l'ont remplacé ; — il faut chercher, attendre, souffrir, faire des dettes, — et ce n'est peut-être qu'au bout de plusieurs années qu'il aura réparé le mal que lui a fait la justice.

Il me semble que voilà cependant un homme auquel on devrait la plus grande et la plus solennelle réparation. — Nullement. — Le président psalmodie d'un ton monotone : — « Ordonne que le prévenu sera mis en liberté, s'il n'est détenu pour autre cause. »

Et on le renvoie avec son honneur compromis par une accusation flétrissante, — sa tête fatiguée par l'instruction et l'anxiété, son corps malade par la prison, sa fortune et son industrie perdues par les dépenses et les pertes qui accompagnent nécessairement une accusation criminelle.

Et le procureur du roi ne lui dit pas seulement : « Pardon de vous avoir dérangé. »

Et il n'y a pour lui aucune réparation à attendre de tant de malheurs.

❦ Je voudrais qu'on fit à ce sujet deux choses :

1° Que l'on donnât à l'acquittement, autant que possible, la publicité et l'éclat de l'accusation ; — que le procureur du roi ou le président des assises — demandât pardon à l'accusé innocent, au nom de la société et de la justice ; — que tous les journaux sans exception fussent chargés de dire : « Un tel, injustement accusé — de tel crime, — a été reconnu innocent. »

2° Qu'une caisse publique fût établie, sur laquelle les tribunaux décerneraient, suivant l'exigence des cas, — des indemnités à ceux qui, après une longue prévention, seraient reconnus innocents.

Eh quoi ! me direz-vous ? vous en parlez à votre aise. *Une caisse !* et avec quel argent, s'il vous plaît ?

— Je vais vous le dire : tous les jours les tribunaux prononcent des amendes sur les biens des condamnés. — N'est-il pas juste que cet argent dont bénéficie le trésor soit consacré à indemniser, autant que possible, — les malheureux injustement accusés, emprisonnés et ruinés ?

❦ Mais il paraît que la justice est fort chère, — puisque malgré ces choses et bien d'autres qu'on pourrait lui reprocher, et les circonstances atténuantes du jury, et tous ces crimes à propos desquels on nous dit : « La justice informe, » après quoi il n'en est plus jamais question, pas plus que du meurtre d'Abel par Caïn, etc. ; — puisque le peu que nous en avons revient à quatre millions cinq cent soixante et onze mille trois cent vingt-cinq francs. Il n'y a pas moyen de nous en donner davantage pour ce prix-là : le gouvernement y perdrait.

❦ Il est vrai de dire que le garde des sceaux — accuse

les huissiers de dévorer pour leur part plus d'un tiers des quatre millions en question, — au moyen de toutes sortes d'abus, inventés par leur ingénieuse avidité.

🙘 Il est fâcheux de voir ainsi plus qu'écorner cette pauvre somme de quatre millions cinq cent soixante et onze mille trois cent vingt-cinq francs. — Sans cela, bien des choses ne se passeraient pas comme elles se passent, — mais la France n'a pas le moyen.

🙘 EXEMPLE. — A*** un M. de Marcellange, vivant avec sa femme et sa belle-mère, — comme on vit avec une femme et une belle-mère, — c'est-à-dire assez mal, — se plaint qu'un de ses domestiques a voulu l'assassiner et le chasse. — Sa belle-mère et sa femme prennent immédiatement le domestique à leur service particulier; quelque temps après, ce domestique, Jacques Besson, tue en effet M. de Marcellange d'un coup de fusil; — il est accusé et mis en prison. — La femme de M. Marcellange envoie à ce pauvre Besson, dans la prison, un lit pour qu'il ne soit pas trop mal couché, — et un dîner par jour.

Aux débats, il est établi qu'une femme de chambre, témoin important et de plus accusée de quelques peccadilles à l'endroit de M. de Marcellange, entre autres de l'avoir un peu empoisonné, a été emmenée en Savoie et laissée là par la belle-mère.

En outre, des propos plus que singuliers sont prêtés à ces dames par plusieurs témoins.

Eh bien! — ces malheureuses femmes restent sous le coup d'une fâcheuse impression, parce que le ministère public ne leur donne pas l'occasion de se justifier et d'expliquer des *apparences* fatales — en les accusant directement — comme c'était son devoir.

🙘 Probablement à cause que la justice, qui n'a que quatre millions cinq cent soixante et onze mille trois cent vingt-cinq francs à consacrer à ses menus frais, — n'a pas le moyen — d'entrer plus avant dans la question.

AUTRE EXEMPLE. — On veut supprimer le duel ; — bien ! — mais — voici un M. Herpin qui reçoit un soufflet d'un M. Dissard, — affaires d'élections.

M. Dissard est condamné à six jours de prison.

Ah! j'oubliais ; il y a aussi seize francs d'amende

— Au bénéfice de M. Herpin ?

— Non ! au bénéfice de S. M. Louis-Philippe.

— Comment ! Est-ce que c'est Sa Majesté ?...

— Non ! — c'est M. Herpin.

— Eh bien ! alors, comment se fait-il que ce soit S. M. Louis-Philippe qui reçoive les seize francs.

L'homme qui reçoit un soufflet — est en proie à deux impressions : — 1° il est en colère et il veut se venger ; — 2° il songe qu'il a été convenu, je ne sais pourquoi ni comment, — qu'un homme qui a reçu un soufflet doit s'exposer, en outre, à recevoir un coup d'épée, — sans quoi il serait déshonoré.

Il serait possible que le souffleté fît le sacrifice de son impression n° 2, — s'il était parfaitement satisfait sur l'impression n° 1.

D'ailleurs, avec le raisonnement le plus vulgaire, il est évident que si l'on veut proscrire le duel — il faut punir avec plus de rigueur que le duel lui-même — une insulte qui rend le duel nécessaire pour l'insulté, sous peine de déshonneur.

Il faudrait qu'un homme qui donne un soufflet à un autre — fût traduit en cour d'assises — sous prévention de tentative d'homicide.

Vous ne le ferez pas. — Eh bien ! vous ne proscrirez le duel — qu'entre gens qui ne se battraient pas, — même sans votre défense.

Il est vrai que, pour traduire l'*insulteur* en cour d'assises, cela entraînerait quelques frais; et, je vous l'ai dit, la justice n'a que quatre millions cinq cent soixante et onze mille trois cent vingt-cinq francs à dépenser; — elle est forcée d'avoir de l'ordre.

Je me suis expliqué, il y a longtemps, — dans les *Guêpes*, — sur cette prohibition du duel par les avocats.

Voici une anecdote qui montre en son jour l'empire des préjugés :

M***, bien connu à la Bourse, va trouver un de ses amis, et lui dit :

— Va chez M. B... — il m'a hier donné un soufflet : — il faut qu'il m'en rende raison.

L'ami se met en route, et trouve M. B... — qui déjeunait avec quelqu'un.

— Monsieur, je désirerais avoir avec vous quelques instants d'entretien?

— Monsieur, — monsieur qui déjeune avec moi est mon ami, vous pouvez parler devant lui.

— Monsieur, je viens de la part de ***.

— Ah! c'est vrai, nous nous sommes querellés hier soir; — j'espère qu'il n'y pense plus. — Moi, j'ai tout oublié!

— Au contraire, il y pense, — et je viens vous demander à quelle heure il pourrait vous rencontrer aujourd'hui à Vincennes.

— Comment! comment!

— Il a naturellement le choix des armes; — il prendra le pistolet.

— Mais pardon, monsieur, nous ne nous entendons pas du tout.

— Je crois pourtant être clair, monsieur; vous avez hier insulté M***, et il vous en demande aujourd'hui réparation.

— Mais c'est que je ne l'ai pas du tout insulté!

— Allons donc! monsieur!

— Parole d'honneur!

— Allons donc! ce n'est pas là une de ces insultes arbi-

traires qui peuvent se discuter; — celle que vous avez faite à ***
est telle, qu'il est convenu de tout temps qu'elle ne peut se
laver que dans le sang.

— Mais que voulez-vous dire? — Quelle insulte?

— Mon Dieu! monsieur, — vous tenez donc bien à me faire
dire le mot? — Vous lui avez donné un soufflet!

— Moi! j'en suis incapable.

— Monsieur, avoir reçu un soufflet n'est pas une chose dont
on se vante pour son plaisir, c'est un genre de fatuité qu'on n'a
pas encore inventé; c'est M. *** qui m'envoie vous demander
raison d'un soufflet qu'il a reçu de vous hier

— Monsieur, je ne lui ai pas donné de soufflet, je ne lui
ai donné QU'un coup de poing sur le visage, je vous en donne
ma parole d'honneur, et je vous le ferai attester par dix témoins.

— Alors c'est bien différent, je vais aller le retrouver et
prendre de nouvelles instructions.

— Avez-vous une voiture?

— Oui.

— Eh bien, mon ami et moi nous allons aller avec vous.

On part, — on arrive chez M. ***. — M. B... va à lui et lui
répète ce qu'il a dit à son témoin :

— Mon cher ami, je ne vous ai pas donné de soufflet, mais
un coup de poing.

— Au fait, cela m'a cassé deux dents!

— Qu'est-ce que je disais! un soufflet ne casse pas deux
dents.

— Il faut que ce soit un coup de poing, et un bon coup de
poing!

— C'est possible, — j'étais en colère.

Pendant ce temps, les deux témoins confèrent dans l'embra-
sure d'une fenêtre; — il est établi que M. *** n'a pas reçu un
soufflet, mais un simple coup de poing. — Donc il n'y a pas de
mal. — B... — fait quelques excuses, et tout est fini.

Revenons à la justice.

AUTRE EXEMPLE. — A Dieppe, le sieur Leteurtre, boulanger, chargé par l'administration municipale de fournir le pain qui devait être distribué aux pauvres de la ville — est convaincu d'avoir volé les pauvres en fournissant du pain de mauvaise qualité.

Il est condamné à trois jours de prison.

Chaque jour, à Paris, de semblables délits sont punis par de semblables peines, — ce qui est loin de les réprimer : — les boulangers qui vendent le pain à faux poids — en sont quittes pour cinq francs d'amende — et un ou deux jours de prison, — tandis que le malheureux qui, — poussé par la faim, — leur déroberait, la nuit, un pain d'un sou en cassant un carreau, — pourrait être condamné au moins à un an de prison.

Il semble nécessaire — de revenir sur un pareil ordre de choses. — Le vol du boulanger doit être puni au moins comme tout autre vol.

Pourquoi — ne ferait-on pas peindre sur l'enseigne du boulanger pris en fraude, au-dessus de sa boutique, — pendant un temps fixé par le tribunal, selon la gravité du délit, au lieu de :
« *Un tel, boulanger,*

« UN TEL, VOLEUR. »

Ou, encore, pourquoi ne fermerait-on pas sa boutique pendant quelques jours, — en faisant écrire sur les volets fermés :
« *Boutique fermée pour tant de jours — pour vol — et vente à faux poids.* »

Ah ! si la justice n'était pas forcée de se renfermer dans ses pauvres quatre millions cinq cent soixante et onze mille trois cent vingt-cinq francs !

AUTRE EXEMPLE. — A Tulle, un directeur des postes et un gendarme arrêtent un voyageur, — lui prennent de force son portefeuille — pour y chercher des lettres, — sous prétexte qu'il est en contravention à la loi sur le transport des lettres.

Le voyageur est traduit en justice; — le tribunal déclare que la saisie faite sur lui est illégale — *et le renvoie de la plainte.*

— Oh! très-bien!

— Et le directeur de la poste, — que lui fait-on?

— Rien.

— Ah! — Et le gendarme, que lui fait-on?

— Rien.

— Cependant, si le voyageur avait été condamné, — c'aurait été pour contravention à la loi, qui protége le directeur de la poste; — est-ce qu'il n'y a pas quelque part quelque bout de loi — qui protége les citoyens et les voyageurs?

— Il y en a plusieurs.

— Comment se fait-il alors qu'on n'ait pas mis en jugement le directeur de la poste et le gendarme, quand on y mettait un homme faussement accusé d'attentat à un privilége fiscal, eux qui violaient ouvertement la plus respectable, la plus sainte des choses humaines: la liberté d'un citoyen?

— Ah! c'est que cela coûterait de l'argent.

— N'importe!

— Je voudrais vous y voir, si vous n'aviez que quatre mauvais millions cinq cent soixante et onze mille trois cent vingt-cinq francs!

Dans les années précédentes des *Guêpes*, — j'ai adressé à M. Cousin et à M. Villemain, tour à tour ministres de l'instruction publique, — de respectueuses remontrances au sujet des choses peu vraies qu'ils ont débitées à la distribution des prix du concours général.

Il y a une de ces choses peu vraies dont je n'ai pas parlé; — c'est la tendresse mutuelle qu'éprouvent les maîtres et les élèves.

C'est une chose qu'on dit tous les ans — pour terminer dignement douze mois de guerre acharnée, de luttes, de ruses ourdies et déjouées, de perfidie et de vengeance.

Je me rappelle, à ce sujet, la petite anecdote que voici:

Victor Hugo habitait avec une charmante famille le quartier des Champs-Élysées. — Un jour il descendit, le matin, l'escalier de sa maison pour aller faire une promenade et respirer sous les arbres.

Il entend un grand bruit au bas de l'escalier, — il reconnaît le bruit de ses deux petits enfants, comme une femme reconnaît le pas de son amant; — cependant ils ne reviennent ordinairement de l'école voisine qu'à quatre heures de l'après-midi et il n'est que neuf heures du matin. — Ce sont cependant bien eux, — ils se tiennent par la main, et ils montent bruyamment l'escalier — en chantant sur une sorte d'air de leur invention, sur une espèce de ton de psalmodie, les paroles suivantes:

« Le maître est mort; il n'y a pas d'école, — il n'y a pas d'école; le maître est mort, — le maître est mort, il n'y a pas d'école. »

A peine les députés partis, — les centenaires reparaissent dans les journaux, — et comme d'ordinaire, — *ils lisent sans lunettes.*

C'est à ce moment que les journaux, si incrédules d'ordinaire, croient à tout ce qui peut remplir leurs colonnes. — Un plaisant s'avise d'écrire à un journal (le *Commerce*, je crois) — qu'un navire entrant dans le port du Havre a coulé bas en frappant la tour de François Ier, — et a démoli une partie de la tour.

Tous les journaux répètent la nouvelle.

J'étais alors à une demi-lieue du Havre : — c'était une grande marée, et je pêchais des limandes. — Tout en pêchant je m'étonnais, parce que l'événement était assez singulier pour qu'on en parlât un peu au Havre et dans les environs.

Un journal du Havre reproche alors aux journaux de Pari leur crédulité et leur explique que la tour de François Ier, démolie par un navire, — était une nouvelle de la force de celle-ci :

« Un fiacre ayant accroché l'arc de triomphe de l'Étoile, l'a en partie démoli. »

Si j'en avais eu le temps, j'aurais fait dessiner et graver pour les *Guêpes* — un dessin représentant la tour de François Ier renversée par une de ces galiotes de papier que font les enfants. — La galiote eût été faite d'un morceau d'un des journaux qui ont répandu la nouvelle. — Je livre le sujet à Daumier.

Depuis le 1er septembre dernier, — on a imprimé en France un peu plus de trois millions de volumes. — Il y a des montagnes qui ne sont pas si grosses.

Plusieurs fonctionnaires indépendants ont donné dans diverses branches de l'administration des preuves d'indépendance malheureusement prévues par plusieurs codes, — et malhonnêtement qualifiées par iceux.

Tu disais donc tout à l'heure, Théophile, que tu es amoureux ?

— Hélas oui ! — Ô Gérard !

— Et à quoi vois-tu donc que tu es amoureux ? ô Théophile !

— Parbleu ! cela est bien facile à reconnaître, — et je n'ai pas eu de peine à en être convaincu, attendu le symptôme grave qui s'est manifesté ces jours passés.

— Et quel est ce symptôme ? ô Théophile !

— Ô Gérard ! j'ai senti le besoin de m'acheter un chapeau neuf.

Un artiste, l'un des plus connus de ce temps-ci, — est adressé à M. de Rambuteau, — préfet de la Seine, — par quelqu'un de sa famille, pour avoir part aux travaux de l'Hôtel de Ville. Il arrive avec la lettre autographe de M. de Rambuteau, qui désigne le jour d'audience. M. de Rambuteau le reçoit comme un écolier. — L'artiste est très-embarrassé et visiblement au supplice. Il voudrait pour tout au monde renoncer aux travaux, et n'être pas venu là. M. de Rambuteau — lui répétait sans cesse ces deux phrases sans attendre de réponse, — et prenait à peine le temps de respirer : « Monsieur, êtes-vous élève de l'école de Rome? Il faut être bien connu pour être connu de moi ; — je ne connais que ce qui est très-connu. — Il paraît, monsieur, que vous n'êtes pas un grand prix de Rome, etc. »

L'artiste veut répliquer et parler un peu à M. le préfet de ses travaux que tout Paris connaît. — M. de Rambuteau lui coupe la parole en répétant les deux phrases ci-dessus.

Alors l'artiste exaspéré lui dit :

— En vérité, monsieur, vous m'obligez à relever une grande erreur dans ce que vous dites. — Vous prétendez ne connaître que ce qui est très-connu ! — il y a pourtant, monsieur, quelque chose de bien connu que vous ne connaissez pas.

— Quelle chose ?

— L'orthographe, monsieur, — et voici votre lettre.

Il y a différentes espèces de restaurateurs et de marchands de soupe, depuis le *hasard de la fourchette*, où, pour un sou, on plonge un trident dans une marmite de laquelle on retire, *selon sa chance*, un morceau de viande, un oignon, ou rien, jusqu'au Café anglais ; c'est une longue échelle qui a tous ses échelons.

Il faut signaler entre ces divers restaurants le maître de pension, le chef d'institution ; si vous aimez mieux, celui auquel vous confiez votre fils pour lui faire donner la ridicule éducation que je vous ai déjà plus d'une fois signalée.

M. Villemain disait à un homme d'esprit, qui s'était ruiné dans une exploitation de ce genre :

— Mon cher, votre malheur m'afflige sans m'étonner ; vous avez cru qu'un maître de pension est un instituteur qui accessoirement nourrit ses élèves ; vous ne seriez pas ruiné si vous aviez compris, au contraire : un maître de pension est un restaurateur qui, entre les repas, fait copier à ses élèves la

Cigale et la Fourmi, de la Fontaine, et le récit de Théramène, de Racine.

C'est sur la soupe, sur le beurre qu'on peut y épargner, — sur le prix de la viande et des légumes, — sur le choix d'un vin qui supporte beaucoup d'eau, que devait se baser votre spéculation, que devaient se porter vos soins et vos études ; vous avez fait un accessoire de ce qui est le principal, — et vous êtes ruiné.

Je ferai quelqu'un de ces jours — un petit livre sur l'éducation ; — je vous dirai une bonne fois, — mes braves gens, — ce que c'est que l'éducation que vous faites donner à vos petits.

En attendant,

Les susdits marchands de soupe s'y prennent de toutes les manières pour achalander leurs établissements : — à la manière de ces escamoteurs des boulevards, qui essayent de détourner votre attention de leurs mains — par des paroles pressées, — tandis qu'ils font disparaître la muscade.

Les marchands de soupe, — dits maîtres de pension, — tâchent de vous occuper des lettres et des sciences, dont ils ne se soucient pas, pour détourner votre attention de l'affreux potage, qui est le véritable but de leur spéculation.

Ils ont, depuis quelques années, inventé de faire imprimer dans les annonces des journaux les noms de ceux de leurs innocentes victimes qui ont obtenu un prix de thème ou un accessit de vers latins, — ces deux choses ridicules auxquelles on consacre tristement plusieurs années de la vie des enfants.

Les pauvres enfants voient leurs noms imprimés — entre les annonces honteuses du docteur Charles Albert — et la pommade mélaïnocome.

Il y a des parents qui trouvent cela charmant.

J'entends chaque jour parler avec terreur de toutes sortes de dangers — métaphoriques : — les chaînes de la tyrannie et l'hydre de l'anarchie sont tour à tour déclarées imminentes ;—on parle, — on écrit, on dispute pour les prévenir.

Je ne sais pourquoi, au milieu de ce bruit, — je réserve mes craintes pour des dangers plus immédiats ; — de même que je n'aime pas à me laisser prendre à des espérances trop lointaines, — ayant depuis longtemps remarqué qu'il en est des bonheurs comme des perdrix : quand on les vise de trop loin, on court grand risque de ne pas les atteindre.

Cet été a été d'une âpre sécheresse ; — le nombre des chiens enragés s'est singulièrement accru. On a pris à Paris quelques précautions insuffisantes ; — hors de Paris, on en a pris de moins en moins à proportion de la distance, — à dix lieues de Paris on n'en prend aucune.

Je demanderai pourtant aux gens de bonne foi s'il est quelque chose de plus horrible à l'imagination que le danger d'être mordu par un chien hydrophobe ? —On frémit aux récits des voyageurs qui racontent qu'ils ont, au détour d'un chemin, rencontré un ours ou un tigre, — et cependant contre ces animaux on peut se défendre, on peut combattre. — Il est des exemples qui peuvent faire espérer la victoire ; dans le cas contraire, la mort est cruelle, mais elle n'excite que la compassion, et d'ailleurs elle est mêlée d'une sorte de grandeur et de noblesse — qui, sans la rendre moins terrible.—la rend moins hideuse à envisager.

Mais si vous êtes attaqué par un chien enragé, — la force, le courage, l'adresse, — le sang-froid, — rien ne peut vous sauver ; — vous êtes vainqueur, vous avez tué l'animal ; mais il vous a, de ses dents, effleuré l'épiderme. — Eh bien ! vous êtes perdu, — et vous mourez dans d'affreuses convulsions, répandant par la bouche — une écume contagieuse, — objet d'horreur, d'épouvante et de dégoût pour votre femme, pour vos enfants, pour vos amis ; — un délire de bête féroce s'empare de vous, — vous mordez, — vous devenez presque un chien enragé vous-même.

C'est la mort la plus désespérée, la plus horrible de toutes les morts.

Eh bien! — chaque jour, — à chaque heure, à chaque instant vous vous exposez à ce sort épouvantable. — L'animal qui, par un funeste privilége, est, avec le loup, la seule espèce chez laquelle la rage puisse se déclarer spontanément, — cet animal, — on le donne pour jouet aux enfants, — on le laisse vaquer par la ville et par les chemins, — on le laisse se multiplier sans mesure, — on n'exige aucune responsabilité de la part de ceux qui ont des chiens.

Si l'on vous disait, cependant, qu'il court par les rues un animal dont le contact peut vous donner la fièvre, vous jetteriez les hauts cris.

S'il se répand — faussement le bruit d'une maladie contagieuse et épidémique — vous êtes frappé de terreur.

Et tous les ans — un grand nombre de personnes sont mordues par des chiens enragés, deviennent elles-mêmes hydrophobes, et meurent de la plus funeste mort.

Et on n'y fait aucune attention.

Ah! pardon :

La police fait répandre des boulettes empoisonnées dans les tas d'ordures.

INCONVÉNIENTS DE CE SYSTÈME : — 1° On en fait payer à la police beaucoup plus qu'on n'en jette ;

2° Les boueux enlèvent chaque matin les ordures et les boulettes ;

3° Un des symptômes de la rage étant que l'animal ne veut plus manger, — les chiens enragés sont précisément les seuls à l'abri des boulettes.

Ensuite, — au milieu de cette *destruction* des chiens errants que la police prétend faire, — allez-vous-en sur la place du Louvre, — sur celle de la Concorde, — sur celle de la Bastille, — je vous promets que vous en verrez quarante, — de ceux auxquels il serait aussi difficile d'assigner un maître qu'une espèce.

Qui de vous, — et je m'adresse aux plus braves, — qui de vous se soucierait d'habiter une ville où on laisserait errer librement trente ou quarante mille tigres ? — qui de vous n'aimerai mieux dix mille fois cependant rencontrer un tigre qu'un chien enragé.

Tout homme qui a un cabriolet — prend un numéro — et est responsable de tous les accidents qui peuvent résulter de son cabriolet. — En effet, on ne peut être exposé sans garantie à une maladresse ou à une imprudence qui peut vous renverser sur le pavé et vous blesser grièvement.

Mais, par exemple, on s'expose très-bien à être mordu par un chien hydrophobe : — on n'a aucun moyen de reconnaître le maître du chien ; — peut-être d'ailleurs est-il sans maître, — et personne n'est responsable.

Et cependant — j'appuierai encore sur ce point : — est-il une maladie, — est-il une mort plus épouvantable que celle à laquelle vous vous exposez à chaque coin de rue ?

Chaque fois que vous sortez de chez vous — vous ne pouvez pas être sûr que cet horrible accident ne vous arrivera pas sur la route.

Plusieurs accidents de ce genre arrivent chaque année à Paris.

On ne saurait compter ceux qui arrivent dans les campagnes.

Si j'écrivais ici que le gouvernement menace l'indépendance d'un commis surnuméraire dans l'administration des tabacs, — on ferait attention à ma réclamation ; — les journaux s'en empareraient, — et feraient beaucoup de tapage, — tandis que ce sera grand hasard si quelqu'un s'avise de lire ces pages.

Il faudrait cependant prendre une mesure universelle et énergique.

Il faudrait d'abord dans chaque ville, comme dans chaque

bourg, — qu'on fixât — un espace de temps (une semaine ou davantage si c'est nécessaire) — pendant lequel les propriétaires de chiens seraient tenus de les renfermer chez eux. — On profiterait de cet espace pour faire abattre sans exception tous ceux qu'on trouverait dehors.

Ensuite, — on exigerait de ceux qui veulent garder des chiens d'en faire une déclaration à la police et de leur mettre au cou — un collier poinçonné portant leur nom et leur adresse.

Tout propriétaire de chien aurait ainsi une responsabilité qu'il ne pourrait éluder, si l'on prenait cependant deux précautions.

La première, de ne pas punir l'infraction à l'ordonnance de cinq ou de dix francs d'amende, — comme on fait en d'autres cas, mais de cinq cents à mille francs, — en y ajoutant un emprisonnement de trois à six mois.

La seconde, de condamner à une peine très-forte et très-redoutable — tout propriétaire de chien — qui, devenant hydrophobe, — causerait des accidents.

Aucun chien, — sans exception, — par aucun temps, ne devrait être rencontré dehors sans être muselé.

Je sais qu'il existe dans les ordonnances de police certaines dispositions qui ont quelque rapport avec quelques-unes de celles que je propose ici; — mais on ne les fait pas observer, — et le risque que l'on court à ne pas les observer est tellement faible, qu'il n'oblige personne.

En ne supposant qu'un chien par vingt personnes dans une ville comme Paris, où presque tout le monde en a, — et en supposant que tous les chiens ont des maîtres, — chez chacun desquels il ne faut que la réunion de deux ou trois petites circonstances très-ordinaires pour faire déclarer l'hydrophobie ; — je voudrais bien savoir si l'on découvrira quelque jour que cela mérite qu'on s'en occupe.

Ajoutons que, si l'on voulait remplacer par un impôt

sur les chiens— quelques-uns de ceux qui pèsent si cruellement sur les objets de première consommation, cet impôt serait un gros revenu, — et dégrèverait des objets qu'il est odieux d'imposer. — En Angleterre, un impôt de ce genre rapporte par an plus de quarante millions.

Le duc d'Orléans mort, — une nuée de corbeaux s'est abattue sur lui, — puis chacun de ces oiseaux a tiré une plume de son aile noire, — et s'est mis à dessiner, à écrire, — et surtout à vendre.

Il y a tant de gens qui ne voient dans un naufrage que les épaves.

M. Gannal a élevé la voix; il a accusé les médecins qui avaient embaumé le prince mort de l'avoir mal embaumé, — il les a accusés d'avoir *dérobé des organes.*

La quantité innombrable de mauvais vers dont la mort du duc d'Orléans a été le prétexte — nous rappelle la prudente épitaphe que fit pour lui-même le poëte Passerat — et qui finissait par ces deux vers :

> Pour que rien ne pèse à ma cendre et à mes os,
> Amis, de mauvais vers ne chargez pas ma tombe.

Le 26 juin dernier, — vers une heure et demie de l'après-midi, — Sophie Ollivier, jeune fille de dix-sept ans, journalière à Faumont, près de Douai, — partit de chez elle pour aller voir une de ses sœurs à quelques lieues de là. — Un misérable, appelé Mogren, — la rencontre dans le bois de Faumont, — lui adresse des propositions insultantes, — et, sur son refus, — se précipite sur elle, — la renverse, — la saisit par les cheveux et lui coupe le cou avec une serpe; — elle est morte, il la déshabille, — et s'enfuit en emportant jusqu'aux souliers de la malheureuse Sophie Ollivier.

Le criminel, arrêté,—est reconnu coupable d'assassinat et de vol par le jury des assises du Nord ; — mais le jury reconnaît en sa faveur des circonstances atténuantes.

On dit que le ridicule tue en France ; — il faut croire qu'il ne tue pas vite, — peut-être ce qu'a de ridicule la fréquence de pareils jugements est-il atténué par ce qu'ils ont d'horrible et de dangereux.

🐝 Un malheureux est traduit en police correctionnelle sous la prévention d'avoir volé une tabatière.

M. le président le tance vertement — avant de prononcer sa condamnation. — Entre autres choses remarquables que renfermait la petite harangue du président, j'ai remarqué spécialement celle-ci :

« Prévenu, quand vous avez été arrêté, on a trouvé sur vous UNE SOMME de *un franc vingt-cinq centimes;* vous ne direz DONC pas que c'est la *misère* qui vous a poussé à commettre ce délit. »

En effet, comme cette somme de un franc vingt-cinq centimes vous met un homme au-dessus de la misère ! — Pourquoi, en effet, ne plaçait-il pas son franc vingt-cinq centimes pour vivre avec les intérêts de ladite SOMME ?

Ajoutez que le prévenu était un pauvre diable d'Italien arrivé depuis peu à Paris de Parme, son pays natal. — Il avait fait la route à pied — et n'avait pas d'ailleurs de mauvais antécédents.

A propos de pauvres, — rappelons-nous ici — que le *Journal des Débats* a un jour conseillé aux *pauvres* de mettre leurs économies à la caisse d'épargne.

C'est dommage que l'abonnement un peu cher au *Journal des Débats* — prive les pauvres de puiser dans sa lecture d'aussi utiles conseils.

Il est vrai de dire que cette recette contre la misère avait pu être inspirée au *Journal des Débats* par une ordonnance de police que l'on a vue placardée sur tous les murs de Paris à l'époque du choléra.

M. le préfet de police recommandait au peuple de manger de bonne viande et de boire du vin de Bordeaux.

🐝 A propos de la loi de régence, on a fait à la loi de régence des objections que les *Guêpes* avaient prévues. — M. de Lamartine s'est séparé du parti conservateur—et s'est prononcé contre la loi. — Il a dit que, dans l'histoire des régences, sur vingt-huit régences d'hommes, il y a eu vingt-trois usurpations. — Le parti de l'opposition avait bien besoin de cette conquête pour se consoler un peu de sa défaite et de ses maladresses. — Quelques-uns veulent que M. de Lamartine ait abandonné les conservateurs par mauvaise humeur de ce qu'il n'avait pas été soutenu par eux lorsqu'il s'était laissé porter à la présidence de la Chambre par ses amis ;—d'autres ont dit que, comme Caton, il s'était mis par une sorte de courage — du parti des vaincus.

Victrix causa Diis placuit — sed victa Catoni.

🐝 M. Thiers, lui, a abandonné l'opposition et a voté avec les conservateurs en faveur de la loi de régence.

C'était une position difficile ; — mais M. Thiers l'a attaquée hardiment.

Il se résignait à peu près de bonne grâce à se voir presque impossible pour le présent, — mais il comptait sur le règne suivant ; — la mort du duc d'Orléans et la loi de régence, qui en est la conséquence,—venaient l'embarrasser;—pour rester dans l'opposition, il fallait voter contre la loi de la régence — et s'aliéner le futur régent.

M. Thiers a reconquis d'un seul vote et d'une seule palinodie — le présent et l'avenir.

🐝 C'est un peu honteux, mais cela s'oublie vite de ce temps-ci, et ne nuit à personne, — que je voie.

🐝 Les journaux de l'opposition, — qui renvoyaient d'ordinaire M. de Lamartine à sa lyre, à sa barque, à Elvire, quand il n'était pas de leur avis,— l'ont déclaré grand poëte et homme d'État distingué.

En quoi ils ont assez raison. — La position de M. de Lamartine à la Chambre est belle et grande, et elle ne peut manquer de prendre dans l'avenir une plus grande importance encore, — s'il sait la conserver intacte ; — il ne reconnaît de drapeau que celui de la raison et des intérêts nobles du pays ;—il n'appartient à aucun parti, mais cependant — j'ai trouvé un peu d'exagération dans ses coquetteries à M. Odilon Barrot.

Les conservateurs ont, de leur côté, — loué la haute raison de M. Thiers, — ils savent mieux que personne à quoi s'en tenir sur les mobiles de la politique du Mirabeau-mouche.

M. Fulchiron a dit : « M. de Lamartine nous quitte,— mais M. Thiers nous revient, c'est une fiche de consolation. — Vous voulez dire, reprit M. Vatry, — c'est une fichue consolation. »

Le parti des conservateurs est victorieux ; s'il veut garder sa victoire et en profiter, il faut qu'il marche, il faut qu'il lève, comme faisaient ses adversaires, le drapeau du progrès, mais d'un progrès réel, raisonnable ; qu'il fasse des choses et pas de métaphores, des améliorations et pas de bouleversements ; qu'il s'occupe de questions sociales et pas de questions de portefeuilles.

On a traité dans toute cette affaire la Chambre des pairs avec le dédain le plus insultant, avec l'inconvenance la plus révoltante.

Une fois la loi votée par la Chambre basse,—on a envoyé par le télégraphe et par les journaux la nouvelle que la loi était votée; — les *autorités* ont harangué le duc de Nemours--en l'appelant régent de France.

Les pairs ont paru peu sensibles à cet affront : ils ont voté la loi — comme un clerc d'huissier copie un acte.

Le *Journal des Débats* a commencé à enregistrer les

harangues faites au duc de Nemours et les réponses du prince.

Il a dit que le prince avait *parfaitement réussi* à Strasbourg.

On s'est élevé avec raison contre l'inconvenance choquante de cette expression.

Outre l'inconvenance, cela avait un inconvénient dont on n'a pas tardé à s'apercevoir.

On a invité le *Journal des Débats* — à modérer ou à mieux diriger son zèle.

Le *Journal des Débats*, subitement calmé,—s'est contenté de dire : « Le prince est entré dans telle ville, » — et de relater les discours.

Alors les journaux de l'opposition ont dit : « Le prince n'a donc pas *réussi*, — il a donc eu du *désagrément ?* »

On nous disait qu'il avait réussi à Strasbourg, — et les journaux du ministère ne nous disent rien des autres villes. Il faut qu'il n'ait pas réussi. — Et on tirait de là une foule de conséquences et d'hypothèses — extrêmement fâcheuses.

☙ Au moment où les divers restaurateurs et gargotiers, se disant maîtres de pension, — remplissent les journaux d'annonces et de réclames dans lesquelles ils font figurer de pauvres enfants qui n'en peuvent mais, je crois leur être agréable en leur donnant un remarquable modèle en ce genre.

L'*Indicateur* pour la ville de Strasbourg, imprimé en ladite ville par Daunbach, — contient les lignes que voici :

« Charles-Conservé OBERLIN fils, et selon le système de feu Jean-Frédéric Oberlin, de son vivant très-digne et très-zélé pasteur à Waldbach, au Ban-de-la-Roche, dont la maison était constamment remplie d'élèves et dont ils aiment toujours à se rappeler avec plaisir, donnera son cours d'éducation physique et morale des enfants, en français et en allemand, pour les messieurs et pour les dames, *séparément, sans distinction de culte ni de condition*, aussitôt qu'il y aura assez de souscripteurs. Le prix est de douze francs. Ce serait vraiment bien triste si dans ma ville natale, dont *je me fais gloire*, dans une cité de cinquante à soixante mille âmes, il n'y avait pas cinquante ou soixante personnes sensées et *équitables* qui veuillent bien consacrer pendant trois mois environ, toutes les semaines, *une heure de temps* et en tout douze francs en argent pour le salut, *le véritable salut temporel et éternel, corporel et spirituel* de leurs enfants actuels ou futurs. Oui, ce serait en vérité bien triste !

» *Auditor et altera pars*. Il est impossible de pouvoir juger de ce que l'on n'a pas entendu *et bien entendu soi-même. Il est interdit de prendre des notes au cours*. Mais il sera permis de faire des questions *par écrit*. L'on paye en souscrivant. L'on souscrit à Strasbourg, chez EHRMANN, libraire, place de la Grande-Boucherie, n° 28.   OBERLIN fils. »

Waldbach, 1842.

M. V. Hugo a un barbier—qui cause beaucoup ;—entre autres sujets de discours, il parle fréquemment de sa femme — et ne manque jamais de dire : *Mon épouse*.

Un jour, M. V. Hugo, impatienté, lui dit : « Pourquoi donc appelez-vous toujours ainsi madame *** ? — Comment voulez-vous donc que j'appelle ma femme ? » répondit le barbier.

Le même barbier fut fort effrayé lorsqu'il apprit, en 1839, — des commères de son quartier que le monde allait finir.

Tout en rasant M. V. Hugo, il lui fit part de ses terreurs.

— Ah ! mon Dieu ! disait-il, — on assure que l'année prochaine le monde va finir. — Le *deux* janvier les bêtes mourront, et le *quatre* ce sera le tour des hommes.

— Vous m'effrayez, dit M. V. Hugo ; qui donc alors me rasera le *trois* ?

Madame Louise Dauriat, qui a figuré en effigie dans les *Guêpes*, — a eu la bonté de m'adresser d'avance une lettre — *qu'elle se propose de publier*. Je crois pouvoir considérer cette déclaration comme une permission tacite de citer quelques fragments de la lettre de madame Dauriat. C'est d'ailleurs une justice, puisque madame Dauriat me l'a écrite dans l'intention de rectifier ce que j'ai avancé sur elle.

FRAGMENTS D'UNE LETTRE DE MADAME LOUISE DAURIAT.

. . . .

Ainsi, vous dites : « Madame Dauriat à neuf ans commence à fumer des cigares, à quarante ans se déclare contre un gouvernement sous lequel *on* n'est plus jeune; prêche publiquement la liberté de la femme, demande à être députée, laisse croître sa barbe. — Dieu protége la France. »

Eh bien! cette transformation en partie d'une femme en un homme, notamment quand il s'agit *de cigares* et *de longues barbes*, est tout l'opposé de mes principes : il faut mettre au rang de mes antipathies la fumée de tabac et les barbes longues et touffues, toujours fort sales, et donnant aux hommes une figure semblable à celle de la brute des forêts. On se fait la barbe comme on se coupe les ongles ; cela est un indice de civilisation.

Je ne veux rien qui ne soit selon la nature et l'équité : j'ai donc raison de prêcher publiquement la liberté de la femme, que l'on n'a pas le droit de lui ôter.

Vous trouvez qu'une femme n'est plus jeune à quarante ans; on ne voit pas quel gouvernement la déclare vieille à cet âge, en aurait-elle même quarante-cinq. Quant à moi, je ne m'en cache pas, je suis en plein automne; et il est des automnes qui valent mieux que de certains étés. Et les femmes de cet âge sont plus jeunes que *messieurs les hommes*, comme les appelle un de mes amis, qui y sont arrivés. Ils sont la plupart tout gris, tout chauves; ils n'ont plus de dents qu'en petit nombre : leur démarche est pesante; et nous autres femmes, à cet âge, nous nous coiffons encore de notre chevelure ; notre bouche est encore fraîche et meublée. Nous sommes vives, alertes, et toujours prêtes à nous donner bien du mal pour secourir, assister la *race masculine*, que la moindre maladie abat, qu'un rien déconcerte, anéantit. Qui osera nier cela ? Il y a bien d'autres choses qu'il ne faut pas nier !

. . . .

Louise Dauriat.

Au commencement du mois de septembre a eu lieu, à la mer, une des grandes marées de cette année. — La mer s'est retirée à un quart de lieue de nos côtes, laissant à découvert des roches au-dessus desquelles il y a d'ordinaire plus de trente pieds d'eau, — et montrant des prairies d'herbes marines, d'algues et de varechs d'un vert sombre presque noir, — et des mousses d'un beau rouge de pourpre, — les herbes et les mousses aussi variées que celles que nous voyons sur la terre.

Nous étions sur ces roches au moins une soixantaine de pêcheurs, occupés à chercher et à prendre quelques huîtres, quelques poissons négligents, et aussi, au risque de se faire vigoureusement pincer les doigts, — des étrilles, — sorte de crabes qui en diffèrent cependant par cette nuance — que les hommes mangent les étrilles, et que les crabes mangent les hommes.

Le soleil se couchait derrière de gros nuages qui semblaient se reposer sur la mer comme s'ils eussent été fatigués de leurs courses de la journée. — Les bords de ces nuages, plus minces que le centre, — étaient transparents — et semblaient une frange d'or, de pourpre et de feu. — Du soleil jusqu'à nos pieds, — un sillon de feu s'étendait sur la mer.

Je suspendis un peu la pêche pour contempler ces magnificences, — et je m'assis sur une roche ; — je rétablis en pensée le niveau de la mer, — tel qu'il allait se refaire deux ou trois heures plus tard, — et je me figurai resté sur ces prairies, où reviendraient alors les gros poissons ; — je me figurai les navires au-dessus de ma tête, sillonnant la mer en tous sens.

Nos yeux s'arrêtèrent par hasard sur quelque chose qui me parut être un fragment de roche d'une forme singulière ; c'était la moitié d'une boule creuse. — Je l'examinai de plus près, et je reconnus la moitié d'une bombe, — une de ces gentillesses imaginées par les hommes pour s'entre-détruire avec le plus de facilité.

Il serait difficile de dire depuis combien de temps cette bombe est là, au fond de la mer. — Les Anglais en ont tiré un assez grand nombre sur le Havre du temps de l'Empire, avec l'intention de brûler les vaisseaux, — et ils n'ont réussi qu'à abattre quelques maisons. — On a dû leur en renvoyer quelques-unes.

J'examinai la bombe ; — plusieurs sortes de petites plantes marines végétaient entre les fentes du fer ; — une entre autres était rude, granuleuse, — rose, — et semblait au moins autant un très-petit polype dans le genre du corail qu'une plante réelle.

Mais ce qui me frappa le plus, — ce fut de voir appliquée, contre la paroi intérieure de la bombe, — une huître, — une véritable huître, — parfaitement vivante, — qui y avait élu son domicile, qui y demeurait, — qui y bâillait, — qui s'y engraissait depuis longtemps.

Ce n'était pas la première fois que j'avais occasion de remarquer l'indifférence profonde de la nature à l'endroit de l'homme et de ses passions.

L'homme qui meurt, — et la feuille jaunie qui tombe ont précisément la même importance. — Dans la nature, la mort n'est pas une chose triste plus que la naissance ; — c'est un des pas du cercle perpétuel que font les choses créées. — Tout meurt pour que tout vive : — la mort n'est que l'engrais de la vie. — — Mais je fus cependant, cette fois, particulièrement surpris de ce que je voyais.

Certes, il n'est pas de la colère humaine une plus terrible expression qu'une bombe. — Cette horrible boîte dans laquelle l'homme renferme mille cruelles blessures et la mort, — qui vient à travers les airs, — et, arrivée à sa destination, s'ouvre et vomit la destruction. — Eh bien, — il a suffi de quelques années, — et ceux qui ont tué les autres ont été tués par le temps, — par la vie ; — car la vie est le poison qui tue le plus inévitablement de tous quand il est pris à grandes doses.

Sur cet horrible instrument de destruction — ont poussé des herbes innocentes, — et une huître, — une sorte de caillou un peu vivant, — de toutes les choses vivantes, celle qui l'est le moins, — l'emblème du calme, de l'apathie, — y a fixé son domicile.

C'est une grande et belle ironie.

C'est une chose bizarre que de voir les inventions variées qu'ont eues les hommes pour s'entre-tuer. — C'est une dépense de génie que je trouve exorbitante pour des gens implacablement condamnés à mort par le fait de leur naissance.

La vie renferme le germe de la mort, — et la mort le germe de la vie, — comme la graine renferme une fleur, laquelle renferme une graine à son tour. C'est un cercle fatal et inévitable.

🐝 Un crime a été commis il y a deux ans. — Deux accusés étaient, il y a huit jours, sur les bancs de la cour d'assises. — Un des deux seul est coupable ; — il est condamné à mort par les juges. — L'autre est acquitté ; — mais, quand on va les chercher pour leur lire leur arrêt, l'innocent est trouvé étendu par terre, — frappé subitement d'une attaque d'apoplexie. — Le condamné vivra donc huit jours de plus que celui qui a été acquitté.

Mais supposez qu'il en eût été autrement. — Attendez une cinquantaine d'années, — et l'innocent, les juges, les spectateurs, le bourreau, vous et moi, — nous serons précisément aussi morts que le condamné. — C'est ce qui frappe, quand on

OCTOBRE 1842.

lit dans l'histoire le récit de quelque combat fameux. — Que d'adresse, que de sang-froid déployés pour tuer et ne pas être tué! — Ah! voici le combat fini, — en voilà un de tué; et l'autre, le vainqueur? — Oh! il est mort il y a cent ans.

On se plaint de la brièveté de la vie. — Mais prenez un mort illustre; — supposez que François Ier ait vécu trois cents ans : — quelle serait la différence aujourd'hui avec celui qui n'aurait vécu que jusqu'aux limites ordinaires ?

🌸 Mais à qui est-ce que je raconte cela? Il meurt sur la terre un homme par seconde, c'est-à-dire trois mille par heure. La journée n'est pas terminée, et depuis que j'écris ce volume quatre-vingt-six mille quatre cents des hommes qui vivaient quand je l'ai commencé ne sont déjà plus au monde. — Quand il sera imprimé, — quand vous l'aurez entre les mains, — près de quatre cent mille de ceux auxquels je m'adressais en le commençant auront cessé d'exister.

Octobre 1842.

🌸 OCTOBRE. — Voici l'hiver, — mes chers petits oiseaux d'or, — les feuilles jaunes des poiriers, les feuilles rouges de la vigne s'en vont au souffle du vent aigre d'octobre. — Voici les fleurs qui meurent de froid. — Vous allez quitter la campagne et vos douces paresses; — vous allez rentrer dans cette immense ruche, dans ce grand bourdonnement de Paris.

On se plaint de vous, — mes petits soldats ailés; — rassemblez-vous autour de moi, — que je vous répète ces plaintes.

— Allons, Padocke, — venez donc ; que faites-vous dans cette austère violette sans parfum ? — Et vous, Grimalkin, quittez ce chrysanthème qui sent la pommade : — abandonnez sans regrets ces tristes et dernières fleurs.

On se plaint de vous ; — il ne s'agit pas ici des plaintes de vos ennemis : — je sais que vous vous en souciez médiocrement.

Mais ce sont, cette fois, vos amis qui se plaignent, — et cela mérite attention. — Il est bien de ne craindre personne, — excepté cependant ceux qui nous aiment et ceux que nous aimons.

On vous trouve assez peu disciplinées, — chères filles de l'air ; — on croit que, tout en combattant les saugrenuités de ce temps, — vous avez cependant adopté sur l'indépendance certaines idées exagérées. Quand on a besoin de vous, on ne sait où vous êtes ; — on vous attend à Paris, — et vous bourdonnez dans les fleurs jaunes des ajoncs de la Normandie, — ou dans les fleurs roses des bruyères de la Bretagne ; — vous vous jouez dans l'écume de la mer, — ou vous vous endormez dans le fond du nénufar, ce beau lis des étangs.

Il n'en peut plus être ainsi ; — il faut que je ramène la discipline parmi vous ; — il faut qu'à l'heure où je sonne la retraite chacune de vous, sans tarder, arrive à tire-d'aile avec son butin.

Vous ne devez pas fâcher vos amis ; — vos amis sont les gens qui aiment la vérité, le bon sens, la loyauté ; — vos amis sont des gens qu'on doit respecter. — Vous devez arriver quand ils vous attendent — et ne pas leur manquer de parole, — comme vous le faites si souvent.

Vous arrivez encore ce mois-ci, — je ne sais comment, — je ne sais quand, — je ne sais d'où. — C'est pour la dernière fois, mes petits archers, — que je tolère de semblables incartades.

OCTOBRE 1842.

❦ Le roi Louis-Philippe, qui, lorsqu'il invite M. de Lamartine à dîner comme député, — feint d'ignorer que M. de Lamartine fait des vers, — ignore également l'existence de M. Scribe.

Il est difficile de s'expliquer de semblables faiblesses de la part d'un homme aussi habile que le roi. — Un gouvernement fort, — je dirai plus, un gouvernement réel, — se compose ou doit se composer — de toutes les supériorités, de toutes les puissances, de toutes les influences du pays. — De semblables maladresses mettent sinon dans l'opposition, du moins dans l'indifférence, beaucoup de gens qui par leur talent exercent une influence extrêmement grande sur les esprits.

Charles IX, qui n'était pas un roi constitutionnel, me semble avoir mieux compris les choses de ce genre. — On connaît les vers qu'il adresse à Ronsard :

> Ta muse, qui ravit par de si doux accords,
> Te donne les esprits dont je n'ai que les corps.

Autrefois, — quand le roi de France faisait la guerre, — il appelait à lui ses barons.

Chaque baron arrivait avec ses vassaux marchant sous son étendard et avec son cri de guerre.

Il y a une guerre incessante aujourd'hui qu'a à soutenir le roi de France : — c'est une guerre contre les idées.

❦ Ce ne sont plus des barons couverts de fer et armés de lances et de haches d'armes — que le roi doit appeler autour de lui, — ce sont d'autres barons et d'autres suzerains, — ce sont tous les hommes qui, par leur talent, ont trouvé moyen de rassembler sous leur drapeau, — quelque petit qu'il soit, — ne fût-ce qu'un simple guidon, — un certain nombre de gens.

Mais, — je l'ai déjà dit, — ce n'est pas par la corruption

qu'il faut les avoir ; — la corruption tue à la fois l'homme, le talent et l'influence. — Il faut les avoir pour associés et non pour domestiques.

🐝 Il faut avoir plusieurs cordes à son arc.

M. Duchâtel, — ministre de l'intérieur, — vient de joindre à cette industrie celle de marchand de vins.

Il a acheté, — moyennant huit cent mille francs, — un vignoble appelé Lagrange. — Cette propriété, située du côté de Médoc, — tire de ce voisinage des prétentions peu justifiées par un vin de cinquième cru.

🐝 Nous avons parlé récemment des divers cris que font entendre dans les journaux les maîtres de pension, à l'instar de ceux que font entendre dans les rues les marchands de salade et les marchands de cages, pour annoncer leurs marchandises.

En voici un qui mérite, entre tous, une mention honorable.

On trouve à la quatrième page de la plupart des carrés de papier, — se disant les organes de l'opinion publique, l'annonce que voici (un franc vingt-cinq centimes la ligne en *nonpareille*, — un franc cinquante centimes en *mignonne*) :

« L'institution J. Dillon, faubourg Poissonnière, 105, a fait sa rentrée le 1ᵉʳ octobre. — Le directeur de cet établissement, jaloux de mériter de plus en plus la confiance publique, — *s'est entouré d'hommes spéciaux.* »

Voyons un peu, — monsieur J. Dillon, — je ne veux rien vous dire de désagréable, — mais il ressort de vos propres paroles une chose incontestable :

Vous vous êtes *entouré d'hommes spéciaux pour mériter de plus en plus la confiance publique.*

C'est-à-dire que vous aviez déjà obtenu cette confiance avant de vous être *entouré d'hommes spéciaux.*

C'est-à-dire que, l'année dernière, vous n'aviez pas, pour instruire vos élèves, songé à vous *entourer d'hommes spéciaux.*

C'est-à-dire que, pendant les vacances, — vous vous êtes dit : « Tiens ! une idée. Je vais *m'entourer d'hommes spéciaux ;* — c'est-à-dire — j'aurai, pour montrer les mathématiques, un mathématicien, — un latiniste pour enseigner le latin. »

C'est-à-dire que, l'année dernière, — vous aviez peut-être pour professeur de latin — un marchand de briquets phosphoriques ;

Pour maître de dessin, un frotteur ;

Pour maître de musique, un ébéniste ;

Pour professeur d'histoire, un coiffeur.

Réellement, — monsieur J. Dillon, — vous avez eu là une excellente idée ; — il est malheureux qu'elle ne vous soit pas venue plus tôt.

Nous avons signalé déjà — une variété d'indépendance politique extrêmement curieuse.

Un certain carré de papier aime une danseuse maigre ; — de temps à autre, il faut faire rengager ladite danseuse.

La chose ne se fait pas toute seule. — M. le directeur du théâtre — ni le pubic ne s'en souvient ; — il faut que le gouvernement intervienne : — voici comment s'exécute le tour.

Lorsque l'engagement précédemment obtenu est sur sa fin, — ledit carré de papier fronce le sourcil — et devient très-rigide, il s'aperçoit que le ministère trahit la France ; il découvre que le gouvernement nous avilit aux yeux de l'étranger ; — le pays penche vers sa ruine. — Toutes nos libertés sont audacieusement attaquées ; — les courtisans envahissent le pouvoir et boivent la sueur du peuple ; — on a oublié les promesses de Juillet et le programme, — le fameux programme de l'Hôtel de Ville, etc. — Tout cela ne suffirait peut-être pas ; on ajoute quelques attaques contre tel ami ou telle amie de tel ministre. — L'ami a reçu un pot-de-vin : — l'amie a trois fausses dents.

L'ami ou l'amie vient se plaindre au ministre, et lui dit, sous forme de conseil, que le carré de papier fait un grand tort au gouvernement ; — qu'il faut l'apaiser, etc.

On entame les conférences. — Le carré de papier est d'une férocité croissante ; — il ne peut rien accorder. — On insiste ; il laisse échapper — que, *dans l'intérêt de l'art,* on devrait rengager mademoiselle Trois-Étoiles.

On fait chercher le directeur, — on le force de rengager ladite demoiselle.

Or, l'écrivain recommandable — qui protége ainsi les arts n'a dans le carré de papier en question qu'une portion d'influence. On lui permet bien de vendre le journal, — mais on ne lui permet pas de le livrer. — Or, comme le bruit du rengagement de la danseuse peut transpirer, comme la malveillance en pourrait tirer de fâcheuses inductions relativement à l'indépendance de la feuille, — cette indépendance doit se manifester et se manifeste par l'injure à l'endroit du gouvernement.

La dernière fois que ce tour a été exécuté, — la danseuse a été rengagée pour quinze ans ; — le lendemain, on citait dans le carré de papier, comme proverbiale, la *stupidité de M. de Gasparin.*

STATISTIQUE. — D'après le docteur Julius, qui s'est livré à un volumineux travail sur les aveugles et les établissements qui leur sont destinés, on compte :

En Prusse,	1 aveugle sur	1,600 habitants
En France,	1	1,650
En Belgique,	1	1,009
En Danemark,	1	738
En Angleterre,	1	800
En Autriche,	1	800
Aux États-Unis,	1	1,200

D'après beaucoup de choses qui se passent, on ne devinerait pas que la France est le pays d'Europe où il y a le moins d'aveugles.

※ Plusieurs journaux reprochent amèrement à M. Duchâtel le refus qu'il a fait de donner à M. Rubini, chanteur, la croix d'honneur qu'il demandait pour reparaître au Théâtre-Italien. — Comme on parlait de ce refus devant M. de Rémusat, on vint à lui demander si, à la place de M. de Duchâtel, il eût agi comme lui. « Non, répondit M. de Rémusat, — j'aurais fait tout le contraire ; j'aurais donné deux croix à M. Rubini, en exigeant qu'il les portât toujours toutes deux, l'une à gauche, l'autre à droite de la poitrine. »

※ Quelques-uns des plus gros traitements du ministère des finances — sont industrieusement gonflés par des *indemnités*, — des *gratifications*, — des *faux frais*, — des *suppléments pour pertes et erreurs*, etc., etc.

Ainsi, on assure que le *caissier central du Trésor* — reçoit une indemnité de quarante mille francs pour couvrir les erreurs que peuvent commettre les garçons de caisse chargés des payements et des recettes.

Les garçons, en effet, se trompent quelquefois (le cas est cependant extrêmement rare). — Toutefois, le cas échéant, M. le caissier fait appeler le garçon en défaut, le prévient qu'il s'est trompé, que son erreur est de... *tout*, — et que, par conséquent, cette somme lui sera retenue sur ses appointements ; et ceci n'est pas une menace, la retenue s'effectue réellement ; et, au bout de l'année, M. le caissier a touché quatorze mille francs en sus de son traitement.

Si je commets une erreur, je prie M. le caissier de m'en avertir, avec preuves à l'appui.

※ De ce temps-ci, toutes les professions sont encombrées, — même la profession de Dieu. Les *Guêpes* en ont déjà signalé quelques-unes. — Voici venir un homme plus modeste, — qui se contente d'être prophète. — On ne saurait trop louer une semblable abnégation.

Cet homme s'appelle M. *Cheneau* ou *Chaînon*, lui-même paraît incertain sur le meilleur de ces deux noms; — il les offre tous deux à la vénération publique. On est libre de l'invoquer sous les deux noms; chacun là-dessus peut s'en rapporter à son goût. Il est prophète et négociant. Il publie en ce moment la *Troisième et dernière alliance du ciel avec sa créature* (4 vol. grand in-8°). Ainsi, pour la troisième et dernière fois, le ciel ne le répétera plus : — Voulez-vous, oui ou non, vous allier avec lui?

« J'ai reçu, dit M. Cheneau ou Chaînon, — j'ai reçu du ciel le pouvoir d'édifier la vérité; le Seigneur m'a dit : « Établis » le baptême spirituel, enseigne la religion d'amour, que je » t'ai révélée pour former mon alliance éternelle avec mes en- » fants; accomplis ta mission; heureux celui qui la gravera » dans son cœur. »

Gravons dans notre cœur la mission de M. Chaînon ou Cheneau, — sans nous arrêter au langage peu correct du ciel.

M. Chaînon ou Cheneau — a deux amis qui le visitent — familièrement : l'empereur Napoléon, qui lui a encore fait visite, dit-il, en janvier 1841 (page 295), et saint Jean-Baptiste qu'il appelle « son ami sincère. »

M. Chaînon ou Cheneau — raconte ensuite que c'est à *Lyon, en février 1838, — à l'Hôtel du Nord, — chambre 32, — de six heures et demie du soir jusqu'à six heures trois quarts du matin qu'il a combattu et vaincu toute l'armée infernale et Satan lui-même.*

« J'ai promis, — dit-il à l'Éternel, de désarmer tous ceux qui combattent contre la vérité; — l'on attentera à mes jours, et une somme sera offerte pour me faire détruire, mais tous leurs projets seront détruits, — et le serpent viendra m'offrir lui-même sa langue pour que je l'arrache. »

Nous n'analysons pas la nouvelle religion proposée par M. Cheneau ou Chaînon, — attendu que nous n'y comprenons rien, — ni lui non plus; nous ne reproduirons que quelques conseils donnés aux femmes, et qui pourront paraître à nos lectrices de quelque utilité.

CONSEILS AUX FEMMES. « Sachez vous servir des *faveurs* que le ciel vous a confiées, vous rendrez doux et aimable l'homme méchant et irraisonnable.

» Observez si votre époux est travailleur, courageux, préparez-lui quelques *agréables distractions* et contrariez-le un *jour sur vingt*, afin que son cœur ne devienne point insensible à vos intentions.

» Prodiguez-lui les moyens de consolation qui vous sont *spécialement* confiés par le Créateur.

» Je répandrai de mon esprit sur toutes sortes de personnes. »

Gare de dessous!

On lit dans un gros livre de M. A. Pépin que l'auteur de *Lélia* porte sur son cœur des cheveux d'un des assassins de Louis-Philippe. Le livre de M. A. Pépin, qui est fait, du reste, avec courage, a été peu lu. — Sans doute madame Sand ignore ce passage qui la concerne.

※ Je n'ai pas voulu m'en rapporter, à propos des essais de pavage en bois, — aux réclames des journaux, à un franc la ligne, — j'ai consulté cinq ou six cochers de cabriolets, qui m'ont affirmé que par un temps de pluie, il est impossible aux chevaux de tenir pied sur ce nouveau pavé.

※ Voici un mot que je ne raconte qu'à cause de son authenticité :

Au sujet d'une nouvelle *fournée* de pairs, — qui va, assure-t-on, se faire prochainement, — beaucoup de candidats se remuent outre mesure. On cite entre autres le maire d'un des plus nombreux arrondissements de Paris, — ancien député conservateur, tristement repoussé aux dernières élections. Comme il causait avec M. Sauzet sur ses bonnes et ses mauvaises chances :

— Hélas! mon cher monsieur, reprit le président, comment voulez-vous qu'on vous fasse pair? — La chose, quant à moi, me semble tout à fait impossible.

— Comment cela? impossible! et pourquoi?

— Parce que, répondit le facétieux M. Sauzét, vous ne pouvez pas être à la fois *pair* et *maire*.

M. de Rambuteau, qui se trouvait là, — c'est chez lui que la conversation avait lieu, — réfléchit un instant, et dit : « Au fait, c'est vrai. »

PARENTHÈSE RELATIVEMENT AU TIMBRE. — (Il y a d'*honnêtes gens* qui ont imaginé d'acheter des numéros des *Guêpes*, — d'arracher la page sur laquelle est le timbre, — et d'envoyer à la direction ces exemplaires ainsi mutilés.

La direction n'est pas fâchée de prendre les *Guêpes* en défaut, — et dresse un procès-verbal, — pour absence de timbre.

On a *prouvé* à la direction du timbre, — par les reçus du timbre, par les livres de l'imprimeur, par les livres de l'éditeur, par ceux du marchand de papier, — qu'il n'a jamais, à aucune époque, été imprimé un exemplaire de plus qu'il n'y a eu de feuilles timbrées.

La direction a maintenu son procès-verbal, — on a appelé de ce jugement au ministre ; — le ministre a confirmé.

Les *Guêpes* viennent encore une fois d'être condamnées à une amende assez forte au profit du Trésor.

L'auteur des *Guêpes* ne croyait pas devoir se soumettre au timbre, il a plaidé il y a deux ans contre l'administration, — et a perdu son procès. Il s'est contenté de protester contre la sotte obstination de l'administration, qui veut absolument mettre sur de petits livres — une tache d'encre égale, en grosseur, — au timbre qu'on met sur les cabriolets, — tandis qu'un poinçon, quelque petit qu'il fût, atteindrait parfaitement le but.

Mais — en même temps il a formellement interdit à son

éditeur — d'essayer contre l'administration aucune de ces fraudes que font presque tous les journaux.

L'auteur des *Guêpes* a agi loyalement; — il ne pense pas que ni l'administration ni le ministre aient suivi son exemple — en maintenant des amendes — contre les preuves sans réplique qui leur étaient fournies; — l'administration du timbre — a plusieurs fois fait demander à l'auteur des *Guêpes* — la suppression de la petite phrase qui accompagne depuis deux ans la sale tache d'encre qu'elle a imposée à ses petits livres; — l'administration a cru devoir lui fournir une occasion de la remplacer — par la dénonciation de ses petites persécutions.)

De 1791 à 1794, il y a eu en France les aristocrates, les monarchiens, les constitutionnels, les républicains, les démocrates, les hommes du 14 juillet, les fayettistes, les orléanistes, les cordeliers, les jacobins, les feuillants, les maratistes, les chevaliers du poignard, les septembriseurs, les égorgeurs, les girondins, les brissotins, les fédéralistes, les modérés, les suspects, les hommes d'État, les membres de la plaine, les crapauds du Marais, les montagnards, les accapareurs, les alarmistes, les apitoyeurs, les endormeurs, les dantonistes, les hébertistes, les sans-culottes, les habitants de la Crête, les terroristes, les patriotes de 89, les thermidoriens, une jeunesse dorée, etc., etc.

Sous l'Empire, les bourbonistes, les émigrés, les jacobins, les idéologues, les hommes de 89, les nopoléonistes, les fédérés, etc.

Sous la Restauration nous avons eu les bonapartistes, les royalistes, les libéraux, les blancs et les bleus, un côté gauche, un côté droit, un centre gauche, un centre droit, les ventrus, les absolutistes, les *ultra*, les révolutionnaires, le parti de la défection, les constitutionnels, les carbonari, la société Aide-toi, le Ciel t'aidera, etc., etc.

Depuis la Révolution de juillet, nous avons eu des carlistes, des légitimistes, des philippistes, des henriquinquistes, des impérialistes, des hommes du mouvement, des hommes de la résistance, le parti de l'avenir, des républicains de 93, des républicains à l'américaine, des saint-simoniens, des fouriéristes, des phalanstériens, des humanitaires, des bousingots, des radicaux, des patriotes, des hommes du progrès, des juste-milieu, des modérés, des politiques, des doctrinaires, des amis de l'ordre, des hommes du tiers-parti, un côté gauche, un côté droit, un centre droit, un centre gauche, des monarchistes, des amis du peuple, des anarchistes, des réformistes, des jeunes-France, la société des Droits de l'Homme, la société des Familles, des réactionnaires, les conservateurs, le parti social, etc., etc.

Beaucoup de gens font semblant de prendre les *Guêpes* pour une facétie sans but.

Voici un grand journal — qui imprimait avant-hier quelques lignes dans lesquelles il demande que l'impôt pèse sur les objets de luxe et cesse d'augmenter le prix des objets de première nécessité.

Il y a trois ans que les *Guêpes* ont, pour la première fois, émis le même vœu.

Ce journal est un de ceux qui appelaient si plaisamment l'auteur des *Guêpes* — *ami du château*, et qui s'intitulent eux-mêmes, mais plus plaisamment, *amis du peuple*.

Il vient de mourir à Paris un homme d'un grand talent ; — le public, après avoir suffisamment *cuvé* son admiration frénétique pour Paganini, en était revenu à dire : « Eh bien, j'aime mieux le violon de Baillot. » — Baillot est mort à soixante-onze ans. En 1821, Baillot avait été nommé premier violon solo à l'Académie royale de musique; dix ans après, quand l'Opéra devint une spéculation particulière, — Baillot parut un luxe trop cher ; — depuis cette époque on ne l'entendit plus que rarement, — et depuis plus d'une année il avait cessé de toucher à son violon.

Tout le monde connaissait son talent, mais voici une petite anecdote — qui montre mieux que du talent, — qui montre du désintéressement et de la noblesse.

Baillot avait une pension sur la liste civile de Charles X ; — après 1830, — on avisa par toutes sortes de moyens à soulager ces pauvres pensionnaires ruinés. — Un jour Baillot reçut une lettre des commissaires de l'ancienne liste civile, qui l'invitaient à venir toucher une partie de sa pension. — Baillot se présente et demande si tout le monde est payé.

— Tant s'en faut, lui répond-on, — nous donnons seulement quelques à-compte.

— Oh! alors, — répond noblement l'artiste, — le grand artiste, — ne me donnez rien, les autres ont plus besoin que moi.

— Mais, monsieur Baillot, — vous n'êtes pas riche.

— C'est égal, je travaille et je gagne de l'argent.

On lit dans les journaux :

« M. le ministre de l'intérieur, ayant appris que feu Baillot laisse une veuve et une fille sans autres ressources qu'une pension de huit cents francs, vient d'ACCORDER — une *indemnité annuelle* de douze cents francs à madame veuve Baillot. »

Je ne parlerai pas de cette *indemnité annuelle* qui n'est pas même une pension — et qui s'élève majestueusement à la somme de douze cents francs pour la veuve — d'un des plus grands artistes de ce temps-ci.

Le gouvernement est pauvre, — il faut faire des engagements de quinze ans et de quinze mille francs par an à des danseuses maigres — pour se concilier la bienveillance douteuse d'écrivains sans talent qui les protégent.

Mais il aurait été plus décent, sans que cela coûtât un sou de plus — de faire mettre dans les journaux : « Monsieur le ministre de l'intérieur vient de prier madame veuve Baillot d'accepter une pension de douze cents francs. »

🐝 Un célèbre vaudevilliste vient de se marier — presque à la même époque que J. Janin, le fléau des vaudevilles; — tous deux ont fini comme tous les vaudevilles que l'un a faits, que l'autre a critiqués.

On a beaucoup parlé de ce mariage; — j'ai recueilli deux versions différentes.

Voici la première :

M.***, il y a sept ou huit ans, rencontra chez son notaire une jeune dame dont la figure et les manières l'intéressaient : — il demande qui elle est.

— C'est la femme d'un négociant en vins, son mari est embarrassé, — elle cherche de l'argent.

— Serait-ce un placement sûr?

— Oui, sans doute.

— J'ai des capitaux disponibles; je prête l'argent.

De temps en temps, M. *** s'informait de la dame; — un jour il apprend qu'elle est veuve. — Cette fois ce n'est plus de l'argent, mais sa personne, son cœur et sa fortune, qu'il fait offrir; — il est accepté, — et *les rideaux tombent.*

🐝 Voici la seconde version :

M.*** aimait les femmes. — Que diable aimerait-on? — il en aimait plusieurs, — je ne m'aviserai pas de le défendre sur ce point. — Un jour après dîner, il va voir une de ces dames. « Ah! vous êtes le bienvenu, vous allez me mener voir les *Pilules du Diable.* — Volontiers. »

Le lendemain, il était chez une autre.

— Je vous attendais, j'ai fait retenir une loge, nous allons au spectacle.

— Ah! — et où?

— Franconi.

— Qu'est-ce qu'on donne?

— Les *Pilules du Diable*.

— Diable !

— Pourquoi ?

M. *** comprend qu'il faut s'exécuter ; s'il dit qu'il a vu la veille les maudites pilules, — on lui demandera avec qui.

— Seul.

— Vous pouviez bien venir me chercher.

Il se contente de dire : « Je vous accompagnerai avec plaisir. »

Le lendemain, troisième dame, — troisième invitation.

— J'aurais bien voulu vous voir hier.

— Vous êtes trop bonne.

— Oh ! c'était intéressé : — j'avais besoin de vous.

— Il m'a été impossible de venir, j'ai travaillé toute la soirée.

— C'est égal, — aujourd'hui est aussi bon ; je veux aller voir les *Pilules du Diable*.

M. *** frémit. — Mais il vient de dire qu'il a passé la soirée à travailler, il ne peut plus dire qu'il était aux *Pilules*, — et d'ailleurs, — avec qui ?

Il s'ennuya tellement, — qu'il passa la nuit à énumérer tous les inconvénients de la vie qu'il menait, — il vit qu'il y avait dans la vie de garçon et d'homme à bonnes fortunes par trop de choses à faire trois fois ; — un mois après il était marié.

❦ M. Gannal a de nouveau paru sur la place, et je crois être agréable à la fois au public et à lui —en contribuant, pour ma part, à donner la publicité à une brochure qu'il vient de mettre au jour.

M. Gannal commence par dire pourquoi il prend la parole.

C'est parce que tant de personnes sont étonnées qu'il n'ait pas embaumé le prince royal, — qu'il croit devoir leur *expliquer le mauvais vouloir qui lui a ôté à lui,* M. Gannal, *cette consolation.*

❦ M. Gannal en est *d'autant plus affligé,* qu'il savait à part lui — que le prince royal désirait *vivement être embaumé par lui.*

Consolation est une expression toute nouvelle, appliquée à l'industrie, et qui ne pouvait manquer de faire fortune.

Les marchands fashionables disent déjà, à l'imitation de M. Gannal : « Permettez, monsieur, que j'aie la *consolation* de vous vendre cette paire de bas. »

« Ne me refusez pas la *consolation* de vous vendre ce briquet phosphorique. »

« Madame, je ne puis céder ce châle au prix que vous m'en offrez, je renoncerais plutôt à la *consolation* de vous le vendre. »

Il faut dire que M. Gannal et M. le docteur Pasquier, chirurgien du duc d'Orléans, s'étaient rencontrés lorsque M. Gannal a embaumé le maréchal Moncey.

C'est ce qui fait le sujet de la lettre ou plutôt des lettres adressées à M. le docteur Pasquier par M. Gannal, — *doctores ambo*.

Remarquons en passant — une tendance de notre époque qui ne peut tarder à diminuer singulièrement les revenus de la poste aux lettres. — Autrefois quand on avait une communication à faire à quelqu'un qui se trouvait éloigné, — on lui écrivait une petite lettre que l'on pliait proprement, — on l'enfermait dans une enveloppe, — on la cachetait, — on mettait dessus le nom et l'adresse de la personne à laquelle on avait à faire, — et on jetait le tout à la boîte d'un bureau de poste.

Il n'en est plus ainsi aujourd'hui : — on fait imprimer sa lettre à mille exemplaires, — on la répand dans Paris et la province, — on la fait annoncer dans les journaux, — et un jour ou un autre celui auquel la lettre est adressée — rencontre un de ses amis qui lui dit :

— Eh bien ! M. un tel vous a écrit ?

— Ah !

— Oui, j'ai lu la lettre hier au café.

Où s'arrêtera ce besoin de notre époque de tout faire ainsi en public ?

OCTOBRE 1842.

❧ Nous allons maintenant citer des fragments de la lettre de M. Gannal ; — nous mettrons entre parenthèses les quelques petites observations qui nous paraîtront indispensables pour éclaircir le texte.

« Monsieur,

. . . .

» J'eus l'honneur d'accepter la proposition faite par vous d'une expérience solennelle.

» J'attendais *avec patience les circonstances favorables.* (C'est-à-dire la mort d'un grand personnage. La pensée est un peu féroce, monsieur Gannal.)

» Je croyais que le temps et l'occasion seuls avaient manqué ; mais la décision prise au sujet des restes du prince royal, *indépendamment* des sentiments douloureux que sa perte m'inspire, *comme à tout le monde,* — m'a amené à penser très-sérieusement que sa volonté exprimée dès longtemps ne peut avoir dicté la décision prise ; J'AI LA PREUVE CONTRAIRE ENTRE LES MAINS. »

❧ (Voici donc arrivée une de ces *circonstances favorables* que M. Gannal attendait avec *patience.* — Le duc d'Orléans meurt, — M. Gannal s'en afflige *comme tout le monde*, mais il espère avoir la *consolation* de l'embaumer. M. Gannal n'est pas comme cette mère éperdue qui ne veut pas être consolée : — *noluit consolari* ; — ce qu'il demande, au contraire, c'est d'être *consolé.*

On ne prend aucun souci de *consoler* M. Gannal, — on ne le charge pas de l'embaumement du prince. — M. Gannal fait entendre ses gémissements, — il donne à penser que le prince royal lui avait promis de se faire embaumer par lui.

M. Gannal avait déjà demandé la *consolation* d'embaumer l'empereur Napoléon. — Il lui a été refusé également d'enregistrer cette *consolation* sur ses livres en partie double. M. Gannal alors jette son gant dans l'arène, — il adresse à M. Pasquier un superbe défi.)

» Pour arriver à un résultat comparatif et certain, voici comment je pense que devront être faites les expériences, en présence de MM. Ribes, Cornac et Gimelle, que je choisis pour mes juges, et trois autres docteurs que vous choisirez à votre volonté.

» Je ferai un embaumement sans autopsie, et un second embaumement après une autopsie, en tout semblable à celle pratiquée sur le corps de M. le maréchal Moncey. Vous, monsieur le docteur, vous pratiquerez un embaumement en tout point semblable à celui que vous venez de faire pour le corps du malheureux prince *dont toute la France déplore la perte*. Je m'en rapporte entièrement à votre bonne foi sur l'identité des deux opérations.

» Les trois corps ainsi embaumés et déposés dans trois cercueils seront mis sous la surveillance de M. l'intendant des Invalides, et la clef de la pièce où ils seront placés sera confiée à la garde de M. le lieutenant général baron Petit ; tous les mois les commissaires voudront bien vérifier les corps et constater l'état de leur conservation.

GANNAL, rue de Seine. »

(Cette fois on n'attendra pas une *occasion favorable*. — On prendra trois corps — au jour dit ; — où les prendra-t-on? — c'est peu important. — M. Gannal ne s'arrête pas à ces menus détails ; il nomme de son autorité privée le gouverneur des Invalides et M. le général Petit à d'étranges fonctions. — Il se réserve également de désigner les sujets à embaumer, et j'aime à croire que son choix tombera sur des morts. — Remarquons la petite phrase chevillée de mauvaise grâce, *dont toute la France déplore la perte*. — Il est évident que M. Gannal *déplore cette perte comme tout le monde*, ainsi qu'il nous l'a déjà dit, — mais qu'il déplore bien plus encore la perte de l'embaumement, — et cela non plus comme tout le monde, — mais d'une façon tout à fait spéciale, — puisque c'était la seule *consolation* qu'il pût recevoir. — Qu'arrive-t-il, cependant? M. Pasquier ne vient pas sur le terrain, — et M. Gannal lui écrit une autre lettre. — Passons à l'autre lettre.)

Le commencement de la lettre est d'un style virulent, — c'est pourquoi nous ne le transcrirons pas ici; — on connaît les aménités des savants. — Molière nous en a donné un type indélébile dans *Trissotin* et *Vadius*.

« Vous m'appelez *charlatan*, — dit M. Gannal, — eh bien! vous en êtes un autre. »

(M. Gannal passe ensuite à l'examen de sa vie entière, il cite ses travaux.)

« J'ai perfectionné la fabrication de la colle.

« J'ai fait un travail sur la conservation des viandes alimentaires. »

(Les *Guêpes* se sont déjà expliquées et sur l'embaumement en général, et en particulier sur l'embaumement des côtelettes de mouton — et les momifications des gigots entamés; — elles ont surtout insisté sur le danger d'une conclusion fâcheuse. — Si on se met ainsi à tout embaumer et à tout conserver, — il deviendra inévitable de manger de temps en temps des côtelettes d'homme. — Le moindre malheur qui pourra arriver sera de se nourrir de biftecks centenaires. — Un cuisinier de ce temps-ci fera tranquillement un rosbif — qu'il léguera à sa troisième génération; — tout ceci est inquiétant.)

« Pourtant l'*embaumement*, c'est votre père, votre femme, votre enfant, que vous voulez voir encore, que vous désirez *embrasser* sans effroi. »

(Vous me faites peur, monsieur Gannal.)

« M. Double était médecin du duc de Choiseul; — je n'ai point embaumé le duc de Choiseul, mais j'ai embaumé M. Double. »

(Entendez-vous bien, monsieur Pasquier, l'apologue me semble clair. — M. Double a empêché M. Gannal d'embaumer le duc de Choiseul ; qu'a fait M. Gannal ? il a embaumé M. Double.)

Vous avez empêché M. Gannal d'embaumer le duc d'Orléans ; — eh bien ! — M. Gannal vous embaumera ; — cela vous apprendra. — Oui, il faut que M. Gannal embaume, — *si ce n'est toi, c'est donc ton frère.*

Vous serez embaumé, monsieur Pasquier, vous serez embaumé par M. Gannal : évitez-le, — sortez armé et accompagné. — Si M. Gannal vous rencontre un soir — au coin d'une rue, — votre affaire est faite, — il vous embaume, — et le lendemain il vous dira que vous êtes venu au monde comme cela.

Vous avez raison, monsieur Gannal, — embaumez-moi un peu M. Pasquier — et gardez-le dans *votre cabinet,* comme vous le dites dans votre lettre, — avec les *autres sujets* qui *depuis tant d'années* en font l'ornement et peut-être l'ameublement, — cela apprendra aux autres à se conduire ; — *erudimini.*)

Ici — une légère annonce.

« L'embaumement est une affaire de sentiment, de famille, une quasi-cérémonie *religieuse : c'est du moins ainsi que je l'ai compris,* et c'est aussi par cette raison que je le fais, *comme vous dites,* à vil prix. Oui, monsieur, zéro est mon minimum, deux mille francs mon maximum, *et je suis aux ordres des familles ; c'est aux familles à me demander le travail qu'elles désirent, toujours heureux d'exécuter leur volonté.* »

(Combien vends-tu ton baume ? — Je ne le vends pas, je le donne : — approchez, faites-vous servir.) M. Gannal revient à M. Pasquier.

« Je sais que vous avez un titre, un diplôme terrible, qui vous confère le droit de vie et de mort sur vos semblables, qui vous permet de tailler, de *rogner cette chétive espèce humaine ;* vous avez le droit de mutiler votre semblable et de lui faire payer la mutilation. — C'est bien. — Ce droit est absolu sur les vivants; mais sur les morts? — Halte-là, monsieur; pour les vivants, je les abandonne à leur malheureux sort; *mais quant aux morts, je les réclame comme ma propriété exclusive.*»

(Ainsi nous voilà nous, le pauvre monde, partagés entre M. Pasquier et M. Gannal: — les vivants à M. Pasquier, les morts à M. Gannal. — M. Gannal abandonne généreusement les vivants à M. Pasquier; il s'en rapporte à lui du soin de lui faire des morts.

M. Gannal est le *roi des morts!*)

M. Gannal passe ensuite à l'examen de l'embaumement, dont la *consolation* (maximum deux mille francs) lui a été refusée. Il fait quelques questions à M. Pasquier.

« Où avez-vous pris le *natrum* pour saponifier la graisse? »

(Ah! oui, où M. Pasquier a-t-il pris le *natrum?* Voilà ce que nous voudrions savoir, — l'a-t-il acheté, l'a-t-il volé? — ou l'a-t-il pris? — qu'il nous dise un peu où il a pris le *natrum.*)

« — Où avez-vous été chercher l'huile de cèdre, qui devenait un objet aussi indispensable que le soleil d'Égypte? — Le *natrum*, vous l'avez remplacé par TRENTE-HUIT KILOGRAMMES de sublimé corrosif; l'huile de cèdre a été remplacée par de la teinture de benjoin, et le soleil a été éclipsé par *quatre-vingts kilogrammes* de poudres aromatiques. Enfin les bandelettes elles-mêmes ont dû céder la place au sparadrap. Qu'y a-t-il donc d'égyptien dans votre travail? Vous avez mutilé, écorché le cadavre, et il vous a fallu trente-six aiguilles à suture pour recoudre vos nombreuses lacérations. Trente-six aiguilles pour un embaumement! Mais j'en fais cent avec la même et qui reste en bon état. »

(Niez donc, monsieur Pasquier, — qu'il y ait dans le procédé de M. Gannal une grande économie d'aiguilles!)

Ici M. Gannal ne menace plus M. Pasquier seulement de l'embaumer, il lui annonce en même temps la réprobation générale.

« — Mais, monsieur, avez-vous donc songé à la réprobation générale qui doit tomber sur vous quand la population saura que, sans égards pour les dépouilles de l'illustre défunt, *dans des vues que je ne veux pas qualifier, vous avez haché en lambeaux l'héritier présomptif de la couronne?* — Votre procédé est sauvage. »

(Quel malheur que M. Gannal ne qualifie pas les vues de M. Pasquier : nous en aurions appris de belles.)

🐝 Nous nous arrêtons ici — et nous donnons notre avis et sur le procédé de M. Gannal et sur sa brochure. — Son procédé est évidemment supérieur à tout ce qu'on a fait jusqu'ici. — Nos lecteurs savent ce que nous pensons de l'embaumement universel auquel tend M. Gannal, mais on aurait dû l'adopter pour le prince royal.

Pour la brochure, — elle est ridicule et indécente au plus haut degré.

🐝 Il y a à Paris une société de gens d'esprit, une charmante petite coterie, — où lorsque l'on veut dire qu'une chose est impraticable on donne avec le plus imperturbable sérieux la raison que voici :

« Le roi de Sardaigne est bien sévère, madame. »

Voici l'explication et l'origine de cette locution devenue proverbiale :

Mon ex-ami, — M. de Balzac, — a voyagé dans les États sardes ; — entre autres aventures, il plut à une douairière du pays — qui se mit à le combler d'attentions inquiétantes.

M. de Balzac a juste la vertu de la chaste Suzanne, laquelle ne voulut jamais prendre pour amants — deux vieillards chassieux et repoussants.

J'aime ces grands exemples qui ne sont pas trop difficiles à imiter.

Il eut peur — et un jour — il s'avisa de raconter à la respectable matrone — une histoire de son invention, qu'il attribua sans façon au roi de Sardaigne. — Ce monarque, selon le romancier, ayant surpris deux jeunes amants occupés à s'aimer et à *se le dire*, leur fit trancher la tête, sans autre forme de procès. La belle ne se décourageant pas par les respects du *plus fécond de nos romanciers*, — dépassa une à une les limites de la timidité de son sexe, — et finit par devenir très-embarrassante ; mais quand M. de Balzac voyait le danger trop imminent, il prenait la figure patibulaire d'un condamné à mort, et disait avec un grand soupir : « Ah ! madame, le roi de Sardaigne est bien sévère. »

Entre autres phrases toutes faites—qui se reproduisent *plus souvent qu'à leur tour,* — comme dit la portière d'Henry Monnier, il faut citer celle-ci dont les journaux du gouvernement ont fait pendant longtemps un usage que j'appellerais presque abusif.

« Il faut trancher les têtes sans cesse renaissantes de l'hydre de l'anarchie. »

Un de ces journaux disait hier :

« Il faut museler à jamais le monstre de l'anarchie. »

Les bourgeois timorés nous sauront sans doute gré de porter autant qu'il est en nous cette phrase à leur connaissance.

Lesdits bourgeois remarqueront avec plaisir à quel degré d'abjection est descendue l'*ancienne hydre de l'anarchie*, ou plutôt l'anarchie elle-même.

Autrefois, en effet, on ne savait comment trouver pour la peindre de métaphore suffisamment magnifique ; — l'hydre avec ses sept têtes renaissantes avait fini par être l'image consacrée. — Mais aujourd'hui — le gouvernement semble, en se servant du mot *museler*, adopter une expression moins ambitieuse, qui semble ravaler l'*ancienne hydre de l'anarchie* aux mesquines proportions d'un caniche suspect.

L'autre jour, — j'entre dans un salon de figures de cire établi aux Champs-Élysées ; — un vieillard sec invitait les passants; un jeune homme, avec un chapeau gris sur l'oreille et une baguette à la main, était chargé de la démonstration des figures.— Sa démonstration était évidemment une pièce apprise de mémoire, il la récitait sur cet air traînant des écoliers qui, allongeant du dernier mot les *syllabes honteuses*, tâchent de faire un chemin de *euh, euh, euh*, entre le mot qu'ils se rappellent et celui qu'ils ne se rappellent pas.

Quand je l'interrompais pour lui faire une question, il parlait de sa voix naturelle; — puis, sa réponse faite, il reprenait sa leçon où il l'avait laissée, en répétant les derniers mots,— toujours sur le même air.

Il nous montra cinq ou six fois Napoléon dans diverses circonstances et avec diverses figures,— en faisant, chaque fois, précéder son récit de ces mots : « Ceci, messieurs, est la plus belle action de l'empereur Napoléon. » — Nous arrivâmes au maréchal Moncey.— « Voici le maréchal Moncey,— nous dit-il, — gouverneur des Invalides, — leurs insignes meurent avec eux; il a été *interré* avec toutes ses croix et *ganalisé*. »

Nous arrivâmes à un coin où les figures plus anciennes avaient toutes une remarquable teinte : « Dans ce coin sont tous les personnages qui ont attenté à la vie les uns des autres. »

Nous y trouvâmes en effet les *assassins de Fualdès* — et celui de la *bergère d'Ivry; Lacenaire, voleur et homme de lettres*, etc.

Dans ce coin, — on avait mêlé à ces monstres des monstres d'une autre espèce : — un veau à deux têtes, un enfant à quatre jambes, les jumeaux siamois, etc., etc. — Témoignage évident des principes philosophiques du propriétaire des figures de cire, — qui met sur la même ligne toutes les monstruosités que la nature crée par distraction.

— Mais, demandai-je au démonstrateur, — vous n'avez rien de plus nouveau?

— Ah! monsieur, reprit-il de sa voix de conversation, — on

nous a arraché le pain de la main ; — on nous a fait enlever la mort de monseigneur le duc d'Orléans. — C'était pour nous une *excellente affaire* : — la mort d'un prince, c'est de l'histoire, et l'histoire appartient aux figures de cire.

— Peut-être, lui dis-je, — votre explication n'était-elle pas convenable ?

— Oh ! que si, monsieur, la voici : — Monsieur (et il me désignait le vieillard qui criait à la porte : « Entrez, entrez, trois cents sujets différents ! ») monsieur avait pris la démonstration dans le *Journal des Débats ;* — du reste la voici :

J'ôtais mon chapeau — et je disais :...

Ici il se remit à chanter les vingt lignes empruntées au *Journal des Débats.*

— C'est une injustice, — monsieur, — ajouta-t-il en remettant son chapeau et en reprenant sa voix naturelle, — j'avais envie d'en écrire aux journaux, — mais je n'ai pas le temps — et je ne sais pas écrire ; — monsieur, — c'est comme cela que les gouvernements se font détester ; je ne vous dis que cela parce qu'on ne sait pas toujours à qui on parle.

Je ne voulus pas achever d'exaspérer ce pauvre diable en lui disant qu'à Rouen un confiseur a fait deux tableaux en sucre représentant la chute de voiture du prince royal — et sa mort chez l'épicier ; — que ces deux tableaux, exposés publiquement dans sa boutique, excitent à la fois la moquerie et l'indignation ; — que le talent du sculpteur en sucre n'a pu s'élever qu'à faire des personnages de ces deux tristes scènes de révoltantes caricatures, — et que la police en a toléré l'exhibition indécente.

En effet, l'artiste, — à l'imitation des sculpteurs grecs, — qui mêlaient au marbre l'or et l'ivoire, — l'artiste a usé de toutes les ressources que lui présentait sa boutique : le chocolat joue un grand rôle et représente à la fois et le tuyau de poêle dans l'arrière-boutique — et la perruque de Sa Majesté Louis-Philippe.

Je quittai le *salon* après avoir offert au démonstrateur quelques consolations, — et je repris ma route en songeant à une de ses phrases :

« Voilà comme les gouvernements se font détester. »

On a beaucoup parlé du fameux mot de Louis XIV : *L'Etat, c'est moi.*

Hélas ! c'est aujourd'hui la pensée déguisée de nos gouvernants ou de ceux qui aspirent à l'être sous divers titres et sous divers prétextes. — Quand on nous crie : « La *patrie* souffre, — le *peuple* se plaint, le *pays* est dans l'anxiété ; — nous qui avons un peu creusé les choses, — qui avons étudié les hommes de ce temps, nous ne pouvons nous empêcher d'entendre : « — J'ai besoin d'argent ; — je voudrais une place, — je ne sais comment arriver ; » ou : « Mes bottes ont besoin d'être ressemelées. »

M. Adolphe Dumas — qui n'est nullement parent d'Alexandre Dumas,—rencontra celui-ci dans un couloir le jour de la première représentation du *Camp des Croisés,* — pièce dudit M. Adolphe Dumas — dans laquelle — les ennemis de l'auteur ont prétendu avoir entendu ce vers :

>Et sortir d'ici-bas comme un vieillard en sort,

qu'ils écrivent et prononcent :

>Comme un vieil hareng saur.

— Monsieur, dit M. Adolphe à M. Alexandre, — pardonnez-moi de prendre un peu de votre place au soleil, mais il peut bien y avoir deux Dumas, comme il y a eu deux Corneille.

— Bonsoir Thomas, dit Alexandre en s'éloignant.

Un ami de M. Alfred de Musset — insistait beaucoup auprès de M. Villemain pour qu'il donnât la croix d'honneur à l'auteur de *Namouna*. — L'ami de M. de Musset est influent, très-influent, — il a fait vingt démarches auprès du ministre de l'instruction publique : — on ne s'explique pas l'obstination de M. Villemain dans son refus d'accorder une récompense méritée à un poëte aussi original et aussi distingué que M. de Musset.

Pour moi, je suis presque sûr que le ministre académicien ne donne pas la croix à M. de Musset parce qu'il a écrit ce vers :

Nu comme le discours d'un académicien.

A propos de certaines réceptions de la cour, — réceptions, du reste, peu nombreuses et surtout peu divertissantes à cause du deuil de la famille royale, qui cette fois n'est pas seulement en deuil d'étiquette, — un *carré de papier* — publie une nouvelle homélie contre le costume décent — que la tyrannie — veut imposer aux invités. — Nous sommes parfaitement d'accord avec lui s'il nous dit qu'il y aura des hommes et des habits fort ridicules ; — mais nous différons avec lui quand il veut qu'on aille à la cour et qu'on y aille en habit de ville.

Nous comprenons parfaitement que ledit carré de papier dise à ses abonnés (et il ne le leur dit pas) : « Que diable ! ô mes abonnés et mes abonnées, allez-vous faire à la cour ? — Il y a une foule de choses qu'il faut savoir là, et que vous n'avez apprises ni derrière votre comptoir, ni dans votre arrière-boutique; vous n'en êtes pas moins des gens parfaitement honorables, mais vous ne saurez entrer, ni sortir. — Vous, madame l'épicière, vous êtes une *belle femme bien conservée ;* — mais, si vous vous habillez à la cour comme de coutume, vous serez ridicule et humiliée, et, si vous vous habillez autrement, vous serez un peu plus humiliée, parce que vous n'aurez aucun droit à l'indulgence, — et infiniment plus ridicule ; — vos pieds feront crever le satin, — vos façons de danser, qui en valent bien d'autres, feront rire tout le monde, comme ferait rire vous et vos amis une femme de la cour qui viendrait danser avec vous à votre entresol. — Cette soirée de gêne, d'humiliation, d'ennui, vous coûtera en toilettes et voitures ce que vous coûteraient à peine trente soirées de plaisir — où vous seriez la reine et la belle de la fête.

» Et vous, monsieur l'épicier, devrait toujours dire le susdit carré de papier, monsieur l'officier de la garde nationale (car c'est la garde nationale qui introduit l'épicier aux Tuileries), vous êtes un gaillard de belle humeur ; — vous êtes adoré à l'estaminet du coin ; — vous n'avez pas votre égal au billard pour le *bloc fumant* et le *carambolage de douceur* ; — vous avez tous les soirs le même succès avec les mêmes plaisanteries que vous faites depuis dix ans sur les numéros des billes de poule. — Quand on tire 22, et que vous avez dit : « Les *co-*
» *cottes* » toute la galerie rit aux éclats, et votre partenaire dit : « Tais-toi donc, tu es trop drôle, tu m'empêches de jouer
» tant je ris. » — Personne ne sait, comme vous, rendre en fumant la fumée par le nez.

» Et votre habit noir, — comme il vous fait respecter ! — et, quand vous l'ôtez pour jouer au billard, comme on admire vos bretelles rouges !

» Pourquoi aller de gaieté de cœur perdre vos succès et votre importance ? — Ce luxe excessif qui vous distingue, il paraîtra là-bas mesquin et ridicule.

» Restez donc chez vous, ou allez chez vos amis ; — faites des crêpes, jouez au loto. »

Voilà ce que le carré de papier devrait dire à ses abonnés ; mais, non : le carré de papier veut que ses abonnés aillent aux Tuileries ; — mais il veut qu'ils y aillent en soques, en vestes et sans gants. — C'est l'égalité pour le carré de papier. — Nous soutenons, nous, que c'est la plus sotte et la plus grande inégalité. — Montez si vous pouvez, mais ne faites pas descendre les autres ; — tâchez, si vous le croyez amusant, d'ajouter des pans aux vestes, mais ne coupez pas les pans des habits.

O carré de papier ! — que dirait votre abonnée l'épicière, si la fruitière sa voisine, — invitée (si elle l'invitait, ce que je ne crois pas) à une soirée d'*as qui court* ou de *vingt-et-un*, — que dirait votre abonnée l'épicière, si sa voisine et son inférieure la fruitière venait chez elle en marmotte et en sabots ? — Ne trouverait-elle pas indécent qu'elle n'eût pas mis un bonnet et des souliers ?

Un des plus beaux rêves dont l'homme doit successivement se réveiller, c'est sans contredit la liberté.

Hélas ! — tous ces bonheurs après lesquels nous soupirons ne sont que des êtres de raison, — tout simplement le contraire *fictif* des malheurs *réels* que nous éprouvons dans la vie.

La liberté en politique est une grande pensée et un grand mot misérablement exploité par quelques-uns qui veulent être les maîtres *à leur tour ;* — la liberté en politique veut dire l'esclavage des autres ; — l'*égalité* — n'est qu'un échelon — pour arriver à marcher sur la tête d'autrui.

La liberté ! où est-elle ? Cherchez l'homme le plus libre de tous, — et comptez à combien de maîtres durs et inflexibles il doit obéir.

Approchez ici, — vous, monsieur, qui avez tout sacrifié à la liberté, — voyons un peu, — montrez-nous ce joyau précieux que vous avez conquis si laborieusement, — montrez-nous cette liberté dont vous êtes si fier.

Sortez de chez vous, et venez causer un moment.

Vous vous levez ; — mais j'aperçois — un homme gros, court et pâle, — nu jusqu'à la ceinture et vêtu uniquement d'un cotillon de toile grise.

« Arrête ! — vous crie-t-il, arrête ! Ne faut-il pas que tu m'apportes demain le prix de ton travail, — ne faut-il pas que tu payes le pain que je te vendrai? ne suis-je pas ton maître? ne suis-je pas le boulanger? »

En voici un autre, — plein de santé, — le visage d'un rose vif, — un tablier est devant lui, — il semble fier des taches de sang qui le couvrent.

« Eh! eh! — dit-il, — à l'ouvrage, malheureux, à l'ouvrage! Ne faut-il pas que tu m'apportes demain le prix de ton travail? — ne faut-il pas que tu m'apportes demain ton tribut quotidien? — ne suis-je pas ton maître? ne suis-je pas le boucher. »

Et celui-ci : — il a des habits neufs, — coupés à la mode du jour, ou plutôt à la mode de demain; — mais il n'a pas de gants, — et ses bottes éculées n'ont pas été cirées depuis cinq semaines, — son chapeau est partie chauve, partie ébouriffé.

« Tiaple — mein herr! — s'écrie-t-il, — trafaillez pour moi, — trafaillez. — il me faut de l'argent; — que che tous foie ainsi fumer tes cigarrettes! trafaillez, fous tis-je, — *trafaillez*! che suis votre maître, che suis le tailleur! »

Et celui-ci, avec un galon d'or à son chapeau : « Allons, maître, dit-il, — il me faut une belle livrée, — il me faut à manger et à boire, — il me faut un chapeau neuf; — travaillez, — travaillez; — ne me reconnaissez-vous pas, — que vous continuez à faire ainsi tourner vos pouces? — je suis votre maître, je suis votre domestique. Obéissez-moi! »

Il n'y a d'un peu plus libre que celui qui a moins de maîtres que les autres, que celui qui a moins de besoins.

Chaque besoin, chaque goût, est une chaîne dont quelqu'un tient le bout quelque part.

Comptez de bonne foi combien vous en avez.

Novembre 1842.

Les inondés d'Étretat, d'Yport et de Vaucotte. — Le roi Louis-Philippe et M. Poultier, de l'Opéra. — Un philosophe moderne. — Les femmes et les lapins. — *Une mesure inqualifiable.* — M. Lestiboudois. — M. de Saint-Aignan. — Un dictionnaire. — Le véritable sens de plusieurs mots. — A. et B.

LES INONDÉS. — J'ai voulu aller voir ces pauvres gens d'Étretat et d'Yport, auxquels une trombe d'eau a fait tant de mal, il y a un peu plus d'un mois. — Gatayes se trouvait avec moi dans la vieille masure que j'habite aux bords de la mer; nous nous sommes mis en route une heure avant le jour — pour prendre au passage une voiture qui nous a conduits à Fécamp.

Fécamp a également souffert de l'inondation, — mais le sinistre n'a attaqué que les gens riches. — Nous n'avons fait que traverser Fécamp, et, en suivant les sinuosités de la falaise, nous nous sommes dirigés vers Yport — en gardant la mer à notre droite, mais à trois cents pieds au-dessous de nous.

Après deux heures de marche, nous avons vu le grand bouquet d'arbres qui cache Yport. — On entre dans les arbres, et, par des chemins escarpés, on descend dans le fond d'une petite vallée où est situé Yport.

Dès lors on commence à voir quelques traces de l'inondation : les chemins sont élargis et violemment creusés, tantôt à deux, tantôt à trois pieds dans le roc; — quelques champs sont encore couverts de limon. De la paille, du menu bois, de grandes herbes, sont restés accrochés dans les branches des arbres, à sept ou huit pieds de hauteur ; — c'est l'eau qui les a portés là en se précipitant du sommet des côtes qui entourent Yport de toutes parts.

Nous entrons dans les rues : — les maisons portent encore l'empreinte de l'eau à une grande hauteur ; les haies les plus élevées qui entourent les jardins sont remplis de paille ; — l'eau a passé par-dessus ; — puis, à mesure qu'on avance, — le désastre a laissé des marques plus visibles : voici un mur renversé,—là une maison à moitié démolie, ici un arbre déraciné.

Mais une fois arrivés aux deux tiers de la grande rue qui conduit à la mer, — nos yeux sont frappés d'un horrible spectacle : — le torrent a emporté la terre et les pierres qui formaient le chemin à une profondeur de six ou huit pieds ; des deux côtés les maisons se sont écroulées. — Nous descendons dans le ravin formé par l'eau, — et nous voyons des restes de maisons suspendus au-dessus de nos têtes ; — presque partout — le mur qui était sur la rue — et la façade de la maison ont été emportés avec leurs fondations et le terrain qui les soutenait. — Les maisons sont coupées et déchirées en deux, — depuis le toit jusqu'au sol ; les débris ont été entraînés à la mer. — On voit, depuis le haut jusqu'en bas,—l'intérieur des chambres coupées en deux; — des meubles encore en place, — des lits, des tables, sont à moitié en dehors de ce qui reste d'un plancher incliné qui vacille et qui va s'écrouler d'un instant à l'autre ; — des toits, qui ne sont plus supportés que par un pan de muraille, restent suspendus sans qu'on comprenne comment, — et vont tomber au moindre vent.

Nous avançons parmi les décombres et les inégalités du lit que s'est creusé l'eau ; — nous voici au bord de la mer : — la trombe a renversé et jeté en bas un parapet de granit large de plus de deux pieds. — « Tenez, nous dit un pêcheur, regardez cette grande place à gauche : — il y avait là huit maisons ; — eh bien, il n'y en reste *pas mention*. »

Les débris ont été jetés à la mer,—pêle-mêle avec cinq malheureuses femmes qui n'ont pas eu le temps de se sauver.—On n'en a retrouvé qu'une, morte sous la vase et le limon.

Nous cherchons la maison de Huet. — Huet est un aubergiste — chez lequel autrefois je m'arrêtais pour déjeuner quand j'allais d'Étretat à Fécamp ; — nous avons peine à retrouver l'auberge, tant le pays est dévasté et changé. — Le grand puits qui était devant la porte a presque disparu sous la terre que la trombe a enlevée du haut de la côte.

Huet était riche, — il a beaucoup perdu ; — le torrent a passé entre ses deux maisons, qui se touchaient, — et a emporté des morceaux de murailles et tous ses meubles, jusqu'à d'énormes armoires en bois sculpté pleines de linge, — qu'on n'a retrouvées qu'au bord de la mer : « *c'était comme si on eût tout balayé.* » Là on nous raconte le commencement du désastre. — C'était deux heures avant le jour ; — on entendait « *hogner* » l'eau dans les bois au-dessus d'Yport ; — l'eau s'était enfermée elle-même dans une digue de paille, d'herbe, de branchages, de feuilles arrêtées dans les arbres ; mais cette digue ne put résister longtemps, — l'eau la rompit — et se précipita de trois côtés du haut des côtes — sur Yport, qui est dans le fond d'un entonnoir, entraînant avec elle — des arbres, — des pierres énormes, — emportant les chemins jusqu'à deux et trois pieds de profondeur ; — alors on entendit de grands cris poussés par ceux qui, plus près de la côte, étaient les premières victimes de ce désastre. — En quelques instants les maisons commencèrent à crouler avec fracas ; — les habitants s'échappaient par les toits et passaient d'une maison à l'autre. « Pour nous, disait Huet, nous étions, comme les autres, réfugiés dans nos greniers ; — là, nous voyions nos voisins montés sur leurs toits, et nous nous disions adieu les uns aux autres en nous criant : « Adieu, voisins, il faut mourir. » — Songez qu'il ne faisait pas encore jour, — que nous entendions le bruit de l'eau roulant du haut des côtes et des maisons qui tombaient, — les cris de frayeur de ceux qui se sauvaient, — les cris de désespoir des pauvres femmes qui ont été noyées,— et que nous sentions notre maison trembler par secousses. — Je m'attendais d'un moment à l'autre à être écrasé avec ma femme et ma fille; — elles s'étaient jetées le visage à terre, — pleuraient et priaient Dieu; — elles me disaient de prier aussi, — mais je ne m'en sentais pas le courage,— je jurais ; — je sais bien qu'il faut prier Dieu, — mais, — monsieur, *ça n'était pas du bien qu'il nous faisait, ça* ; — je l'aurais prié que *ça n'aurait pas été de bon cœur*. — Pour ne prier que de la bouche, j'aime mieux ne pas prier ; — je dis à la femme et à la fille de continuer à prier pour elles et pour moi, et je me remis à jurer. »

Nous étions, Gatayes et moi, auprès de la grande cheminée de la cuisine, — et nous rallumions nos pipes pour nous remettre en route — quand il entra une grande fille pâle, vêtue de noir ; — la fille de Huet nous la montra, — et nous dit : « Tenez, c'est sa mère qu'on a retrouvée dans la vase — trois jours après l'événement. »

Nous disons adieu à toute la famille, et nous serrons la main au père Huet, qui nous accompagne *un bout de chemin*.

Nous gravissons la côte pour sortir d'Yport par l'autre côté de l'entonnoir — en nous entretenant tristement du spectacle que nous venons d'avoir sous les yeux. Nous nous étonnons de la négligence de l'autorité. — Il y a cinq semaines que le malheur est arrivé, — et depuis cinq semaines on laisse une trentaine de maisons à moitié démolies suspendues au-dessus des chemins de la manière la plus menaçante ; — les chemins eux-mêmes creusés inégalement jusqu'à sept et huit pieds de profondeur, — impraticables pour les voitures, — difficiles et dangereux pour les hommes, — et l'autorité supérieure ne s'est mêlée de rien. — Il était urgent de faire démolir ces restes de maisons, qui d'un moment à l'autre, au premier vent, peuvent causer de nouveaux malheurs; il était urgent de faire remblayer les chemins : — il n'y a rien de fait, rien de commencé.

🙟 Le roi, aussitôt le sinistre arrivé, a envoyé sur sa cassette trois mille francs — à chacun des pays ravagés.

M. Poultier, le chanteur, — qui était en représentation à Rouen, — est arrivé en toute hâte au Havre, où il a donné une représentation au bénéfice des inondés. — Il n'a rien voulu prélever sur la recette ni pour son déplacement ni pour ses frais de voyage; — il a fait envoyer aux victimes de l'inondation les sept ou huit cents francs qui lui revenaient pour sa part.

Des souscriptions ont été ouvertes de tous côtés.

🙟 Nous voici arrivés sur la côte, — il faut redescendre dans une autre vallée, pour passer par le petit village de Vaucotte. — Le soleil s'est dégagé des nuages, — et éclaire gaiement les lieux témoins naguère d'une si grande désolation. Du reste, tout le pays est ici ravissant. — Vaucotte est au fond de la vallée comme Yport, comme Étretat; — les collines qui entourent Vaucotte sont couvertes d'ajoncs et de bois taillis en pentes escarpées, auxquels l'automne prête les couleurs les plus splendides; — les feuilles des chênes sont d'un jaune orangé, — celles des châtaigniers sont jaune clair; — les cornouillers sont rouges, — les ajoncs et les genêts sont restés d'un vert vif et vigoureux.

Mais bientôt nous voyons le chemin qu'a suivi le torrent : — c'est une de ces *cavées* normandes, — si charmantes d'ordinaire, — un chemin creusé entre des rangées d'arbres, de façon qu'on a la tête à peine au pied des arbres et que le regard est emprisonné sous un berceau de verdure; — mais le torrent a creusé le chemin en certaines places jusqu'à quinze pieds de profondeur; — des arbres sont arrachés et jetés çà et là; — quand on marche au fond des chemins, — on voit loin au-dessus de sa tête les racines nues et dépouillées des arbres qui restent.

Il y avait à Vaucotte une dizaine de personnes : il n'en reste plus que la moitié, — quatre ou cinq personnes ont été noyées. — Une femme emportait sur son dos sa fille malade, une fille de dix-neuf ans. — Elles sont renversées par la trombe, — entraînées, roulées avec les pierres, et noyées toutes les deux.

De l'autre côté de Vaucotte, nous étions à Étigues; — à Étigues, un chemin creusé dans le roc permet de descendre jusqu'à la mer ; — la mer était basse : — nous ferons jusqu'à Étretat le chemin par les roches qu'elle laisse à découvert; — c'est un chemin un peu difficile, — mais magnifique. A gauche, la falaise, blanche et droite comme une muraille, s'élève à la hauteur de cinq maisons qui seraient placées les unes sur les autres. A droite, la mer, qui remonte en grondant. — Il y a une lieue et demie à faire, — il ne faut pas trop flâner ; — il faut marcher sur des pointes de roches revêtues d'herbe verte et de mousses cramoisies, qui sont du plus bel effet, — mais aussi fort glissantes ; — il faut franchir des flaques d'eau que la mer a laissées dans des trous de roc semblables à des bassins de marbre blanc. Puis, de temps en temps, le chemin est barré par de gros rochers dont il faut faire le tour.

Dans les flaques d'eau, transparentes comme l'air, des crabes, des loches, sont restés et se cachent à notre approche. — On s'arrête, on les regarde ; — on les prend ;—on ramasse des galets ronds et transparents comme des billes d'agate,— et des cailloux couverts de teintes rouges et vertes,—et les mousses cramoisies, — et de petits madrépores,—des coraux lie-de-vin, — serrés et rudes comme du velours d'Utrecht.

Bon! voici un cormoran — qui bat l'air de ses petites ailes noires, — et qui, sans se hâter, mais sans s'arrêter et surtout sans se détourner, suit son vol droit et paisible. —

Gatayes prétend qu'il a l'air d'un employé qui va à son bureau.

De grandes mouettes plongent et remontent dans l'air avec un poisson qu'elles ont saisi dans l'eau.

Le temps se passe,—le jour baisse. Je me rappelle alors qu'il y a neuf ans, — précisément le même jour, — le 2 novembre, allant d'Étretat à Étigues, — je me suis fait surprendre par la nuit et par la marée.

La mer était houleuse ce jour-là — et montait avec grand bruit.—Il vint un moment où je fus obligé de m'arrêter. Devant moi la mer en colère se brisait contre la falaise ; — je retournai sur mes pas.—A cent toises de là, elle battait également contre le rocher. — J'étais renfermé dans un cercle que la mer rétrécissait à chaque instant. — Il faisait nuit. — Je savais que dans une heure il y aurait quinze pieds d'eau là où j'étais encore à pied sec, — entre la mer écumante et une muraille droite de trois cents pieds, — soixante fois la hauteur d'un homme. — Je nage bien ; mais de quel côté me diriger, c'était la première fois que je venais dans ce pays, — et d'ailleurs les lames m'auraient bientôt broyé contre le rocher.

Un douanier, qui m'observait depuis longtemps, m'appela du haut de la falaise quand il me perdit dans la nuit. Il descendit à moitié chemin par un sentier à peu près taillé dans le roc — et me jeta une corde au moyen de laquelle j'allai le rejoindre.

Il y avait précisément neuf ans ;—je revoyais la falaise contre laquelle la mer, en se brisant, m'avait emprisonné ;—mais maintenant — je sais des abris et des chemins que les oiseaux ont appris aux pêcheurs et que les pêcheurs m'ont montrés ; — d'ailleurs la mer n'est encore remontée qu'à moitié, et elle n'est pas en colère.

Nous marchons, — nous rencontrons un vieux pêcheur d'Étretat.

— Peut-on encore passer sous la porte d'Aval ?

— Non, il y a au moins huit pieds d'eau.

— Alors, nous monterons par la Valleuse.

La Valleuse est un de ces chemins serpentant dans le roc, dont je parlais tout à l'heure. Ils ont le défaut d'être un peu étroits. — En touchant le roc d'une épaule, — on a la moitié du corps en dehors du chemin — et deux ou trois cents pieds au-dessous ; — il faut s'y accoutumer.

— Vous connaissez le pays, — dit le pêcheur, — vous n'avez pas l'air embarrassés.

— Est-ce que vous ne nous reconnaissez pas ? père Aubry, demanda Gatayes.

— Tiens, c'est M. Léon — et M. *Alphonche*. — Ah bien ! je ne m'attendais guère à vous voir aujourd'hui.

Nous faisons route avec le père Aubry, qui nous donne des nouvelles de tout le monde.

Ce n'est que le lendemain que nous avons pu visiter les désastres causés par la trombe.

A Yport et à Vaucotte l'eau a creusé le chemin et emporté les maisons ; — à Étretat, elle a entraîné la terre et a englouti les habitations. — Notre ami Valin, le garde-pêche, nous mène voir un grand terrain où il y avait six maisons, dont deux à son frère Benoît ; — l'eau y a apporté huit pieds de terre, — on ne voit plus que le toit de chaume, — c'est une inondation de terre qui est restée après l'inondation d'eau. On a percé les toits pour sauver les habitants ; — il y a eu plusieurs noyés. — M. Fauvel, — maire d'Étretat, — qui a montré le plus grand zèle, est allé en bateau pour sauver une pauvre femme. — On a ouvert le toit de la maison ; — la maison était pleine de vase — qui était montée à plus de dix pieds de haut. — On a vu une main qui sortait de la vase, — on a exhumé la malheureuse femme : elle était morte !

— Plus de cinquante maisons sont restées entourées et pleines de limon jusqu'au toit ; il en coûterait dix fois la valeur des maisons pour les dégager.

On nous disait encore avec un sentiment de terreur, — en

nous montrant ce que la trombe avait enlevé de terre sur les côtés, — que, sans un pan de mur qui avait forcé l'eau à se diviser autour du cimetière, qui est à moitié de la colline, — le torrent aurait déterré tous les morts et les aurait roulés jusque dans la commune.

A Étretat, comme à Yport, comme à Vaucotte, l'autorité supérieure n'a fait commencer aucuns travaux. Il y a cinquante familles sans asile.

Les maires de ces trois malheureuses communes — ont reçu déjà des dons assez importants. — Le maire d'Elbeuf a envoyé une quantité considérable de vêtements de toutes sortes, — mais aucun des hommes qui, à Paris, sont les rois de l'argent — n'a jusqu'ici envoyé son offrande.

Je crois vous avoir déjà entretenu d'un philosophe — de ce temps-ci qui a mis au jour plusieurs ouvrages d'une réelle importance ; je veux parler de M. Maldan, auteur de l'ART *d'élever les lapins et de s'en faire trois mille francs de revenu.*

M. Maldan est également auteur de : l'ART *de se faire aimer des femmes.* — *Moyen certain de les rendre heureuses pour la vie.*

Je ne vois point dans la littérature d'ouvrages plus sérieux et plus utile. — Que peut désirer un homme qui possède à la fois l'art d'élever les lapins et de s'en faire trois mille francs de rente, — et en même temps l'art de se faire aimer des femmes ?

Une chose triste pour notre époque, — c'est que l'art d'élever les lapins a eu déjà huit éditions, et que l'art de se faire aimer des femmes et de les rendre heureuses pour la vie n'en a eu que deux.

Réparons cette injustice du public — en citant quelques fragments de ce dernier ouvrage. — Je me trompe fort, ou les lecteurs des *Guêpes* s'y intéresseront plus qu'à l'art d'élever des lapins, quelque perfectionné qu'il puisse être.

L'auteur de l'*Art d'élever les lapins* n'admet l'amour que

dans le mariage ; — il propose, en conséquence, un projet de loi dont voici les termes :

« Tout être qui se *fréquenterait* ne pourrait habiter *ensemble* qu'autant qu'*ils auraient* contracté leur union *par-devant les lois.*

» Aucun *locataire, n'importe le sexe, — même dans ses propriétés,* ne pourrait *vivre deux* comme mari et femme. »

L'auteur de l'*Art d'élever les lapins* — passe ensuite aux divisions qu'il a établies entre les femmes.

« La *beauté* étant le cadre qui nous flatte le plus, *il* attire à lui la société en général ; le prince comme l'artisan espère l'obtenir ; le prince a, pour arriver, ses titres et sa galanterie ; le riche, sa fortune et les agréments qu'elle procure ; l'artisan, pour qu'il réussisse auprès d'une belle, il lui faut de l'usage, de la douceur, de la prévenance, et surtout de la fidélité, car la beauté sait ce qu'elle vaut, et se voir préférer pour moins belle n'est pas pardonnable ; et du plus bel ornement de la nature, par votre faute, vous en faites quelquefois un rebut.

» Vous voici, dit-il, au moment de votre choix.

» La *haute* société étant séparée des autres, j'ai peu d'observations à faire pour elle : l'éducation, la beauté, les grâces, la fortune, devant s'y trouver, le bonheur doit s'ensuivre ; si cependant vous voulez le conserver, n'ayez jamais d'amis auprès de votre épouse, qui vous remplace ; emmenez-la toujours avec vous partout où vous allez ; elle voit vos actions, et la jalousie ne la dispose pas à vous manquer : les fêtes, plaisir et toilette variés ; ajoutez à cela amitié, douceur et prévenance, vous y trouverez la félicité.

» *Insouciante ;* cette classe de femmes est très-nombreuse, vous les trouvez partout, depuis le noble jusqu'au roturier ; riche, pauvre, bonne ou méchante, elle est facile à séduire pour le bon motif, car ce n'est que l'occasion qui la fait accepter votre main ; cependant, pour être heureux avec elle, voilà ce qu'il vous faut en partage ; s'il est impossible, une qualité de plus ou de moins ne la fera pas décider plus tôt ; pourvu que la douceur, le courage, la richesse, la beauté, l'esprit, les prévenances, la santé, et surtout ne pas lui promettre pour sa toilette, ses plaisirs ou son avenir que vous ne teniez parole ; avec des chatteries et une bonne table, vous serez accepté pour époux et elle vous sera fidèle.

» *Caractère difficile;* ce genre de femmes est non-seulement rare, mais il se trouve dans toutes les classes de la société ; celle protégée par la fortune et le rang, le personnel de sa maison souffre beaucoup, et il faut avoir faim pour y rester ; l'homme assez hardi pour chercher à lui plaire doit être ferré à la glace. Celle douée de la beauté ne peut faire que des victimes; pour la séduire, il faut faire tout l'opposé de ce caractère; je vous dirai à tous : « Sauve qui peut, malheureux qui est pris. »

» *Malingre;* mon opinion est que c'est plutôt manie que maladie ; la femme a pour prétexte les nerfs, la migraine, la poitrine, les coliques. L'agrément qu'il y a dans cette classe est qu'elle reste presque toujours chez elle ou sort fort peu, cela garantit de leur conduite ; l'homme dont le choix tombe sur elle doit apporter, de rigueur, fortune ou courage, douceur et patience, esprit et fidélité; en dire davantage serait vous ennuyer ; j'ai vu par moi-même que la femme peut faire et défaire le sort d'une maison ; vous qui voulez vous établir, avant de vous présenter, faites votre entrée dans le monde, fréquentez toutes les classes de la société si votre fortune le permet ; nous savons que le hasard fait beaucoup, ne comptons pas sur lui ; la fidélité n'a qu'un habit, celui qui le met s'en sert jusqu'au tombeau : après lui le souvenir. »

Imprimerie de A. Saintain, rue Saint-Jacques, 30.

🙰 Il faut croire que j'ai des ennemis bien acharnés dans l'imprimerie de M. Lange Lévy.

Je ne puis obtenir qu'on imprime dans mes petits livres ce que je mets sur mon manuscrit.

Le dernier volume de la troisième année est rempli de fautes; — on écrit *société* pour *facétie*, — dix mille deux cents — pour douze cents. On mêle ensemble des choses qui n'ont aucun rapport entre elles; — on en sépare d'autres qui devraient être réunies, etc., etc.

🐝 UNE MESURE INQUALIFIABLE. — M. Lestiboudois est à la fois député du Nord — et médecin de l'hospice des aliénées à Lille.

Un arrêté ministériel, provoqué par M. de Saint-Aignan, préfet du Nord, vient de destituer ce fonctionnaire.

Quelques journaux s'élèvent contre « cette *inqualifiable mesure*, — contre cette destitution faite, disent-ils, *sous prétexte* — que *l'ordonnance* du 18 décembre 1839 — exige que les médecins restent dans l'asile des aliénées, — tandis que les fonctions législatives de M. Lestiboudois le retiennent à Paris pendant la plus grande partie de l'année. »

Ils ajoutent — « que l'ordonnance du 18 décembre, — bien interprétée, — ne fait pas une obligation impérieuse de la résidence. »

Il est incroyable que l'on ose ainsi chaque jour attaquer de front le plus simple bon sens. L'ordonnance du 18 décembre 1839 n'a qu'un tort à nos yeux, — c'est de ne pas avoir été rendue dès le jour où on a nommé un médecin pour l'hospice des aliénées.

Elle a un second tort si elle« ne fait pas une obligation impérieuse de la résidence. »

Il n'y a en effet là ni besoin d'ordonnance, ni d'arrêté, ni d'interprétation, — il n'y a besoin que de bonne foi et de bon sens.

Pourquoi donne-t-on un médecin aux aliénées? pour qu'il les soigne, probablement.

M. Lestiboudois soigne-t-il les aliénées de Lille — pendant les cinq ou six mois qu'il passe chaque année au Palais-Bourbon, à Paris?

Ceci est une question facile à résoudre.

On a assez ri du séjour habituel en Égypte et en Espagne de M. Taylor, — *commissaire royal* PRÈS *le Théâtre-Français*.

※ Une aliénée est malade.

« Où est le médecin? — A Paris. — Diable, c'est qu'elle a un coup de sang. — La session n'est plus bien longue; M. Lestiboudois sera de retour avant quatre mois d'ici. — En voici une qui est à la diète et qui demande à manger. — Le docteur n'y est pas. — Où est-il? — A Paris; qu'elle attende; il ne peut maintenant rester plus de deux mois ou deux mois et demi. »

※ On dit, il est vrai, que M. Lestiboudois a un suppléant pendant ses absences, — mais le suppléant vaut comme médecin M. Lestiboudois ou ne le vaut pas.

S'il le vaut, il a sur lui l'avantage de la résidence, — et alors il faut lui donner la place.

S'il ne le vaut pas, — il faut ou obliger M. Lestiboudois à remplir ses fonctions lui-même — ou donner la place à un homme qui inspire une confiance suffisante.

On a donc eu raison de destituer M. Lestiboudois.

Malheureusement, — les journaux qui disent une sottise en blâmant cette destitution — ont raison sur un autre point, ou du moins — je suis parfaitement de leur avis sur ledit point (c'est ce qu'on entend toujours quand on dit que quelqu'un a raison).

Ils disent que M. Lestiboudois est député de l'opposition, et que, s'il appartenait au ministère, on aurait fermé les yeux sur l'incompatibilité de ses fonctions.

Je le crois comme eux, — et j'en donnerais pour exemple les nombreux procureurs généraux et procureurs du roi qui abandonnent leurs postes pour venir siéger et surtout voter à Paris.

On a eu raison de destituer M. Lestiboudois, et on a eu tort de ne pas destituer ceux qui sont dans le même cas.

🐝 Il y a un ouvrage qu'on devrait faire tous les quarts de siècle, — c'est un dictionnaire, non pas un dictionnaire contenant seulement les mots de la langue, — mais un dictionnaire servant à traduire les dictionnaires précédents. — Les mots restent les mêmes, mais ils changent de sens. — Chaque génération les prend dans une acception : — il n'y a plus moyen de s'entendre.

Prenez le mot *indépendance :*

Un homme *indépendant* était autrefois celui qui, ne demandant rien, — n'acceptant rien, — n'espérant rien, — n'avait rien à craindre ni à rendre.

Si vous attachez le même sens au mot *indépendant* appliqué à nos hommes d'aujourd'hui, — vous ferez de lourds contresens. — En effet, l'*indépendance* n'est qu'un moyen de surfaire sa marchandise ; c'est un bouchon de paille un peu plus gros que celui des autres.

Demandez dans les bureaux du ministère, — vous saurez que les députés indépendants sont ceux qui font le plus de demandes — et montrent le plus d'exigence.

Les électeurs envoient à la Chambre une foule de députés sous condition d'*obtenir* publiquement pour la ville un pont et un embranchement de chemin de fer, et tout bas pour tel et tel électeur un bureau de tabac, une bourse dans un collége, une croix, etc.

En ajoutant la recommandation d'être indépendant.

Il est évident que dans ce sens l'indépendance recommandée est destinée à être le prix des choses à obtenir.

🐝 Pour le mot *liberté :*

Si vous vous attachez au sens qu'il avait autrefois, — vous commettez les plus graves erreurs.

Il est bon d'être averti que la *liberté* est un mot au moyen duquel — les *amis du peuple* (autre mot à traduire) font faire au peuple des choses qui n'ont pour résultat possible que de le conduire *en prison*.

Le dictionnaire *dont le besoin se fait sentir*, comme disent les annonces, est un dictionnaire sur le modèle des dictionnaires *français-latin*, c'est-à-dire traduisant les mots d'une langue dans une autre langue, — du français d'autrefois au français d'aujourd'hui. C'est un dictionnaire — français-français.

Nous ferons donc un essai du dictionnaire — français-français, dont nous donnerons de temps en temps des fragments.

DICTIONNAIRE FRANÇAIS-FRANÇAIS. — A — Troisième personne du verbe avoir ; — a aujourd'hui le même sens que le verbe être, — quand on dit : « Qu'*est*-ce que cet homme ? on répond le plus souvent : « Il *a* cinquante mille livres de rente. » — C'est donc comme si on demandait : « Qu'est-ce que *a* cet homme ? « — C'est l'application d'un vieux proverbe italien : « *Chi non ha non è*, — qui n'a pas n'est pas. »

ABUS. — Les *abus* sont le patrimoine des deux tiers de la nation ; — ceux qui crient contre les *abus* ne veulent pas les détruire, mais les confisquer à leur profit. — Il en est de même d'un homme qui, couché avec un autre, se plaint qu'il tire à lui toute la couverture, et, en même temps, la tirant de son côté, tâche d'en avoir à son tour un peu plus que sa part.

ADMIRATION. — Vieux mot. — On n'admire plus ; — il n'y a pas d'homme, quels que soient son talent, son désintéressement, sa noblesse, — qui ne soit de temps en temps fort maltraité dans quelque carré de papier. — Quelques personnes affectent encore d'*admirer* les morts, mais c'est pour déprécier les vivants plus à leur aise.

AMYGDALES. — Ne servaient autrefois qu'à sécréter la salive ; — aujourd'hui elles sécrètent force pièces d'or et d'argent pour certains individus : — il y a tel chanteur auquel chaque son échappé de son gosier rapporte une pièce de cinq francs,—c'est-à-dire la journée de deux ouvriers.

ARBRE. — On peut lire dans les poëtes ce qu'étaient autrefois les arbres avec leurs panaches verts pleins d'oiseaux et d'amours ;—aujourd'hui, depuis le gaz et l'asphalte, les arbres sont à Paris de grands poteaux noirs,—sur lesquels on colle des affiches.

ARSENIC. — On a de tout temps un peu empoisonné ses parents, amis et connaissances ;—mais il est singulier que cette industrie, loin d'avoir fait des progrès, soit au contraire retombée dans la grossièreté.—Autrefois, on empoisonnait en faisant respirer une fleur, en offrant des gants.—Aujourd'hui, vous voyez à chaque instant une femme se défaire d'un mari incommode — au moyen de ce poison rustique, appelé arsenic, dont les symptômes sont connus,—et que l'on retrouve à l'instant même dans l'estomac ; — quelqu'un, auquel j'ai soumis cette observation, m'a répondu d'une manière peu consolante—qu'il semblait qu'on empoisonne maladroitement, parce que les empoisonnements maladroits sont les seuls découverts et punis.

ANNIVERSAIRE.—Vieux mot représentant un vieil usage dont la suppression est inévitablement prochaine. — En effet, en ces temps de revirement politique, les *anniversaires* présentent perpétuellement des circonstances odieuses et ridicules à la fois.

Comment célébrer l'*anniversaire* des journées de Juillet quand un grand nombre des *héros de Juillet* sont en prison ?

Comment célébrer l'*anniversaire* de la démolition de la Bastille quand on en bâtit quatorze ?

C'est un des inconvénients d'un gouvernement fondé sur la révolte qu'il lui faut combattre ses propres éléments.

AFFAIRES. — Un homme d'affaires est un monsieur qui a pour état de faire ses affaires dans les vôtres.

ABAISSEMENT DU PAYS.— Quand un journal, un député,

un homme politique, gémit sur l'*abaissement du pays*, — cela ne veut rien dire, sinon —qu'il voudrait partager avec ses amis les places, les dignités et l'argent. — En effet, si ledit homme politique renverse ses adversaires, vous les entendez à leur tour pousser de semblables gémissements sur l'abaissement du pays.

— *Abaissement du pays* veut dire : déception de ceux qui s'en plaignent.

ACTEUR.—Métier bizarre, qui consiste à venir grimacer devant quinze cents personnes pour les faire rire ou pleurer par des lazzi appris par cœur. On payait fort cher ces gens-là quand leur métier était réputé infâme ;—mais aujourd'hui qu'il est spécialement considéré,—aujourd'hui que le peuple traîne le fiacre des danseuses,—que la femme d'un ministre de l'intérieur reçoit une actrice comme son amie intime, — il n'y a peut-être plus les mêmes raisons de les payer aussi cher.

Il peut paraître singulier en effet de comparer la magistrature au théâtre, — ce que l'on peut oser aujourd'hui que les comédiens sont reçus dans la société et y sont recherchés et prisés au moins à l'égal de tout le monde.

Un juge d'instruction reçoit quinze cents francs par an.

Un conseiller de cour royale trois mille francs.

Un président trois mille huit cents.

Et ces pauvres magistrats, obligés à une représentation convenable, — ne pouvant se livrer à aucune industrie, à aucun trafic, à aucun commerce, vivent dans la gêne; disons le mot, dans la pauvreté.

Voici, de ce que nous avançons, un exemple d'hier :

Il y a des comédiens qui n'ont pour tout talent qu'une infirmité ou une défectuosité.

Ils me rappellent ce saltimbanque qui, dans un tour d'équilibre, laisse tomber son enfant sur le pavé et lui casse une jambe : « Ah ! maintenant, dit-il, tu as un bon état dans les mains, — tu te feras mendiant. »

Ainsi, Odry a l'air bête, Arnal a l'air sot, Alcide Tousez a l'air niais! — ôtez-leur cet air-là : ils sont ruinés.

M. Arnal plaidait l'autre jour pour faire rompre un engagement qui ne lui donnait que vingt-quatre mille francs par an, plus vingt francs par jour.

Eh bien! si, au lieu de paraître au tribunal de commerce, il se fût trouvé devant des juges ordinaires, on eût vu des magistrats, dont le plus cher payé ne reçoit pas quatre mille francs par an, invités à déclarer que trente et quelques mille francs ne payent pas suffisamment M. Arnal.

Joignez, — comme on veut absolument le faire de ce temps-ci, — de la considération à ces appointements exorbitants, les magistrats envieront les comédiens, — n'auront aucune raison pour ne pas exploiter comme eux les négligences que la nature peut avoir commises en les créant, et voudront monter sur le théâtre. — Qui les remplacera? — Ce ne seront certes pas les acteurs, — ils ne le voudraient pas.

ADULTÈRE. — Les peines infligées à la femme adultère — ont singulièrement varié jusqu'à nos jours.

Les Locriens — lui arrachaient les yeux. — La loi de Moïse la condamnait à mort. — Chez les anciens Saxons, on la pendait et on la brûlait. — Le roi Canut, chez les Anglais, — ordonna que la femme adultère eût les oreilles coupées. — Chez les Égyptiens, on lui coupait le nez. — Par la loi Julia, chez les Romains, on lui coupait la tête. — En Crète, on l'obligeait à porter une couronne de laine et on la faisait esclave.

Aujourd'hui, en France, quand une femme est surprise en adultère, on se moque de son mari.

AUSTÈRE. — *Austérité.* — Quand un parti est obligé d'accepter, pour faire nombre, — quelque allié d'une stupidité proverbiale, — qui n'a ni talent, ni caractère, — on dit de lui qu'il est *austère* ou *vertueux.* (*Voir* BONNE, une *bonne personne.*)

Être *austère* n'engage absolument à rien ; — j'en sais des plus *austères* dont un *mineur* n'avouerait pas les fredaines. — Je connais un *vertueux* personnage politique qui a pour spécialité — de boire douze verres de vin de Champagne pendant que *minuit* sonne à une horloge.

ADOLESCENCE. — Autrefois, printemps de la vie, plein de fleurs suaves et charmantes. — C'est aujourd'hui un mot qui ne peut manquer de tomber en désuétude, la chose qu'il exprimait n'existant plus. — La jeunesse a cru montrer de la maturité en n'étant plus jeune ; elle s'est fort trompée ; il n'y a point de fruits qui n'aient été précédés par les fleurs ; secouez l'arbre pour en faire tomber les fleurs au printemps, il ne produira pas de fruits à l'automne.

AMADOU. — On ne trouve plus l'*amadou* que chez les pharmaciens, sous le nom d'*agaric*, — pour arrêter l'hémorragie que cause quelquefois la piqûre des sangsues. L'ancien briquet, si curieusement décrit par Boileau, n'existe plus, — il a été remplacé par des *allumettes chimiques*, des *briquets phosphoriques*, etc., etc., et toutes sortes d'autres inventions infectes et dangereuses. La pierre et l'amadou — ne donnaient du feu que quand on leur en demandait, — quelquefois même en se faisant un peu solliciter ; — mais les nouveaux briquets s'allument d'eux-mêmes au moindre frottement dans une poche ou dans une malle ; — une allumette ne prend pas, on la jette par terre, — sous une table, — sur de la paille, elle s'allume un quart d'heure après. — Un grand nombre des incendies dont on parle si fréquemment aujourd'hui doit être attribué à ce progrès de l'industrie.

AGRAIRE.— Loi agraire.— La première loi agraire parut en l'an de Rome 268 ;—elle avait pour but de partager entre les citoyens les terres conquises sur l'ennemi. — Les citoyens y prirent goût, et, une quinzaine de fois depuis, de nouveaux partages de terres furent proposés par quelques tribuns qui n'en avaient pas. Les terres à partager, cette fois, étaient celles des plus riches citoyens.

La loi agraire a été de tous temps le rêve de beaucoup d'amis du peuple, gênés dans leurs affaires particulières ; on aime assez à partager les biens des autres. — Un des inconvénients d'une loi agraire, — et un des moindres, — serait de ne rien changer absolument. Faites aujourd'hui un partage égal entre tous — et, avant dix ans, le travail, l'astuce, l'avidité, l'industrie, l'avarice d'une part, — la paresse, l'insouciance, la droiture, la prodigalité d'autre part, le hasard des deux côtés, — auront rétabli les choses en l'état où elles sont aujourd'hui.

ARCHITECTE. — Un architecte apprend pendant dix ans à faire des temples grecs — pour finir par construire péniblement des appartements de cinq cents francs de loyer, sous la direction d'un maître maçon ; je ne me rends pas bien compte de l'art des architectes : — leurs plus sublimes inventions sont renfermées dans les combinaisons peu variées que l'on peut faire avec cinq chapiteaux de colonnes qui, du reste, font un effet affreux quand ils sont mélangés, — comme on le fait assez volontiers aujourd'hui ; — ce qui réduit l'art de l'architecte à décider quel ordre il adoptera entre cinq, — ou plutôt, si l'on regarde nos monuments modernes, quel monument ancien il copiera honteusement.

AIR. — L'air est au moins aussi indispensable à la vie que les aliments. — En conséquence, il a été longtemps considéré comme chose de première nécessité.

On serait fort étonné si l'on savait que des gens, pour un avantage quelconque, se résignent à ne manger habituellement que le tiers ou le quart de ce qui leur est nécessaire ; — on ne s'étonne pas que des gens passent une partie de leur vie à s'efforcer d'arriver à avoir le droit de s'enfermer cinq heures par jour dans une grande chambre où ils sont quatre cent cinquante à se disputer l'air qui suffirait à peine à cent cinquante hommes.

Il est prouvé par la chimie que, pour qu'un homme respire librement et sans souffrance, il lui faut au moins six mètres cubes d'air par heure.

Dans les théâtres, on n'a pas le quart de cette quantité d'air, pas le cinquième à la Chambre des députés.

Ceci est le résultat d'analyses exactes faites par les chimistes les plus distingués.

APÔTRES. — Les apôtres deviennent fort rares, — tout le monde se déclarant dieu dans sa petite sphère — et personne n'admettant plus ni hiérarchie ni autorité.

ASSASSINS. — Jouissent d'une assez grande considération. — Beaucoup de femmes ont *obtenu* des autographes de Fieschi. — Nous parlions, le mois dernier, d'une femme célèbre, qui, dit-on, porte sur son cœur des cheveux d'un autre assassin. — On a imprimé de fort mauvais vers d'un nommé Lacenaire, et les éditeurs de ces vers ont raconté avec orgueil leurs conversations avec ce Mandrin prétentieux.

On a vu récemment de quels égards, — disons plus, — de quelle admiration était entourée une femme qui avait empoisonné son mari.

Nous avons signalé plusieurs fois deux classes de philanthropes, dont Dieu devrait bien délivrer la France, — si la protection qu'il lui accorde n'est pas simplement un faux bruit que font courir et M. Persil, en sa qualité de directeur de la Monnaie, et les pièces de cent sous.

L'une de ces deux classes de philanthropes fait des essais qui aggravent d'une façon horrible les peines infligées par la loi, essais qui condamnent au désespoir, à la folie, au suicide, des gens que la loi et la vengeance publique ne condamnent qu'à quelques années de prison.

Le seconde classe des philanthropes, au contraire, est prise d'une tendre pitié pour les assassins ; elle ne songe qu'à les entourer de toutes les douceurs de la vie, ce qui ne contribue pas peu à les maintenir dans leur voie.

🐝 Le jury, de son côté, — trouve presque toujours dans les crimes les plus horribles des circonstances dites atténuantes, — qui ne laissent pas de donner ainsi quelques encouragements.

🐝 ASSISES. — *Cour d'assises.* — Je ne sais pourquoi on ne donne pas un peu plus de majesté aux chambres de justice, invariablement ornées, pour le fond, d'une sorte de paravent en papier bleu de l'effet le plus déplorable. — C'est bien assez des avocats, et quelquefois du jury, pour y mêler du mesquin et du ridicule.

🐝 ALCHIMIE. — Cette science, qui consistait autrefois à chercher les moyens de faire de l'or, — par la transsubstantiation des métaux, — a fait aujourd'hui de notables progrès; — elle consiste encore aujourd'hui à faire de l'or, — mais on y arrive d'une manière certaine, — et ce ne sont plus des métaux que l'on met dans la cornue, — mais bien toutes sortes d'un rare usage, — telles que — la probité, la liberté, les douces affections, l'amour-propre, la dignité, la justice, etc., etc.

🐝 AMARYLLIS. — Voir AMBROISIE.

🐝 ANNONCES. — Procédé par lequel — les journaux — se font les paillasses chargés d'attirer la foule par leurs lazzis, autour de tous les charlatans de l'époque.

🐝 AUTEL. — Manière vicieuse dont M. de Rambuteau, préfet de la Seine, écrit le mot *hôtel*.

🐝 AMAZONES. — Les anciennes amazones se brûlaient, dit-on, le sein — pour tirer plus commodément de l'arc; — les *amazones* modernes, au contraire, — loin de diminuer aussi brutalement leurs attraits, — ont adopté un costume qui en montre — au moyen des jupes de crinoline ou de la ouate, un peu plus que la plupart n'en ont réellement.

🐝 AMBROISIE. — Liqueur dont parlaient beaucoup les poëtes — à l'époque où, mis en dehors des plaisirs de la vie, — ils étaient obligés de les suppléer par des fictions. — L'ambroisie est aujourd'hui remplacée par le vin de Champagne, qu'ils boivent réellement. — Ils ont également remplacé les *Amaryllis*, les *Iris*, *Églé*, — auxquelles ils adressaient autrefois leurs vers, par des comtesses de***, des marquises de*** et des duchesses également de trois étoiles ; je désire pour eux que les unes soient plus réelles que n'étaient les autres.

AIGUILLE. — Les femmes s'en servaient à une époque où elles comprenaient qu'il était plus beau d'inspirer des vers que d'en faire soi-même. — Beaucoup ont remplacé l'aiguille par la plume, — quelques-unes par le cigare.

ALMANACH. — Un *almanach* a été longtemps — un petit livre ou un carré de carton — spécialement destiné à dire le jour du mois, — le quartier de la lune — et les éclipses de soleil.

Le double Liégois — y ajoutait « l'art de savoir l'heure qu'il est à midi au moyen d'une paille » et un certain nombre de bons mots attribués à des Gascons — et commençant toujours par *cadédis !*

On fait aujourd'hui *pour le peuple* des almanachs politiques assez curieux.

En voici un dans lequel on trouve les phrases que voici ; — quoiqu'elles soient de M. le vicomte de Cormenin, — elles font regretter les *cadédis* du double Liégeois :

« De tous les *gouvernocrates* sous lesquels nous avons eu depuis cinquante ans le bonheur de vivre, il n'y en a pas de plus inconséquents que ceux de ce quart d'heure-ci. »

Que veut dire gouvernocratie ?

Nous avons *démocratie*, qui veut dire gouvernement du peuple ; — *aristocratie*, qui veut dire gouvernement des meilleurs ou de la noblesse.

Ces deux mots sont formés de deux mots grecs.

Gouvernocratie — est formé d'un mot grec et d'un mot de l'invention de M. de Cormenin : — la gouvernocratie est le *gouvernement des gouvernements*.

« Si la loi se tait, ils la font parler : — si elle ne dit pas un mot de ce qu'ils veulent qu'elle dise, ils la tordent, ils la tirent dans tous les carrefours pour en frapper au visage tous les citoyens, ils montent à l'échelle — et ils placardent leur loi. »

Quel langage ! bon Dieu !

AVOCAT. — Lire les *Guêpes* depuis trois ans.

APPRENTISSAGE. — Mot qui n'a plus aucun sens dans la langue : — on n'apprend plus, on sait.

Qu'un adolescent, — ayant l'*intention* d'écrire, se présente dans un journal ; — la première chose qu'on lui confiera, c'est la critique littéraire ; — il fera paraître à sa barre tous les plus grands talents et il les traitera dédaigneusement, — leur reprochant leurs fautes et leur enseignant comment il faut faire.

On prend les législateurs et les ministres dans la classe des fabricants de drap, des épiciers, des raffineurs de sucre.

ASSURANCES CONTRE L'INCENDIE. — L'agent d'une société d'assurances contre l'incendie vous persécute pendant trois mois, s'introduit chez vous sous cent prétextes, vous envoie sous bande les récits des incendies que racontent les journaux ; — enfin, vous cédez, vous vous faites *assurer*. L'agent vous aide dans l'estimation de votre mobilier.

— Pour combien faites-vous assurer vos tableaux ?

— Mes tableaux ? — je n'ai pas de tableaux.

— Eh bien ! et ces cadres ?

— De mauvaises croûtes.

— Mais non, — mais non, c'est meilleur que vous ne pensez ; — faites-moi assurer ça pour dix mille francs.

— Mais ils ne valent pas cinq cents francs. Je ne veux pas voler votre Compagnie, qui aurait à me rembourser en cas d'incendie — une somme dix fois égale à la valeur de mes images.

— Vous ne la volez pas le moins du monde, la spéculation consiste à payer *peut-être* une forte somme — et à recevoir *certainement* un grand nombre de petites — proportionnées à la grosse somme qu'on espère bien ne pas payer ; — les risques et les chances sont calculés. — L'assurance est un pari : — je parie dix mille francs une fois pour toutes que vos tableaux ne brûleront pas ; — vous pariez tous les ans une certaine somme qu'ils brûleront. Ceci est comme l'ex-loterie : — on vous donnait soixante-quinze mille francs pour vingt sous, — mais il y avait tant de chances contre vous, que vous apportiez pendant toute votre vie vos vingt sous tous les deux jours — et qu'on ne vous donnait jamais les soixante-quinze mille francs.

Vous cédez, — votre conscience est calmée, vous n'avez plus peur de voler la Compagnie.

Au bout d'un an, de cinq ans, de dix ans, vos tableaux brûlent.

La Compagnie cherche d'abord si elle ne pourrait pas vous faire guillotiner, — ou au moins vous envoyer aux galères, en établissant que vous y avez mis le feu à dessein ; — si elle ne réussit pas, — comme on a sauvé quelques morceaux de cadre, dans lesquels restent une jambe ou une tête, on vous explique que vous n'avez subi qu'un sinistre partiel, et qu'il est juste de procéder à une estimation. — On vous défend alors de rentrer chez vous ; on met les scellés sur votre logis ; — si vous dérangez une épingle, l'assurance ne répond plus de rien, — vous rendez son expertise impossible.

On traîne en longueur, — on élève des difficultés ; — beaucoup de gens se découragent, s'impatientent, — ou sont obligés de se servir des choses qu'ils ont chez eux, — et renoncent à l'assurance.

Vous êtes plus persévérant, vous ne vous rebutez ni des retards ni des ambages.

La Compagnie fait évaluer par des experts la valeur réelle des tableaux qui sont brûlés ; — on a recours aux marchands qui vous les ont vendus. Et on vous *indemnise* sur cette estimation, — après que vous avez payé pendant dix ans une somme proportionnée à la valeur fictive à laquelle on vous avait fait porter vos tableaux ; et le tour est fait.

🐝 AVANT-SCÈNE. — L'avant-scène, dans certains théâtres, — remplace les bancs qu'on mettait autrefois sur le théâtre et sur lesquels les élégants d'alors venaient prendre place, se mêlant aux acteurs par leurs gestes et par leur voix, empêchant le public de voir et d'entendre.

Les spectateurs de l'avant-scène — paraissent décidés à faire partie du spectacle ; — leur mise, leurs gestes affectés, leurs poses, leur ton de voix élevé, tout l'annonce d'une manière certaine.

🐝 ADMINISTRATION. — Aucun ministre ne se mêle d'*administration*, — tous sont absorbés par ce qu'on appelle les *questions politiques*, — c'est-à-dire par le soin de rester en place.

L'administration est faite au moyen de quelques vieilles routines et de quelques vieux chefs de bureau.

Il n'en peut, du reste, être autrement à une époque où un ferblantier ambitieux — ou un marchand de parapluies qui sent baisser son aptitude, peuvent devenir députés et ministres, pourvu qu'ils soient attachés à un parti qui arrive aux affaires.

🐝 AMOUR. — Il est bien rare qu'on n'éprouve pas un étonnement mêlé de désappointement en voyant pour la première fois l'objet d'une grande passion. — On cherche le plus souvent en vain dans les charmes de la personne aimée — l'explication de l'amour qu'elle a inspiré.

En effet, l'amour est tout dans celui qui aime ; — l'aimé n'est qu'un prétexte.

Voici une statue, — le sculpteur a voulu en faire un dieu ; — peu importe qu'il ait réussi à lui donner l'air de la majesté et de la puissance : — ce n'est pas le sculpteur qui fait le dieu, — c'est le premier manant qui se mettra à genoux devant la statue et qui la priera. — Faites un Jupiter plus beau que le Jupiter Olympien, — ce ne sera qu'une belle statue. — Allez voir dans l'église d'Étretat une bûche peinte en bleu et en rouge et appelée *saint Sauveur*, — vous verrez un dieu.

※ AMOUR DU PEUPLE. — C'est un rôle qu'on joue et pas autre chose ; — c'est un emploi qu'on adopte en montant sur la scène politique ; on joue les amis du peuple, comme sur d'autres théâtres on joue les *Trial* ou les *Ellcviou*.

Les prétendus amis du peuple — l'ont de tout temps poussé à la paresse, à la pauvreté, à la révolte, à la prison et à la mort.

※ AMITIÉ.—Il n'est personne qui ne veuille avoir un ami ; — mais où sont les gens qui s'occupent d'en être un !

On se construit un type de Pylade —dévoué, humble, obéissant, prêt à toutes les corvées,—et on gémit de ne pas le trouver. — Demander un ami ainsi fait, sans avoir bien examiné si on est prêt à être ce qu'on veut qu'il soit, — ce n'est pas montrer une âme tendre, comme le croient ceux qui remplissent l'air de leurs plaintes à ce sujet, — c'est faire un vœu d'avare pareil à celui de désirer cent mille livres de rente.

※ AMITIÉ DES FEMMES. — A la rigueur, il pourrait y avoir de l'amitié entre deux hommes qui n'auraient ni le même état ni les mêmes prétentions. — et dont aucun n'aurait rendu de services importants à l'autre.

Mais, les femmes ayant toutes le même état, qui est celui d'être jolies et de plaire,—il ne peut y avoir d'amitié entre deux femmes, à moins qu'une des deux ne soit laide et vieille, le sache, le croie,—ne veuille le cacher à personne, et ait de bonne foi donné sa démission de femme.

※ B. — Lettre qui remplace momentanément la lettre M pour l'*austère* M. Passy, qui est depuis huit jours enrhumé du cerveau, — ce qui le condamnait, il y a deux ou trois jours, à dire : « Je ne peux pas *banger de bouton.* »

※ BALADIN. — BATELEUR. — (Voyez ACTEUR.)

※ BAÏONNETTES. — Un officier français assistant à l'exercice à feu d'un régiment prussien—ne put s'empêcher d'admirer la précision des tireurs.

— Eh bien! lui dit un général prussien, — que pensez-vous de cela?

— Je pense, reprit le Français, que je suis de l'avis de beaucoup de mes camarades; — nous voulons proposer au ministre de la guerre de supprimer la poudre dans l'armée française, — et de ne plus admettre que l'usage de la baïonnette.

Nous avons parlé déjà, à plusieurs reprises, de l'admirable invention des politiques de ce temps-ci, — qui ont imaginé les *baïonnettes intelligentes,* — c'est-à-dire une armée composée de quatre cent mille hommes,—chacun agissant à sa guise et d'après ses idées particulières.

Un digne pendant a été presque en même temps trouvé à cette remarquable découverte,—c'est-à-dire une administration dans laquelle personne n'obéit à personne.

On jouit en ce moment d'un *spécimen* agréable de fonctionnaires indépendants. — MM. Hourdequin, Morin et autres employés de la préfecture de la Seine sont occupés à répondre en cour d'assises au sujet d'actes d'INDÉPENDANCE poussée jusqu'à la prévarication et la concussion.

BADE. — Autrefois était une ville d'Allemagne. Aujourd'hui ce nom s'applique à deux ou trois villages des environs de Paris, — où certains élégants peu riches vont se cacher pendant trois mois, — pour dire à leur rentrée à Paris— qu'ils viennent de *Baden-Baden* — ou de quelque autre lieu de plaisir et de faste.

BAILLONNER. — Ce mot, autrefois, signifiait l'action de mettre à un homme un bâillon qui l'empêchait de parler.—Aujourd'hui un journal injurie le roi, les ministres, provoque un peu le peuple à la révolte et se plaint à sa troisième page de ce que l'on *bâillonne* la presse. — Un avocat ayant à défendre un voleur, défend en même temps le vol, et propose une loi agraire à main armée ; — il termine en disant : « Je m'arrête, *bâillonné* que je suis par la *partialité* du ministère public. »

Bâillonné n'a donc plus le sens qu'il avait autrefois ; un homme bâillonné est un homme qui n'a plus rien à dire et qui veut faire croire qu'il s'arrête volontairement.

BANLIEUE. — Campagne des Parisiens ; — le Parisien, fatigué de l'*air épais* de la ville, — va respirer l'air pur des champs ; — il va dans un village où les maisons sont entassées dans la boue, — il dîne dans un salon de cent cinquante couverts, — et revient enchanté de sa journée — et de ses plaisirs champêtres.

BÉNIR. — L'autorité, qui poursuit avec tant d'exactitude des publications politiques, ennuyeuses, que personne ne lirait sans cela, a laissé représenter des pièces d'une immoralité plus effrayante qu'on n'a voulu le voir.

La fameuse pièce de *Robert-Macaire* — a fourni des formules facétieuses pour une foule de choses, dont ceux mêmes qui les faisaient n'osaient pas parler ; — la police correctionnelle présente chaque jour des *épreuves* nouvelles de ce modèle offert au peuple.

La bénédiction paternelle, — une des choses les plus touchantes et les plus respectables, — est tombée dans le domaine du ridicule ; — il y a bien des jeunes gens braves et courageux, prêts à se faire tuer pour une bagatelle, — combien y en a-t-il qui oseraient dire tout haut, dans une société d'autres gens : « Mon père m'a donné hier soir sa bénédiction, » depuis qu'on nous a représenté le baron de Wormspire bénissant sa fille, — et Robert-Macaire disant : « Voilà un gaillard qui bénit bien. »

BÉSICLES. — Les bésicles ou les lunettes — sont la marque d'une infirmité fâcheuse. — D'où vient que ceux qui en portent en tirent à leurs propres yeux une grande importance, montrent par leur attitude, leur manière de porter la tête, de parler, et, en un mot, par un air capable et dédaigneux, qu'ils prennent cela pour une supériorité sur ceux qui ont de bons yeux?

C'est une chose réelle, — que j'ai remarquée cent fois, mais dont je n'ai pu jusqu'ici deviner la raison.

BAVARDER. — Le pays a été saisi depuis un certain nombre d'années d'une fièvre de bavardage inouïe dans les fastes de la sottise humaine. — Tout le monde veut parler, — on a recours pour cela à des subterfuges incroyables. — On veut être député,—ou membre du conseil municipal,— ou membre d'une société savante, — ou d'une société philanthropique, — ou littéraire, ou de sauvetage,—ou d'horticulture,— non pour sauver des naufragés, non pour faire des recherches, mais pour parler; on ne cause plus, on ne rit plus, on ne chante plus;—on parle, — tout le monde parle et tout le monde parle à la fois ; — les gens de la tour de Babel, — gens peu avancés, se séparèrent quand ils virent qu'ils ne s'entendaient plus, — aujourd'hui, grâce aux progrès, on ne s'arrête pas pour si peu. — Qu'est-ce que fait de ne pas comprendre à des gens qui n'écoutent pas, et qui ne veulent que parler? (Voir AVOCAT.)

BARON. — Tout le monde prenant à son gré aujourd'hui des titres de *comte* et de *marquis*, — celui de *baron* ne vaut pas la peine d'être usurpé, — et c'est le seul qui m'inspire quelque confiance; il n'y a que ceux qui l'ont réellement qui s'avisent de le porter : — les autres ont aussitôt fait de prendre un titre plus élevé.

BALAYER. —Les portiers de Paris ont l'ordre de balayer le devant de leur porte.

En conséquence, tout portier du côté des numéros pairs — pousse ses ordures de l'autre côté du ruisseau contre les numéros impairs; — les portiers des numéros impairs poussent leurs ordures contre les bornes des numéros pairs.

BANAL.— *Banalités*.—On n'applaudit pas la plus belle chose du monde la première fois qu'elle est dite ; — pour cela il faut juger soi-même et risquer d'applaudir seul :—c'est un courage qui est peut-être le moins vulgaire de tous les courages.

Il y a des sottises banales, — que les gens d'esprit ne veulent pas dire et qui rapportent gros aux imbéciles.

BABEL. — (Voir BAVARDER.)

BAPTÊME. — Quelqu'un, je ne sais qui, — a imaginé une assez belle expression — pour les soldats qui pour la première fois assistent à une bataille : — ce quelqu'un a dit qu'ils recevaient le *baptême du feu.*

On a abusé de ce mot, — ou plutôt on l'a parodié sérieusement; — il y a un parti en France, — qui dans son opposition au gouvernement a accepté une position si dangereuse et si radicale à la fois, qu'il lui faut prendre la défense de tout ce que le gouvernement attaque, — à tort ou à raison. — Quelques voleurs ont dû à ce système un grand appui — et une importance politique assez curieuse; — on en est venu à faire à un homme un mérite de tout démêlé avec la justice, — et l'on a créé cette expression, qui a été à plusieurs reprises employée sérieusement par des gens qui affichent des prétentions à la gravité : « — Il a reçu le baptême de la police correctionnelle. » — Ce qui a fait un peu de tort à cette phrase, c'est que plusieurs des héros auxquels on l'avait attribuée — ont reçu ultérieurement la *confirmation* des travaux forcés.

BANQUET. — Il y a une dizaine d'années — que j'ai dit pour la première fois ce que je pensais des banquets politiques, alors fort en honneur; — j'ai dit la vérité sur ces ripailles où les chansons à boire étaient remplacées par des discours mêlés de hoquets; — je peignis nos représentants se disant entre eux : « La patrie est en danger, mangeons du veau. » Je fis une image fidèle de ces gueuletons où tout le monde parle, où personne n'écoute, et où on commence à régler les plus graves intérêts du pays à un moment où il serait fort difficile aux convives de regagner leur demeure sans le secours d'un fiacre, et de gagner le fiacre sans le secours d'un garçon.

Je n'ai atteint qu'un but : — chaque parti a adopté mon *ap-*

préciation pour les banquets de ses adversaires, — mais non pour les siens.

🐝 BOURGEOIS. — Dans les procès de la presse, le jury qui prononce a aussi un jugement à entendre à son tour. Si le journal incriminé gagne son procès, il appelle les jurés sauvegardes des libertés de la France — et raconte comme quoi il a été acquitté par *l'élite du pays*. — S'il est au contraire condamné, — le jury est une institution usée, et le journal a *succombé devant de stupides bourgeois*.

🐝 BATIFOLER. — On connaît la façon dont les paysans entendent l'amour : — des coups de coude, des tapes bien appliquées, — toutes sortes de niches brutales, — sont pour eux les premières expressions d'une véritable flamme; mais la plupart des filles des champs savent que ce n'est qu'un prélude.

Je rencontre l'autre jour une petite fille de douze ans, — à la mine éveillée; — elle avait le teint animé. — Je lui demande d'où elle vient!

— Eh! des bois donc.

— Et qu'allais-tu faire aux bois?

— J'étais avec mon amoureux donc.

— Et qu'est-ce que tu faisais au bois avec ton amoureux.

— Et vous l'savais ben.

Je me sentis un peu embarrassé, — effrayé même de la précocité de la bergère.

— Non, vraiment, je ne le sais pas.

— Vous riais, — je vous dis q'vous l'savais ben.

— Je t'assure que non.

— Vous voulais m'faire croire qu'vous n'savais point c'qu'une elle va fare au bois avec son amoureux?

— Peut-être les autres, mais toi.

— Moi, comme les aut' donc!

— Enfin que faisais-tu?

— Vous l'savais ben — que je vous dis.

— Eh! non.
— Eh ben, — j'nous j'tions d'la tarre — donc.

🕷 BONNE, — Une *bonne personne,* dans la bouche d'une femme qui parle d'une autre femme, — veut dire que la femme dont elle parle — est laide, mal faite et bête.

C'est dire qu'elle a la *bonté* de n'être pas une rivale possible.

Une *femme bien faite* — est une femme qui est maigre et qui a des marques de petite vérole. (Voir AUSTÈRE, — AUSTÉRITÉ.)

Décembre 1842.

Économie de bouts de chandelles. — Les alinéa. — Une lettre de faire part. — Qui est le mort? — Le *Télémaque* et M. Victor Hugo. — Le procès Hourdequin. — M. Froidefond de Farge. — Un poëte. — Les philanthropes et les prisonniers de Loos. — M. Dumas, M. Jadin, et Milord. — Une lettre de M. Gannal. — M. Gannal et la gélatine. — Une récompense. — Le privilége de M. Ancelot. — Amours. — Les chemins de fer. — L'auteur des GUÊPES excommunié. — Un Dieu-mercier. — Ciel dudit. — Un marchand de nouveautés donne la croix d'honneur à son enseigne. — Le chantage. — Histoire d'une innocente. — Histoire d'une femme du monde et d'un cocher. — Dictionnaire français-français. — Suite de la lettre *B*.

🕷 Il n'y a qu'un sot qui puisse se moquer d'un homme qui a un mauvais habit, mais on a le droit de rire de celui qui porte des bijoux faux, ou qui se promène au bois de Boulogne sur un mauvais cheval. — On est obligé d'avoir un habit, — donc on l'a comme on peut, et tel qu'on peut ; — mais on n'est pas obligé d'avoir des diamants ni d'avoir un cheval.

La pauvreté fastueuse est la plus triste et la plus ridicule chose qui soit au monde.

Voyez, à Paris, cette place qui a si souvent changé de nom et qu'on appelle, je crois, aujourd'hui, place de la Concorde. — Je ne veux pas vous parler des fontaines mal dorées, — qui ne donnent d'eau qu'à une certaine heure, — ni des détestables statues qui les décorent; — je ne prétends mentionner ici que le nombre prodigieux de lanternes de mauvais goût dont est parsemée la place.

Certes, ces lanternes, — telles qu'elles ont été établies dans l'origine sur cette place immense, laissant échapper chacune une quantité de gaz, — de beaucoup inférieure à celle qui éclaire les plus petites boutiques de Paris, — ces lanternes répandaient une clarté déjà fort douteuse.

On regrettait qu'on n'eût pas imaginé de placer sur cette place — quelque grand foyer de lumière.

Mais aujourd'hui — on en est venu, — par une hideuse lésine, à fermer aux deux tiers les tuyaux déjà insuffisants du gaz, — et il ne reste sur la place de la Révolution qu'une vingtaine de veilleuses vacillantes, — qui ne servent qu'à augmenter, par une morne scintillation, l'incertitude et les hésitations de l'obscurité.

De plus, attendu qu'il y a beaucoup de lanternes sur la place de la Concorde, — on n'allume pas, ou on n'allume qu'à moitié les lanternes des rues adjacentes.

Ceci nous paraît être fait dans l'intérêt d'autres voleurs encore — que les voleurs qui travaillent le soir dans les rues.

🐝 Deux de nos journalistes les plus spirituels — causaient dernièrement ensemble à l'Opéra. — L'un des deux est nouvellement marié, l'autre est depuis peu célibataire.

— Comment trouvez-vous votre nouvelle situation? demanda le premier.

— Mais, fort bonne... et vous, que dites-vous de la vôtre?

— Ah! mon bon ami, il n'y a que d'être marié, voyez-vous ; je travaille et j'ai ma femme à côté de moi; à chaque alinéa, je l'embrasse, — c'est charmant !

— Ah! je comprends, — dit l'autre en s'inclinant vers la femme de son confrère, qui paraissait fort attentive au spectacle, — je comprends pourquoi votre style est maintenant si haché.

Le célibataire a raconté les confidences du nouveau marié. — Ceux auxquels il en a parlé les ont, à leur tour, racontées à d'autres, — et chaque lundi — on compte curieusement combien il y a d'alinéas dans le feuilleton de l'heureux époux. — Il s'établit à ce sujet les discussions les plus singulières pour ceux qui ne sont pas initiés.

— Comment! il n'a mis là que point et virgule?

— Oui.

— Comme les hommes sont inconstants! Il pouvait mettre un point.

— Le sens n'indique que point virgule.

— Oui, — mais sa femme est si jolie, — j'aurais mis un point.

— Pauvre petite femme! le dernier feuilleton est bien compacte !

J'ai déjà parlé de cet usage peu décent qui se glisse, depuis quelque temps, à propos des lettres de *faire part*.

Autrefois le mort avait la place d'honneur, et c'était au bas de la lettre — qu'on mettait : *de la part de* ***, *de* *** *et de* ***.

Aujourd'hui les parents et héritiers — commencent par vous annoncer leurs noms et prénoms, titres, emplois, décorations, etc.; puis, quand tout est fini, quand il ne reste plus rien à dire sur eux-mêmes, ils vous apprennent accessoirement en deux lignes que monsieur un tel est mort, — et que ce monsieur un tel avait pour titres et dignités l'honneur d'être père, oncle et cousin des remarquables personnages mentionnés plus haut.

Voici de cette inconvenance un des exemples les plus frappants qui me soient encore tombés sous la main.

« M. S*** Mais***, négociant à Lesay, ancien militaire, ancien notaire, ancien maire, ancien suppléant du juge de paix, ancien membre du conseil d'arrondissement, ancien membre du conseil général, et actuellement membre du conseil municipal de sa commune, du comice agricole de Melle et de la Société d'agriculture de Niort; M. L*** R***, notaire à Sauzé, membre du conseil d'arrondissement et du conseil municipal de sa commune, et mademoiselle Louise L*** R***, ont l'honneur de vous faire part de la perte douloureuse qu'ils viennent de faire, le 19 de ce mois, de madame S*** Mai***, L*** M*** Berl***, leur épouse, belle-mère et grand'mère. »

Ce nouveau mode a plusieurs inconvénients :

1° En lisant : « M. M***, *ancien* militaire, *ancien* notaire, *ancien* maire, *ancien* suppléant du juge de paix, *ancien* membre du conseil d'arrondissement, *ancien* membre du conseil général, » vous pouvez supposer que ce monsieur, qui n'est plus tant de choses, n'est peut-être plus vivant, — a quitté la vie avec tous ses honneurs et que c'est lui que vous êtes invité à pleurer ; — vous vous le tenez pour dit — et vous n'en lisez pas davantage. — Quelque temps après vous le rencontrez dans la rue, — quand vous l'avez suffisamment regretté et quand vous êtes entièrement consolé de sa perte.

2° Ennuyé de tant de parents, de tant de dignités, de tant de gloire, — vous n'allez pas jusqu'au bout, vous jetez le papier au feu ; — et, deux mois après, vous allez tranquillement faire une visite à madame Berl***, — la vraie défunte, — vous la demandez au concierge, lequel vous répond qu'elle est toujours morte. Il est vrai que la lettre de faire part est à deux fins, — et qu'elle annonce à la fois la perte douloureuse de madame

Berl*** et celle des titres de notaire, de suppléant de juge de paix, — de maire, etc., etc.

Rapprochez cette lettre d'une autre lettre publiée par le même M. Mais*** le 26 juillet 1842 — et où l'on trouve — après deux ou trois pages consacrées à l'éloge de son administration comme maire de Lesay : — « Si j'ai parlé de ce que j'ai fait pour mon endroit, qu'on n'aille pas croire que j'y mets de la vanité ; — non, je n'en ai jamais été affublé. »

Vers 1793, — je crois, un navire appelé *Télémaque* — sombra devant Quillebœuf, — près du Havre-de-Grâce. On fit plusieurs récits à ce sujet. D'immenses richesses, dit-on, avaient été cachées dans ce navire, dont le chargement de bois de construction n'était qu'un prétexte. — Plusieurs millions et une énorme quantité de vaisselle d'argent étaient enfouis dans les flancs du vaisseau submergé. — Deux Sociétés par actions se sont, depuis quelques années, fondées pour le sauvetage du *Télémaque*. — Le gouvernement a mis de son côté toute la bonne grâce possible : — il a fait l'abandon de la part que la loi lui accorde, — ne réservant qu'un cinquième pour les invalides de la marine, — et « le droit d'*acheter*, par préférence, les objets d'art qui pouvaient se trouver dans le vaisseau. »

La première tentative n'a pas réussi. — La seconde Société a été plus heureuse, et on a vu le navire sortir du sable — et paraître à fleur d'eau.

On a pensé alors à émettre les actions qui restaient encore. « Allons, messieurs, on voit le navire. — Voulez-vous marcher sur le pont? vous n'aurez de l'eau que jusqu'aux genoux. Prenez des actions. — Chaque action donne droit à une part proportionnelle dans les immenses richesses probablement cachées dans le *Télémaque* — dans le *Télémaque* sur lequel vous marchez ; prrrrenez les actions ! »

Mais bientôt un bruit courut dans la ville du Havre : « M. Vic-

Le président, le procureur du roi et les avocats avaient raison sur une des faces de la question.

Les gens qui avaient donné de l'argent aux employés de la ville doivent être divisés en deux classes. — Les uns sont des spéculateurs — qui donnaient à ces messieurs une partie de leurs bénéfices ; — l'avidité et la corruption entraient dans leurs calculs : — ceux-là sont complices et devaient être jugés. — Les autres sont des propriétaires menacés dans leur fortune et persuadés avec raison qu'ils ne sauveraient une partie de leur patrimoine qu'en sacrifiant l'autre partie ; ils ont fait la part du feu : — ceux-ci sont des victimes, ils devraient être indemnisés.

On n'a ni jugé les premiers ni indemnisé les seconds.

On m'envoie un livre belge qui explique suffisamment le besoin qu'éprouvent les libraires belges de n'imprimer que des livres français ; — voici quelques échantillons des vers *français* de M. K. Kersch.

LE PARRICIDE.

Je suis un parricide, — un monstre dégoûtant,
Meurtrier de mon semblable, — un homme bien innocent.

Pardon, monsieur Kersch, — je ne veux pas vous chicaner sur votre second vers, qui a deux syllabes de trop, — mais je désire vous demander une explication sur le sens des deux vers. — Votre criminel dit qu'il a tué *son semblable* — et il s'intitule lui-même *monstre dégoûtant* : — le semblable d'un *monstre dégoûtant* est un autre *monstre dégoûtant*, — alors ce semblable ne peut pas être un *homme bien innocent*.

Ou, s'il est un *homme bien innocent* et en même temps le *semblable* de votre parricide, — votre parricide est forcément le *semblable* de ce *semblable*; — donc il serait également un *homme bien innocent* — et en même temps un *monstre dégoûtant* et un *parricide*. — Tout cela est difficile à arranger.

> Mais le parricide va mourir.
> Quoi ! des milliers de bras, comme sur l'Océan,
> Se lèvent agités, s'agitent en baissant ;
> Mille voix en furie ont vomi le délire :
> Une tête bondissante ensanglante le sable.
> Elle hurle et mugit, — elle n'est plus coupable.

Encore un vers un peu long ; — mais si M. Kersch fait des vers trop longs assez souvent, il n'en fait jamais de courts, — ce qui prouve que ce n'est pas par défaut de fécondité, — mais que, au contraire, son génie est à l'étroit dans les douze syllabes de notre vers français.

« Ensanglante le sable » n'est pas très-exact. — M. Kersch ne connaît pas une horrible histoire qu'on raconte dans les ateliers, — histoire où le grotesque est singulièrement mêlé à l'horrible ; — histoire que je vous dirai quelque jour où elle me paraîtra plus grotesque qu'horrible. — Dans cette histoire, le criminel — arrive sur l'échafaud, regarde le panier qui va recevoir sa tête — et il s'écrie : « Minute, minute ! — qu'est-ce que c'est que ça ? — qu'est-ce qu'il y a dans le panier ? c'est pas de la sciure de bois, au moins ; j'ai droit à du son, j'exige du son. »

INSOMNIE D'UN POÈTE :

> Bientôt le ciel présente un air centicolore,
> Qui ne doit s'évanouir qu'au lever de l'aurore.

Qu'est-ce, me direz-vous, qu'un *air centicolore*? — Vous n'avez jamais vu de pareil air au ciel ; je le crois bien, mon bon ami ; — mais vous n'êtes pas poëte ; — vous croyez qu'un poëte qui ne dort pas — va voir simplement ce que vous voyez.

— Quoi ! les étoiles, fleurs de feu, dans les peupliers noirs, — les lucioles, violettes de feu sous l'herbe ! — vous croyez qu'il entendra, comme vous et moi, — le bruit lointain de la mer, qu'il respirera — les odeurs des fleurs qui s'ouvrent le soir pour les papillons de nuit ! — Allons donc, c'est à la portée de tout le monde, cela : c'est commun, c'est vulgaire ; — parlez-moi, à la bonne heure, de voir *un ciel qui a l'air centicolore;* voilà ce qui vaut la peine de ne pas dormir, de prendre du café ou de ne pas lire les vers de M. Kersch.

> Ne dis plus désormais, philosophe arbitraire,
> Que nuit est un repos aux mortels nécessaire.

Il paraît qu'il y a quelque part un philosophe, belge probablement, — qui a osé dire qu'il fallait dormir la nuit ; — mais, comme notre poëte le réfute, comme il le traite de philosophe arbitraire, — c'est-à-dire de tyran, comme il réclame hautement le droit de ne pas dormir,

> . . . . . C'est le trépas à la large crinière
> Qui vient tout alarmer.

Après avoir remarqué cette image neuve du *trépas à la large crinière,* passons à un sujet moins triste ; — passons à l'éloge de M. le comte de Liedekerke-Beaufort, ancien gouverneur de Liége :

> Liedekerke-Beaufort, ex-gouverneur de Liége,
> Pendant des ans nombreux, il occupa le siége,
> Le banc de gouverneur, de père des Liégeois.

Mais aussi quand M. Liedekerke cessa d'occuper *le banc de père des Liégeois*, ce fut un grand chagrin dans la ville :

> D'un avenir d'azur s'éclipsèrent les charmes.

Voici des peintures riantes : — c'est le printemps :

> Mille zéphyrs, doux et velus,
> Vont murmurer dans les humbles feuillages (p. 48).

Les jeunes hommes se baignent.

> Faites gonfler sur vous les modestes étangs
> A la large crinière (p. 51).

Il paraît qu'en Belgique les étangs sont comme le trépas : ils ont la crinière extrêmement large.

Ce que c'est que de voyager ! — j'ai vraiment regret de toutes les irrévérences que j'ai laissé échapper maintes fois à l'égard des voyages — et du gros livre que je fais en ce moment contre eux.

Si j'étais allé en Belgique, — j'aurais vu des *zéphyrs velus* ; — j'ai passé presque toute ma vie aux bords de la mer, — dans mon jardin, — et je n'ai jamais vu de *zéphyrs velus*.

Mais continuons :

M. Kersch — sort de chez lui et va errer dans le bois ; il raconte ce qu'il y trouva :

> Mon âme fut saisie
> D'une pleurante voix (p. 61).
> . . . .
> Mes pas se dirigèrent
> Vers le lieu du soupir...
> Grand Dieu ! la belle noire !
> Aux cheveux de corbeau.

Je ne pense pas que M. Kersch prétende que la *belle noire* qu'il rencontre ait des corbeaux pour cheveux, — comme les furies avaient des serpents. — Si nous cherchons un autre sens, nous trouvons que les cheveux de corbeaux sont des plumes, —

donc il faut ne voir ici qu'une figure hardie pour exprimer que la belle avait des cheveux noirs comme l'aile d'un corbeau.

> . . . .
> Au sein charmant d'albâtre.

Ah! ah! — la *belle noire* est une blanche. Eh bien! tant mieux.

> Au corps souple, mince et rond;

Le vers est long; — mais faites donc entrer tant de perfections dans un vers de sept syllabes!

> Au léger pied mignon,
> Au petit bras blanchâtre.

Pourquoi *blanchâtre* — quand la gorge est *d'albâtre?* — Ah çà! définitivement, de quelle couleur est la belle noire? Pourquoi blanchâtre? — Peut-être la belle a du duvet sur ses bras d'albâtre, ce qui les rend *blanchâtres* ou grisâtres; je n'aime pas trop cela, mais c'est peut-être très-bien porté en Belgique.

M. Kersch — s'approche,

> Pour être plus capable
> De la comprendre mieux (p. 62).

Alors la bergère exhale son désespoir :

> « Je pourrais en furie (p. 36)

Dit-elle,

> Maudire sans pitié
> Les auteurs de ma vie,
> Écraser l'amitié,
> Percer la terre et l'onde,
> Bouleverser le ciel,
> Poignarder tout le monde... »

La bergère ne fait rien de tout cela cependant, et il faut convenir que c'est bien de sa part.

> Elle mugit et pleure (p. 64),
> Déchire ses habits.

Quand elle a mugi et déchiré ses habits, elle tire un poignard. — M. Kersch s'élance, la désarme

> Et lui dit d'un regard :
> « Qu'à ça le jeu ne se termine. »

La bergère lui raconte ses malheurs : — elle veut mourir parce que son amant ne vient pas ; mais tout à coup, — derrière M. Kersch, paraît l'amant injustement accusé ; — la bergère renaît au bonheur, et dit à M. Kersch :

> Adieu ! Dieu vous bénisse !
> Pour ce noble service (p. 65).

Je dirai comme la bergère, — comme la belle noire aux bras blanchâtres :

> M. Kersch, Dieu vous bénisse !

L'ouvrage se trouve à Liége, — imprimerie de DESSAIN, libraire, place Saint-Lambert.

ENCORE LES PHILANTHROPES ! — A une lieue de Lille est l'abbaye de Loos ; — c'est une des principales maisons de détention de France : elle contient trois mille prisonniers.

Si on lisait les condamnations des malheureux qui y sont renfermés, — on verrait qu'ils sont simplement condamnés à tant de mois ou d'années de prison.

Mais cette prison est livrée aux philanthropes de la seconde classe, — c'est-à-dire à ceux qui ont imaginé le régime cellulaire, — au moyen duquel les prisonniers deviennent, en moins de deux ans, fous ou enragés.

On condamne les prisonniers de l'abbaye de Loos au silence absolu, — qui est une nuance du régime cellulaire.

Le directeur actuel a, — dit-on, — demandé plusieurs fois l'autorisation d'accorder, comme récompense, aux prisonniers qui le mériteraient par leur conduite, un petit morceau de tabac et un verre de bière.

Il assure — que la passion de ces malheureux pour le tabac et la peine qu'ils éprouvent de s'en voir privés sont si grandes, que l'espoir d'en obtenir pour deux sous par semaine sur le prix de leur travail remplacerait — et avec plus d'efficacité, chez tous, tous sans exception, la crainte des châtiments et du cachot.

Cette demande du directeur est jusqu'ici restée sans résultats.

Je ne crois pas que l'administration ait le droit d'aggraver ainsi le régime des prisons. — Le régime cellulaire est une atrocité.

Un ministre ne peut l'autoriser sans l'assentiment des Chambres. — Quand un homme est condamné à la prison, on n'a pas plus le droit de l'isoler ainsi, — surtout après les horribles résultats qu'on en a vus, — que de lui faire trancher la tête.

Les *Impressions de voyage* de Dumas sont le plus souvent un petit drame — dans lequel paraissent invariablement, comme personnages principaux, d'abord Dumas lui-même, — puis Jadin le peintre, — puis Milord, le chien de Jadin.

Dumas transporte ses deux compagnons, non pas seulement dans tous les pays où il va, — mais encore dans tous ceux où il lui plaît d'être allé.

Ainsi, il n'est pas rare que Jadin, dans son atelier de la rue des Dames, lise avec autant de plaisir que de surprise quelques reparties heureuses que lui, Jadin, aurait faites la veille à un pâtre sicilien. A chaque instant il lui faut endosser des responsabilités imprévues.

Il rencontre un ami — qui lui dit :

— Nous avons fait, il y a quinze jours, un souper ravissant ; — nous voulions t'inviter, mais nous avons vu, par un feuilleton de Dumas, que tu étais en Suisse avec lui.

— Eh bien ! monsieur, lui dit une femme, — je comprends à présent pourquoi vous n'aviez pas le temps de m'écrire, — moi qui vous croyais malade à Paris, — quand j'apprends par un feuilleton de M. Alexandre Dumas — que vous étiez avec lui à Livourne, — où vous preniez le menton d'une fille d'auberge.

— Pourquoi, diable, mon cher ami, faites-vous ainsi des plaisanteries sur le gouvernement pontifical ?

— Moi, je n'ai jamais parlé du gouvernement pontifical.

— Allons donc, — c'est dans le journal.

Un soir, — j'étais alors voisin de Jadin, — il vint me chercher pour souper : — il avait un certain pâté. — Nous partons, — nous entrons à l'atelier, nous ne trouvons que Milord tenant entre ses pattes un restant de la croûte de pâté qu'il achevait de manger. — Quelques jours après, — je lus dans un feuilleton de Dumas que ce même jour où Milord, pour Jadin et pour moi, n'avait été que trop à Paris, — le même Milord avait montré les dents à un lazarone à Naples.

Si Milord avait su lire, — cela lui aurait servi à prouver à Jadin son *alibi* au moment du crime, et à ne pas recevoir une certaine quantité de coups de cravache.

Ceux qui voient souvent reparaître Milord dans les *Impressions de voyage* d'Alexandre Dumas ne seront peut-être pas fâchés de savoir que c'est un affreux bouledogue blanc.

J'ai reçu de M. Gannal une lettre raisonnablement longue, — avec deux présents : l'un est un ouvrage de lui, accompagné de plusieurs brochures sur divers sujets ;—l'autre,

« une promesse formelle de m'embaumer pour rien, *après ma mort.* » — Je remercie M. Gannal de ses gracieusetés, je suis surtout sensible à la délicate attention qui lui a fait ainsi fixer la date de son bienfait à une époque aussi convenable.

M. Gannal me reproche mes *coupables plaisanteries.*

Je plaisante, le plus souvent, beaucoup moins que je ne le parais.

Si vous sautez à pieds joints sur une vessie pleine d'air, — la vessie glissera sous vos pieds, et vous fera tomber; — si, au contraire, vous la piquez tout doucement de la pointe d'une épingle, l'air qui la gonflait s'échappera — et elle restera plate et vide.

La plupart des grandes choses de ce temps-ci — sont des vessies gonflées de vent, de paroles de vanité; — j'ai choisi l'arme que m'a paru contre elles la plus efficace.

D'ailleurs, — placé par mes goûts, — par mes idées, — par mes habitudes, — en dehors de toutes les ambitions; ne désirant rien, et, par conséquent, ne redoutant rien — de ce qu'on désire et de ce qu'on redoute, — je vois les choses à peu près ce qu'elles sont, et il en est bien peu que je puisse prendre au sérieux.

Néanmoins, j'ai blâmé qu'on ne se fût pas servi pour l'embaumement du duc d'Orléans du procédé de M. Gannal, — qui paraît être, sous plusieurs rapports, — préférable à ceux connus antérieurement,— mais j'ai blâmé également la forme peu convenable des réclamations de M. Gannal.

Je n'ai même pas voulu parler alors d'un bruit qui a couru sur le dernier archevêque de Paris, lequel, embaumé par M. Gannal,— aurait été cependant enterré, exhalant une odeur qui ne doit pas être — ce qu'on appelle « odeur de sainteté, » — parce que ce n'était qu'un bruit.

J'ai vu dans les brochures que M. Gannal a bien voulu m'envoyer — sa lutte longue et ardente contre les préjugés de l'Académie de médecine — à propos de la *gélatine*. — Il a été reconnu depuis dix ans que la *gélatine* ne contient aucun principe nutritif — et qu'elle est, au contraire, fort malsaine, — au point que les animaux soumis à ce régime, dit alimentaire, — meurent plus promptement de faim que ceux auxquels on ne donne que de l'eau claire.

L'Académie de médecine — n'en a pas encore prescrit l'emploi dans les hôpitaux.

On ne saurait dire combien de malheureux ont ainsi été condamnés à la mort la plus horrible.

On doit louer M. Gannal — de sa courageuse persistance. — Je lui rappellerai à ce sujet que, depuis plus de trois ans, les *Guêpes* — se sont élevées à plusieurs reprises — contre cette désastreuse philanthropie, — et qu'il y a dix ans, — j'ai parlé dans un livre — appelé le *Chemin le plus court* — des philanthropes — qui, dans les hôpitaux, — font mourir les malades de faim en se glorifiant d'avoir inventé à leur usage — du bouillon de boutons de guêtres.

Ces *plaisanteries* paraîtront sans doute moins *coupables* à M. Gannal — que celles que je me suis permises envers ses brochures à M. Pasquier.

On lisait cette semaine dans presque tous les journaux de Paris : « La crue rapide des eaux de la Seine a failli coûter, avant-hier au soir, la vie à un vieillard qui, monté sur un petit batelet amarré près du pont de Beau-Grenelle, avait été renversé dans le fleuve par un violent coup de vent. Le malheureux vieillard allait périr lorsqu'un ouvrier maçon, nommé Renaud, se jeta aussitôt à la nage et parvint jusqu'au vieillard qu'il soutint d'un bras, tandis que de l'autre il nagea jusqu'à la rive. Ses courageux efforts eurent un plein succès ; il déposa son précieux fardeau sur la berge, et bientôt après il conduisit le vieillard dans sa demeure, où les bénédictions d'une famille reconnaissante l'ont PAYÉ de sa généreuse action. »

Les actions de ce genre, — il faut le dire, — sont assez fréquentes, — et c'est un genre de courage que les gens bien élevés paraissent abandonner au peuple — comme une vertu trop robuste ; — toujours est-il que nous n'entendons jamais dire à la suite de ces récits — que l'autorité — soit intervenue pour récompenser cette belle action ; — pardon , — je me trompe, — si le maçon Renaud — l'exige, la préfecture de police — lui donnera vingt-cinq francs.

Vingt-cinq francs pour avoir sauvé la vie d'un autre homme au péril de la sienne !

Il n'y a donc plus que les actions honteuses et infâmes qui soient récompensées en France ?

Mais faites le compte des désintéressements qu'il faut acheter, des incorruptibilités qu'il faut payer, — des indépendances qu'il faut soudoyer, — et vous verrez qu'il ne reste pour PAYER le dévouement du maçon Renaud que les *bénédictions d'une famille reconnaissante.*

Certes, je ne suis pas d'avis qu'un trait de ce genre soit récompensé par une somme fixe et par l'argent ; — mais regorge-t-on donc d'honnêtes gens au point qu'il n'y ait pas une place à donner à un homme brave et généreux ?

🐝 Des personnes, — ordinairement bien informées, — assurent que le privilége du Vaudeville donné à M. Ancelot — a pour cause des considérations toutes politiques. Il s'agissait d'assurer à l'élection de M. Jacqueminot deux voix de deux amis de madame Ancelot.

🐝 On parle beaucoup de la passion d'une Excellence d'un âge mûr pour une princesse d'un âge avancé. — Il faut que jeunesse se passe ; mais il est fâcheux que ce soit si longtemps après qu'elle est passée.

🐝 On assure que c'est le roi qui a imaginé l'union commerciale de la France avec la Belgique. — M. Guizot a reçu, par les divers ambassadeurs des puissances étrangères, des protestations très-sérieuses à ce sujet. Le roi a alors compris que, cédant à un entraînement trop juvénile, il était sorti des limites ordinaires de sa politique prudente.

Le projet a été abandonné tout bas et ajourné tout haut.

✤ Ce qu'il y a de plus curieux dans les chemins de fer,— et de plus admirable, ce n'est pas de voir ces deux terribles éléments, l'eau et le feu, s'accorder et se réunir au service de l'homme sous un seul joug; c'est de voir dans ceux qui ordonnent les chemins de fer et dans ceux qui les font une ignorance profonde des résultats qu'ils doivent avoir.

Les uns voient là une satisfaction à donner à l'opinion publique et à l'orgueil national, — et quelque peu aussi quelques modifications stratégiques; — les autres, des *actions* à acheter et à vendre; — les autres, des fournitures de *rails* à obtenir; — les autres, — quelques voix d'électeurs à acheter, — soit en faisant passer les chemins par telles et telles villes, — soit en concédant des fournitures, soit en donnant des emplois; — ceux-ci pensent qu'ils auront le poisson plus frais; ceux-là, qu'ils iront manger des huîtres au bord de la mer.

Mais personne ne s'aperçoit que c'est non pas seulement dans le commerce, mais dans les relations de peuple à peuple, — dans la société entière, — une révolution au moins égale à celle qu'a produite la poudre dans l'art militaire.

Commençons par le projet *ajourné* de l'union commerciale de la France avec la Belgique.

Quand le chemin de fer sera en activité, — il y aura des convois qui porteront quinze mille voyageurs; — les voici à la frontière; — aurez-vous là une armée de quinze mille douaniers pour les visiter et pour fouiller leurs malles? — C'est difficile.

Mais s'il n'en est pas ainsi, — vous faites perdre aux voyageurs au moins le temps qu'ils ont gagné en venant par le chemin de fer. — En prenant les voitures ordinaires, ils sont plus longtemps en route, mais en ne se présentant à la frontière qu'une douzaine en même temps, ils n'éprouvent de la part de la douane qu'un retard presque insignifiant. — Votre chemin de fer est ridicule et inutile, — si vous laissez subsister votre système de douane tel qu'il est aujourd'hui.

Mais ceci n'est qu'une considération commerciale ; — passons à quelques considérations sociales.

On fait des chemins de fer partout ; — avec cette facilité et cette rapidité de communication par toute l'Europe, — les relations de peuple à peuple ne tarderont pas à changer entièrement. — Tel allait passer la belle saison à l'île Saint-Denis, qui ira sur les bords du Rhin ; — il y aura des connaissances, des amis; il y mariera sa fille ; il s'y associera à quelque industrie ; — d'autre part, nécessairement et par suite de relations fréquentes, — on apprendra partout les langues de tous les pays de l'Europe, — ou peut-être le français deviendra la langue universelle, — pour deux causes : — d'abord, parce qu'on le parle déjà dans le monde entier et que c'est la langue du *bel air*, — ensuite, parce que les Français aiment mieux apprendre pendant dix ans le latin, — qu'au bout de dix ans ils ne savent pas, et qui d'ailleurs ne leur servirait à rien ; — et naturellement le peuple dont la langue deviendra universelle sera celui qui s'obstinera à ne pas apprendre celle des autres peuples.

Un homme aura sa maison de ville à Paris, sa maison de campagne à Mayence, sa maison de commerce à Londres, — sa maîtresse à Naples, ses garçons à l'université de Leipsick, des amis et des intérêts d'affaires dans toutes les villes.

Les intérêts, les relations de tous les peuples de l'Europe se mêleront, s'entrelaceront, se confondront d'une manière inextricable ; — les intérêts communs remplaceront les intérêts contraires, — la guerre sera impossible, — les frontières n'auront plus de sens, — les distances et l'étendue n'existent que par le temps qu'on met à les parcourir ; — avec les chemins de fer, la France n'aura pas l'étendue qu'avait autrefois une de ses provinces, — le continent européen — ne sera pas plus grand que n'est la France aujourd'hui. — La Belgique sera de Paris à la distance qu'en était Versailles avant l'application de la vapeur.

Il y aura un royaume d'Europe ou une république européenne ; — toutes les vieilles laisses par lesquelles on tient les peuples, — toutes les vieilles ficelles par lesquelles on fait jouer les ressorts politiques, — tout cela se brisera. — Il faudra un code universel comme une langue universelle. Ce qui est aujourd'hui un crime à Paris n'en est pas un à cinq cents lieues de là, et cela n'est qu'absurde, — mais peut aller encore parce que ce sont différents hommes qui sont soumis à différentes lois; — mais quand, par la rapidité et la fréquence des communications, on aura remarqué que le même homme se lève criminel, déjeune innocent, dîne coupable, — et se couche blanc comme neige, — à cause des différentes lois des pays qu'il aura traversés en vingt-quatre heures, — on comprendra qu'il faut faire une seule et même chose des deux choses qui, aujourd'hui, n'ont aucun rapport entre elles, — la justice et l'équité, — qu'il faut faire des lois basées sur une seule et même raison, sur une seule et même équité.

Ce n'est pas nous qui verrons tout cela. — Nous n'assisterons qu'à l'agonie des vieilles choses.

Mais il viendra un jour où on s'étonnera de voir dans les livres qu'il y a eu un royaume de France, — un royaume de Prusse, — un royaume d'Espagne ; comme nous nous étonnons aujourd'hui quand nous lisons qu'en France, en 511, Thierry était roi de Metz, Clodomir, roi d'Orléans, Childebert roi de Paris, et Clotaire roi de Soissons, parce qu'alors l'Europe, par les distances qui en sépareront les différents peuples, — par le mélange des intérêts et des mœurs, — n'aura pas plus d'étendue et aura plus d'homogénéité que n'en avait la France en 511.

Un avocat à la cour royale de Paris, appelé M. Gagne —

paraît seul jusqu'ici avoir eu un pressentiment de ce qui doit arriver par suite de l'établissement des chemins de fer : — il a prévu le besoin d'une langue universelle.

Il est évident que, dans un temps donné, celui des peuples de l'Europe qui s'obstinera à ne pas apprendre les langues des autres peuples verra la sienne universellement adoptée.

🐝 Vous connaissez bon nombre de ferblantiers ambitieux, de droguistes retirés des affaires, qui consacrent la fin de leur vie à gouverner l'Etat, — quand ils s'aperçoivent qu'ils commencent à ne plus trop bien diriger leurs propres affaires. C'est ce qui fait que la Chambre des députés n'est pas entièrement composée d'avocats.

Voici un mercier qui porte plus loin ses vues : — il n'attend pas à ne plus être mercier pour se présenter aux suffrages de son arrondissement ; — il n'a pas besoin de suffrages, il s'élit lui-même, et il s'élit dieu. Je veux parler de M. Cheneau ou Chaînon, — qui a publié, il y a quelque temps, un gros livre dont je vous ai entretenu, sur la *Troisième et dernière alliance de Dieu avec sa créature.* — J'ai eu la patience de lire cet ouvrage, — et j'ai donné consciencieusement mon résumé, — en disant que la religion nouvelle que propose M. Cheneau est une religion à galimatias double, — c'est-à-dire à laquelle ni les lecteurs ni l'auteur ne comprennent absolument rien. A l'appui de mon opinion, j'ai cité quelques passages du livre, qui ont généralement paru ne laisser aucun doute à ce sujet.

Je vous avouerai que je ne pensais plus ni à M. Cheneau ni à sa religion, — quand je reçus de la direction de la poste de Paris — une lettre m'invitant à aller retirer moi-même un *paquet chargé* à mon adresse. — C'est une précaution qu'on ne prend d'ordinaire qu'à l'égard de lettres contenant de fortes sommes ou des papiers très-importants.

Je me transportai à la poste, et l'on me remit une lettre, qui n'était chargée que des foudres du dieu Cheneau. Voyez comme les religions se simplifient. — Autrefois un dieu irrité faisait pour punir un seul homme un grand bruit mêlé d'éclairs, qui effrayait les populations innocentes. — Voici un dieu qui met tranquillement ses foudres vengeresses à la poste et les *affranchit*. — La Fontaine l'a dit :

> Même en frappant, un père est toujours père.

Le Dieu me foudroie, mais il affranchit son tonnerre.

🐝 Voici comment parla le dieu Cheneau : « Que les humains se souviennent que je ne suis point pour condamner les personnes égarées, mais pour les aimer.

» Les *Guêpes* sont les insectes qui piquent et qui pincent ; si, par malheur pour elles, elles veulent piquer au-dessus de *leurs facultés*, elles se détruisent d'*elles*-mêmes.

» Je m'aperçois à l'instant que les *Guêpes* légères viennent de se déclarer très-faibles en logique ainsi *quen* conception en déclarant que la faculté de comprendre leur manquait.

» Vous n'êtes pas *théologiens*, laissez donc ce soin aux apprentis papes ; que les *Guêpes* soient légères, c'est vrai, mais qu'elles apprennent que je ne suis point comme elles inconséquent avec les règles de la raison. Les *Guêpes* ont dit : « Nous » n'analyserons pas l'ouvrage de M. Cheneau, attendu que nous » n'y comprenons rien, ni lui non plus. »

» Les *Guêpes* sauront à l'avenir qu'elles manquent de sens en plaisantant sur mon ouvrage. »

🐝 Pardon, monsieur Cheneau, n'y a-t-il pas dans votre réponse un peu d'aigreur ? — et êtes-vous bien conséquent avec votre première phrase :

« Que les humains se souviennent que je ne suis point pour condamner les personnes égarées, mais pour les aimer. »

De bonne foi, dieu Cheneau, avez-vous l'air, dans votre lettre, de m'aimer beaucoup ?

« Que les humains se souviennent, » dites-vous; c'est très-bien; mais souvenez-vous-en aussi, monsieur le dieu. Continuons la lecture des tables de la loi.

« Vous avez fait connaître aux *négociants* et aux autres les mesures de votre esprit, monsieur Karr, : — vous vous moquez de l'Évangile. »

De votre Évangile, dieu Cheneau, n'oublions pas que c'est de votre Évangile,—quand vous dites : « En ce temps-là, je chassai les démons.

» En ce temps-là, mon bon ami saint Jean-Baptiste vint me voir avec mon autre ami Napoléon. »

« Suivez mon conseil, relisez mon ouvrage. »

Merci, monsieur Cheneau, — merci, — détournez de moi ce calice, ou plutôt permettez-moi de le détourner moi-même.

« Vous découvrirez que j'ai rendu sensible à tous les hommes le vrai principe théologique, philosophique et la religion d'amour qui est destinée à produire la foi éclairée par le raisonnement et la liberté intellectuelle. »

(Encore ici, dieu Cheneau, vous n'êtes pas conséquent, mon bon dieu : vous appelez la liberté d'examen,— et vous me maltraitez parce que j'examine votre religion. — Vous dites que vous rendez votre religion sensible à tous les hommes, et vous ajoutez que je ne la comprends pas. — Il y a un autre Dieu, Dieu l'ancien, vous savez, celui qui s'est fait homme, — mais qui, il faut l'avouer, n'avait pas songé à se faire mercier; — il avait, pour éclairer les choses et les gens, un procédé que je vous recommande; — pour les choses, « Dieu dit : Que la lumière soit, — et la lumière fut. » — Pour les hommes, il fit descendre le Saint-Esprit sur les apôtres. — Pourquoi, mon bon dieu Cheneau, ne m'éclairez-vous pas, au lieu de me reprocher ma stupidité avec autant d'amertume?)

« Vous m'avez supposé, monsieur A. Karr, que j'avais

écrit sans base, cela ne prouve pas une grande profondeur d'intelligence en vous. »

🐜 (Je vous assure, dieu Cheneau, que, lorsque vous me parlez ainsi, vous n'avez pas l'air de m'aimer du tout, — malgré votre première phrase.)

🐜 « Je n'ai pas fait comme les Augustin, les Fénelon, les Bossuet, les Chateaubriand, — les Lamartine, les Victor Hugo, qui n'ont pas compris leur religion : j'écris pour que l'on comprenne. »

Vous savez que j'en excepte toujours vous et moi.

🐜 « *Je me trouve donc directement en opposition avec* leur avilissante doctrine et leur science honteuse; les jeunes auteurs ne pourront régénérer la littérature, la société même, qu'après avoir adopté la nouvelle religion que j'ai manifestée. Qu'*ils* en *sonde* la profondeur! »

— Pardon encore une fois, mais peut-être fallait-il ne pas donner tant de profondeur à une religion qui doit être comprise de tous.

🐜 « J'ai encore bien des choses à dire, — mais j'attendrai votre réponse pour savoir si elles sont au-dessus de votre portée. »

🐜 Ainsi fulmina le dieu. — Je mis la foudre dans ma poche, — et je me sentis touché d'un grand désir de voir M. Cheneau. Voici l'avantage d'un dieu — mercier, — c'est que la joie de voir Dieu face à face était autrefois réservée aux élus, — tandis qu'avec un dieu mercier on peut se procurer cette félicité en allant acheter chez lui pour quatre sous de n'importe quoi.

🐜 Je me transportai à l'adresse indiquée, — l'olympe du dieu Cheneau est rue Croix-des-Petits-Champs, 15, au rez-de-chaussée, — ce que je trouve un peu bas pour un ciel.

Le ciel de M. Cheneau est peint en jaune; j'aime mieux le bleu. Je lus sur la porte :

CHENEAU ET P. JOUIN.
Fournitures pour tailleurs.
Doublures, fabrique de boutons, dépôt de boutons anglais, mercerie, soierie en gros et en détail.

Dieu l'ancien avait fait le ciel et la terre — il était réservé au dieu Cheneau de faire les boutons.

Mais qu'est-ce que P. Jouin? — N'est-il associé de M. Cheneau que pour les boutons? — n'est-il que comercier, — ou est-il en même temps codieu? — Pourquoi M. Cheneau ne parle-t-il pas de M. P. Jouin?

J'entre dans le ciel; — de chaque côté de la porte est un comptoir de noyer; — au fond est un escalier en forme de fourche, qui monte à droite et à gauche.

Pas la moindre houri dans les comptoirs. — Je crie : « A la boutique! » — Il arrive un chérubin crépu.

— Donnez-moi un écheveau de fil.
— Voilà.
— M. Cheneau est-il ici?
— Non, monsieur, il est sorti.
Le dieu va en ville.

Je me retire en pensant que si un dieu mercier a quelques avantages, il regagne l'infériorité sous d'autres points. — Dieu l'ancien est partout à la fois, — tandis que le dieu Cheneau, — quand il est sorti, n'est pas à son comptoir. — Les affaires du dieu doivent nuire à celles du mercier. — Ainsi ne soit-il pas.

Comme j'allais voir Janin, l'autre jour, — je m'arrêtai surpris au coin de la rue de Tournon. — J'étais au milieu de la rue : — deux ou trois cochers me crièrent : « Gare! » — J'allai m'adosser à une boutique pour voir si mes yeux ne m'avaient pas trompé.

Vous savez cette vieille enseigne, autrefois célèbre, de M. Figeon? Elle représente un garde national en costume bourgeois, par-dessus lequel il a endossé la giberne et le sabre avec leurs larges courroies blanches en croix: c'est une caricature assez bien faite.

Ce qui causait ma surprise, — c'était de voir que le marchand de nouveautés avait décoré, de son autorité privée, son enseigne de la croix de Juillet et de la croix d'honneur.

Je ne suis pas partisan effréné de la garde nationale; — trente-huit volumes des *Guêpes* en feraient foi au besoin; — mais si j'étais préfet de police ou ministre donnant des ordres au préfet de police, — et ayant besoin de la garde nationale, je ne voudrais pas avoir signé une autorisation — pour qu'on mît ainsi au-devant d'une maison une caricature permanente contre la garde nationale.

Mais ceci n'est qu'une considération secondaire.

Certes, c'est une belle et puissante chose — que d'avoir persuadé aux hommes que les plus grands dévouements, le risque perpétuel de la vie, la perte d'un bras ou d'une jambe, étaient plus que récompensés par quelques centimètres de ruban d'une certaine couleur.

Et un gouvernement qui possède une pareille monnaie est assez bête pour l'avilir! — d'abord en la prodiguant sottement et en en payant des services honteux, — mais encore en la laissant insulter par qui le veut.

Certes, si j'écrivais aujourd'hui que le gouvernement rogne les pièces de cent sous ou mêle un tiers d'alliage aux pièces de vingt francs, — le procureur du roi exigerait une rectification ou mieux encore me ferait un procès. — « Quoi! me dirait-il, vous dépréciez la monnaie, vous cherchez à tuer la confiance, à détruire la sécurité des transactions! — mais vous faites là une mauvaise action, monsieur, — une action dangereuse. »

Et on permet à une marchande de foulards de coton de tourner en ridicule cette noble et belle monnaie avec laquelle on paye les braves sans les déshonorer!

C'est une lâcheté et une sottise.

🐝 Il est une chose honteuse, infâme, qui n'est assez flétrie ni par les tribunaux ni par l'opinion.

Je veux parler d'une sorte de vol lâche et ignoble — que les filous appellent *chantage,* et que l'on retrouve aujourd'hui, sans interruption, depuis les carrefours les plus mal famés jusque dans les administrations, dans les ministères, — dans les lieux les plus élevés et les plus respectés.

PREMIER EXEMPLE. — Une petite fille de quatorze ans s'introduit chez un homme, sous prétexte de lui vendre des cure-dents; — un quart d'heure après, le père et la mère, — ou un oncle, — ou un frère aîné, — arrivent en fureur, — menacent, crient, pleurent : la fille était, jusqu'ici, vertueuse; — elle n'a pas seize ans; — on va faire un procès criminel; — l'honneur de la malheureuse enfant est perdu; — toute une famille désolée ne pourra se calmer que par cent écus; on marchande la consolation de la famille, — on s'arrange à soixante francs : le tour est fait, — et la jeune innocente — va continuer ses exercices dans un autre quartier.

🐝 DEUXIÈME EXEMPLE. — Un cocher de fiacre a conduit une femme bien mise dans un quartier éloigné; — elle était pâle, troublée; — elle est restée plusieurs heures, s'est fait descendre au coin d'une rue et a payé le cocher généreusement — sans compter.

Le cocher la suit, voit où elle demeure, — apprend son nom du portier, — et le lendemain vient demander à lui parler; — il s'adresse à une femme de chambre; — la femme de chambre avertit sa maîtresse qu'une sorte d'ouvrier vêtu d'un carrick veut lui parler.

— Demandez ce qu'il veut.

— Il ne veut répondre qu'à madame.

— Alors je ne le reçois pas, — renvoyez-le.

— C'est le cocher qui a conduit madame hier.

— Ah! mon Dieu!

Elle pâlit, — s'appuie sur un meuble.

— Faites-le entrer, — bien vite, — que personne ne le voie!

La femme de chambre, étonnée, obéit.

— Madame, dit le cocher, je suis bien fâché qu'on ait dérangé madame, j'aurais aussi bien parlé à monsieur,

— Grand Dieu! — ne vous en avisez pas; — que me voulez-vous?

— C'est qu'hier madame s'est trompée d'un quart d'heure; — nous sommes restés trois heures *là-bas*, — et.,.

— Vite, combien est-ce?

— C'est à la générosité de madame.

— Tenez, voilà cent sous; allez-vous-en bien vite!

— J'ai eu bien froid à attendre madame; je suis sûr que M... aurait été plus généreux.

— Voilà vingt francs.

Le cocher s'en va : — mais de temps en temps — il vient mystérieusement trouver la femme de chambre — et demande si madame n'a rien à lui ordonner. — La malheureuse femme, — à demi morte de frayeur, — lui fait chaque fois remettre un louis.

Une fois — elle a voulu refuser cet impôt; — le cocher a alors demandé si M... y était. — Elle a envoyé le louis à l'instant même.

TROISIÈME EXEMPLE. — Un acteur va débuter; — un journal lui est apporté avec la carte du directeur. — S'il ne va pas trouver le directeur pour *s'arranger avec lui*, — on L'ÉREINTE, — on l'insulte, on le bafoue dans le journal — jusqu'à ce qu'il se soumette, — et alors on constate — que l'artiste, *docile aux conseils de la* CRITIQUE, — *a fait de notables progrès, qu'il est juste d'encourager ses efforts*, etc. — Le prix d'un abonnement — à quatre ou cinq billets de mille francs, — suivant la sensibilité de l'acteur et de ses appointements.

COROLLAIRE. — Quelquefois un journaliste *aime* une actrice : — il la maltraite jusqu'à ce qu'il ait obtenu du *retour*.

D'autres fois — il s'agit d'obtenir ses *entrées* à un théâtre : — directeur, auteurs, acteurs, — tout est insulté sans pitié jusqu'à ce que la direction se soit exécutée.

D'autres fois, — après les *entrées*, on exige des subventions annuelles.

QUATRIÈME EXEMPLE. — Un homme politique ou autre veut une place pour lui ou pour un de ses amis ; — on attaque dans deux ou trois journaux, — et le ministre duquel elle dépend, — et le roi, — « *la France marche à sa perte, — les ministres nous déshonorent,* » jusqu'à obtention de la place — ou du bureau de tabac demandé.

CINQUIÈME EXEMPLE. — Une trentaine d'hommes occupent depuis douze ans les ministères, — il ne peut y en avoir que huit aux affaires à la fois. — Les vingt-deux autres les attaquent, les insultent, les calomnient — jusqu'à ce qu'ils les aient renversés ; — huit des vingt-deux prennent leur place, les huit renversés se joignent alors aux quatorze qui ont fait la guerre à leurs dépens, — et on attaque, insulte et calomnie les huit nouveaux arrivés.

SIXIÈME EXEMPLE. — Il y a des gens qui ont pour profession — de savoir une anecdote ridicule, — une fantaisie vicieuse, une liaison cachée — d'un ministre ou d'un homme en place ; — cette profession les fait vivre dans le luxe et les plaisirs, attendu que l'homme en place leur fait confier une *mission scientifique* ou accorder une pension pour *services rendus à l'État,* etc., etc., etc., etc.

Il serait facile de multiplier à l'infini des exemples de ce genre.

Seulement, je ne sais pourquoi les auteurs de ces faits ignominieux ne sont pas punis d'un juste et égal mépris — dans quelque classe qu'ils se trouvent, — quelque but qu'ils veuillent atteindre.

Au bas de l'échelle, la justice intervient ; à mesure que l'objet de ce honteux trafic prend de l'importance, les opérateurs sont salués, reçus dans le monde, recherchés, courtisés et enviés.

※ DICTIONNAIRE FRANÇAIS-FRANÇAIS. — BOUCHER, *boucherie*. — Sorte de morgue où sont étalés publiquement des cadavres sur des linges tachés de sang. — C'est là que chacun va choisir le morceau de cadavre qu'il aime le mieux pour s'en repaître le soir avec sa famille et ses amis.

※ BOUCON, voyez ARSENIC.

※ BREVET. — Un brevet est un morceau de papier ou de parchemin que tout le monde *obtient* moyennant une somme de sept cent cinquante ou de quinze cents francs.

Il n'y a pas de pilules inconvenantes, de pâtes obscènes, de mécanique ridicule, — qui ne commence par se munir d'un brevet ; — après quoi on met dans les journaux : « A obtenu un *brevet* du roi. »

Ce qui a tout à fait l'air d'une approbation spéciale de Sa Majesté. — Le public achète, et se trouve volé ou empoisonné.

Il serait de la dignité du gouvernement de ne pas laisser ainsi le roi complice des marchands d'orviétan de son royaume, — et d'expliquer d'une manière formelle ce que c'est qu'un brevet ; — mais il s'agit bien de dignité aujourd'hui !

Si le public savait ce que c'est qu'un brevet, il ne s'y laisserait plus prendre. — Si le public ne se laissait plus prendre à ce gluau, les charlatans ne le tendraient plus. — Conséquemment, cela ferait un certain nombre de pièces de sept cent cinquante francs et de quinze cents francs qui cesseraient de tomber dans les coffres de l'État [1].

---

[1] Cela a été pris en considération, mais on a dépassé le but.

BROUILLARD. — Interrompt toujours les dépêches télégraphiques dont le gouvernement ne veut faire connaître que la moitié.

BOUILLON. — Les savants sont des gens qui, sur la route des choses inconnues, s'embourbent un peu plus loin que les autres, — mais restent embourbés, parce qu'ils ne veulent pas avouer qu'ils le sont, — et se gardent bien de crier au secours.

Il y a vingt-cinq ans, M. Darcet imagina de faire du bouillon avec de la gélatine, — c'est-à-dire en soumettant les os dépouillés de viande à l'action de la vapeur.

Le bouillon ainsi produit était fade, — donnait des nausées, etc. ; mais l'Académie — représentée par une commission — le trouva et le déclara excellent. En conséquence, — on en donna, sans réclamation, pendant *quinze ans* aux malades des hôpitaux.

Au bout de *quinze ans*, — on crut s'apercevoir de quelque chose. — On fit de nouvelles expériences sur la gélatine, — et on découvrit cette fois que la gélatine et le bouillon qui en est fait sont d'une mauvaise odeur et d'un mauvais goût, ne contiennent *aucun principe alimentaire*, mais chargent et fatiguent l'estomac, qui ne peut les digérer. — Un élève des hôpitaux se soumit à la gélatine pour toute nourriture, il ne put continuer ce régime que quatre jours et resta avec une *gastralgie intense*.

M. Gannal a essayé d'en nourrir lui et sa famille. Au bout de quelques jours, ils étaient tous malades et mourant de faim.

Eh bien ! il y a dix ans de cela, et on n'a pas encore défendu l'emploi de la gélatine dans les hôpitaux. — Les malheureux malades — reçoivent encore comme bouillon — un liquide mauvais au goût, malsain et sans aucuns principes nutritifs.

Parce que M. Darcet ne veut pas s'être trompé.

Parce que l'Académie des sciences ne veut pas avouer qu'elle s'est laissé tromper.

Parce que les divers ministres qui se succèdent ont bien d'autres choses à faire.

BRUNE. — C'est le nom qu'une femme blonde donne à la maîtresse présumée de son mari. — « Il est allé voir sa *brune.* »

Une femme brune, au contraire, dit — en pareille circonstance : « Il est allé voir sa *blonde.* »

Toutes les femmes savent, par un merveilleux instinct, — que l'infidélité n'est pas pour une femme plus jolie, mieux faite ou plus spirituelle, mais simplement pour une *autre* femme.

Ceci devrait mettre leur amour-propre à son aise : on peut être blessée de se voir préférer une femme — pour l'esprit ou pour la figure, — mais il est en ce cas une supériorité incontestable dont on ne peut se fâcher — et à laquelle on ne peut prétendre, — c'est celle d'être une *autre* femme.

Janvier 1843.

JANVIER. — On sème sur couche et sous châssis les radis, la laitue et le cresson. — On continue à récolter le produit des tendresses, des soins, des bassesses semés dans la seconde quinzaine de décembre. — Arrivée de beaucoup d'oies et de très-peu de cygnes. — Ouverture de la session des Chambres. — Les avocats enrichiront le *français* de plusieurs barbarismes et appauvriront les *Français* de plusieurs millions. — On taille les pommiers et les poiriers. — Le *Journal des Débats* renouvellera l'avis qu'il a donné, il y a quelques années, aux pauvres, au milieu de la saison rigoureuse : il leur conseillera de mettre leurs économies à la caisse d'épargne. — M. Armand Bertin sera incommodé à la suite d'un dîner. — Vers la seconde moitié du mois, on voit cesser assez brusquement certaines tendresses, certains soins, qui avaient signalé la fin du mois de décembre.

🐝 On remarquera avec amertume que les diablotins et les papillotes continuent à marcher dans une voie de progrès.

Autrefois les devises des bonbons étaient de la plus charmante naïveté : — c'étaient d'innocents madrigaux adressés à la *beauté*, — des énigmes et des logogriphes proposés à tout le monde. — J'en ai gardé quelques-uns qui ne datent pas de plus de quinze ans :

> Iris, voyez combien vos charmes
> Me coûtent chaque jour de larmes !

AUTRE.

> Voyez, à mon émotion,
> Quelle est l'ardeur de ma passion.

AUTRE.

> Chloé, partagez mon ardeur,
> Ou je vais mourir de douleur.

AUTRE.

> J'ai cinq pieds, et pourtant je ne suis qu'un oiseau,
> Otez mon cœur, je suis votre premier berceau.   (*Serin sein.*)

🐝 Tout cela n'était pas bien neuf, mais ne chargeait pas plus l'esprit que les bonbons ne chargeaient l'estomac. — Cette poésie même excitait généralement un léger sourire. — Aujourd'hui les diablotins ont entrepris de former le cœur et l'esprit : — les papillotes ont leur mission sociale. — Je vous signale surtout les pastilles de chocolat recouvertes de petites graines blanches et enfermées deux à deux dans des papiers blancs ; — leur tendance est tout à fait déplorable, — elles paraissent avoir pour but de dégoûter les enfants et les femmes de l'existence.

Si les diablotins donnent à leurs lecteurs quelques pièces de Pascal et de Larochefoucauld qui montrent la fausseté et le vide des choses humaines, les pastilles de chocolat vous disent des choses dans le genre de celles-ci :

> La beauté, le pouvoir, les honneurs, la richesse.
> Ne peuvent éviter l'inévitable sort ;
> La poussière confond le crime et la sagesse,
> Et le même sentier nous conduit à la mort.
>
> BERTHELEMOT.

> On ne peut éviter son sort :
> Chaque année est un coup dont nous frappe la mort.
>
> LE FIDÈLE BERGER.

> Les roses de ton front seront bientôt fanées,
> Belle fille, à mourir en naissant condamnée.
>
> DUPONT-JOURNER, *rue Saint-Martin*.

Le gouvernement ne paraît en aucune manière s'inquiéter de cette marche inquiétante ; — je suppose donc qu'il exerce une censure cachée et scrupuleuse sur les devises de bonbons, et qu'il y a quelque homme de lettres attaché spécialement à la surveillance des écarts politiques que pourraient se permettre les diablotins.

Autrement, je ne comprends pas comment ils n'arriveraient pas très-prochainement à traiter les plus graves questions politiques. — Les pralines donneraient dans l'opposition ; — le chocolat abandonnerait ses lugubres méditations et ferait des théories humanitaires contre la propriété ; — le roi Louis-Philippe, malgré son inviolabilité, serait personnellement attaqué par les pistaches.

🐝 Je pense que les poëtes qui faisaient autrefois, l'hiver, les devises innocentes des papillotes étaient les mêmes qui, l'été, composaient la poésie qui s'enroule autour des mirlitons ; — je n'ai pas eu occasion de suivre les révolutions de cette dernière poésie — comme j'ai observé les phases de celle des bonbons, — mais tout me porte à croire qu'elles marchent d'un pas égal dans la voie du sérieux et du lamentable !

🐝 Je suppose que le gouvernement étend sur les mirlitons sa sollicitude à l'égard des papillottes.

🐝 Je suis persuadé qu'une des causes qui ont poussé les confiseurs à faire des bonbons aussi mélancoliques est une honteuse parcimonie, pour éviter de payer les droits d'auteur aux poëtes qui jusqu'ici leur avaient prêté leur concours.

Que deviendront ces malheureux poëtes ?

🐝 Monsieur ***, — ex-parvenu assez insolent, — enrichi par des spéculations hasardées, — a fini par se ruiner, — par suite d'un bilan dont le passif a été fidèlement déclaré, mais l'actif scrupuleusement gardé dans sa poche ; il offrira — rien pour cent à ses créanciers ; — il sera un peu inquiété à ce sujet : — obligé de se cacher pendant le jour, — il vivra somptueusement la nuit. — Nous le prévenons que, pendant le mois de janvier, le soleil se couchera légalement à quatre heures trente-trois minutes et se lèvera à sept heures cinquante minutes.

🐝 FÉVRIER. — Vers la moitié de ce mois, S. M. Louis-Philippe—vendra, comme l'année précédente (20 février 1842), — les premiers haricots verts de l'année. — Fureur de M. de Rothschild, qui n'en pourra livrer au commerce que plusieurs jours après le roi des Français. — CARNAVAL, *bals de l'Opéra*; attendu que dix théâtres et établissements publics seront pleins chaque soir de masques, qui s'y encaqueront par milliers, et que lesdits masques dormiront le jour, les journaux de l'opposition feront remarquer qu'on ne voit pas un seul masque sur les boulevards, *signe évident de la misère, des souffrances et de la tristesse du peuple.* — On ne rira pas assez des grandes phrases que ces braves journaux feront sur ce thême. — Plusieurs législateurs seront mis au violon pour danses un peu trop risquées. — Quelques femmes libres également cesseront momentanément de l'être pour l'avoir été trop dans leurs attitudes. — Quelques vieilles femmes abuseront du masque pour séduire et mener à mal des jeunes gens sans expérience.

Plusieurs auront des aventures du genre que voici :

UN DOMINO. Je te connais, tu t'appelles Charles.

UN AUTRE. Je te reconnais, tu es employé au ministère des finances.

UN AUTRE. Je te connais, tu avais avant-hier un pantalon bleu.

Et le jeune homme est le plus heureux des mortels; il se dit : « Comme on m'intrigue donc! comme je suis donc connu! comme on s'occupe donc de moi! »

Un domino lui prend brusquement le bras et marche avec lui sans parler.

— Eh bien! dit le jeune homme s'arrêtant enfin dans un coin, est-ce là tout? n'as-tu rien à me dire?

— Absolument rien, répond le domino.

Et le jeune homme lève les yeux au plafond et se ronge un ongle, ce qui lui donne pour les passants l'air de dire : « Où diable a-t-elle appris tout cela? je suis le plus intrigué des hommes. »

— Je ne te connais pas, ajoute le domino, je ne t'ai jamais vu.

Et le jeune homme frappe du pied avec l'air dépité d'un homme auquel on raconterait ses aventures les plus secrètes;

— un de ses amis, voyant ses gestes, dit : « Il paraît qu'on en dit de dures à Charles. »

— Je t'ai pris le bras, continue le domino, parce que tu passais près de moi, et que c'était le seul moyen de me débarrasser d'un de mes amis qui s'était cramponné à moi et ne voulait pas me quitter, — je te remercie et je te laisse.

Le jeune homme reste seul, garde quelque temps l'air d'un homme très-préoccupé des révélations qu'on vient de lui faire.

L'ami qui l'avait observé l'aborde et lui dit :

— Eh bien, tu parais intrigué ?

— Ne m'en parle pas ! une femme charmante ! un lutin pour l'esprit et la malice ! — oh ! elle ne m'a pas ménagé ; — elle sait de moi des choses... et je ne puis savoir qui elle est ; — je lui ai fait les questions les plus insidieuses, elle s'en est tirée avec un sang-froid, un tact, une présence d'esprit admirables ! — Oh ! je la connaîtrai.

— Heureux coquin ! dit l'ami.

MARS. — Le 21, commence le printemps des astronomes, des almanachs et des poëtes.

Le 21, gelée. — Le 22, gelée. — Le 23, neige. — Le 24, pluie. — Le 25, bise. — Le 26, gelée. — Le 27, pluie. — Le 28, pluie. — Le 29, neige. — Le 30, gelée. — Le 31, froid.

L'homme tourne dans un cercle bizarre de désirs et de crainte ; — le printemps, que nous attendons avec tant d'impatience, nous rapproche de l'hiver prochain, que nous redoutons.

AVRIL. — Semer les betteraves et les haricots, — et prendre garde aux poissons d'avril.

Un ministre renversé fera à la tribune un grand discours sur la misère du peuple ; s'il veut rentrer aux affaires, s'il veut reprendre le *fardeau* du pouvoir, c'est uniquement dans l'intérêt du pays, etc.

Il y aura des proclamations, — des professions de foi — et une foule d'autres choses de circonstance : — les philosophes, les philanthropes, les savants, — tout le monde se moquera de vous et cherchera à vous attraper.

🙥 MAI. — Tout fleurit : — les fraisiers au pied de la haie d'épines blanches ; — les papillons fleurissent dans l'air, — et cherchent, fleurs vivantes, une tige vacante parmi toutes les fleurs qu'ils visitent en voltigeant.

Les insectes cherchent, sur cette table opulente et toujours mise que la terre offre à toutes les créatures, chacun la plante qui lui est destinée.

🙥 L'air, — silencieux pendant l'hiver, — se remplit de chants d'oiseaux et de bourdonnements d'abeilles.

Partout — sur l'herbe, dans les arbres, dans l'air, dans l'eau, — sous la mousse, dans la corolle éclatante des fleurs, — tout est plein de nouvelles amours, — tout aime, — comme tout fleurit.

🙥 Mais rien ne bourgeonne, — rien ne fleurit comme le nez de M. d'Haubersaert.

🙥 C'est au commencement de ce mois que paraissent les hannetons, — c'est une nouvelle indifférente pour un siècle où il n'y a plus d'enfants ; — on fume aujourd'hui à l'âge où autrefois on chantait la fameuse romance :

> Hanneton, vole, vole, vole, etc.

🙥 Vers le 25, floraison des fèves de marais !

C'est un préjugé populaire — que le moment de la floraison des fèves — agit singulièrement sur le cerveau des gens ; — on dit même souvent d'un homme qui fait quelque grande sottise : « Il a passé un champ de fèves en fleurs. »

Il existe à ce sujet un proverbe latin consigné dans un assez mauvais vers.

> Cum faba florescit, stultorum copia crescit.

La floraison des fèves exercera cette année — une fâcheuse et remarquable influence.

M. Lherbette, député, — montera encore une fois à la tribune pour défendre les femmes de lettres — contre la tyrannie des époux — qui mettent de force dans leur existence la prose des enfants, du pot-au-feu — et de deux ou trois petits devoirs gênants et surannés.

M. Chapuys de Montlaville reprochera amèrement au roi sa mauvaise habitude de mettre des cravates blanches qui coûtent énormément cher de blanchissage, — tandis que Sa Majesté elle-même a breveté, moyennant huit cents francs, les cols en crinoline Oudinot (cinq ans de durée).

Un ministre qui ne le sera plus alors—s'inspirera, pour ressaisir le pouvoir, d'une Égérie—que l'on croit être la même qui autrefois donna de si bons conseils à Numa Pompilius, — l'an 714 avant Jésus-Christ.

La rue Laffitte, parquetée depuis un an, — sera cirée et frottée.

Les Anglais imagineront de vendre des coups de bâton. — S'apercevant au bout de quelque temps que cet article d'exportation est en souffrance, ils feront la guerre à une petite puissance du Nord. — L'Europe entière regardera sans rien dire. — La petite puissance, après avoir perdu quelques milliers d'hommes, — viendra à composition et fera un traité par lequel elle s'engagera à acheter tous les ans pour sept ou huit millions de coups de bâton.

M. de Balzac continuera à pousser les fleurs dans la voie de la révolte ouverte contre la nature. — Il naîtra dans un de ses livres — une violette de haute futaie.

Une foule de nouveaux auteurs paraîtront à l'horizon littéraire. Autrefois les gens qui avaient échoué dans leurs projets,— qui pleuraient les objets d'une grande affection, — qui avaient quelque faute à expier, *entraient en religion ;* — ces gens-là, aujourd'hui, *entrent en feuilleton*. — A cette époque de la floraison des fèves, des beautés fanées, des administrateurs destitués, des femmes du monde qui auront trop voyagé avec des pianistes, encombreront de leur prose et de leurs vers les revues de journaux.

🌸 Au mois de mai, — on sème des choux de Bruxelles; — retour des bécasses; floraison du serpolet. — Le petit Martin perd sa faveur, fondée sur ce qu'il a un pouce de moins que M. Thiers, — par l'imprudence qu'il a de regagner ce pouce au moyen de bottes à talons. — Vers le 25, on sème le chanvre; il lève si bien, qu'en songeant aux belles cordes qu'on en fera et en voyant certains actes administratifs, on regrette qu'on ne pende plus. — On met des dahlias en place. Premiers melons.

🌸 JUIN. — Il faut éclaircir l'oignon et repiquer les poireaux. — Un assassin empoisonne toute une famille; — mais, comme il est établi aux débats que c'est chez lui une mauvaise habitude, puisqu'il est constant que c'est la troisième fois qu'il se livre à de pareils écarts, — le jury, reconnaissant la force irrésistible des habitudes, — admet des circonstances atténuantes, et l'accusé en est quitte pour quinze jours de prison; — tous les jurés signent un recours en grâce. — Une révolution avorte et s'appelle émeute criminelle, — attendu que ce sont les vainqueurs qui sont parrains. — On plante des pois qui doivent produire en septembre; on repique les ciboules pour l'hiver. — M. Jars, député, adresse à la tribune ses madrigaux à une actrice maigre. — Quelques fonctionnaires indépendants méritent d'être pendus. — Plusieurs villes par lesquelles passent les chemins de fer — voient les voyageurs leur tomber tout rôtis; — en effet, sur quelques rails on va fort vite, mais on arrive cuit; — sur d'autres, on arrive en bon état, mais on va un peu moins vite qu'en fiacre à l'heure. — M. Jay fait dans le *Constitutionnel* un article pour lequel, ainsi qu'il l'a dit dans ce carré de papier, « il trempe sa plume dans son cœur. » — **Arroser** abondamment et seulement le soir ; — faucher les gazons et greffer les rosiers; on tond les moutons; on établira sur le lait un impôt dont on parle depuis longtemps.

🐝 M. Lesourd, directeur de l'octroi de Paris, — tombé en disgrâce, — débutera à l'Opéra. — On connaît dans le monde la magnifique voix de cet administrateur.

🐝 JUILLET. — On sème les carottes pour l'hiver.

— Anniversaire de la prise de la Bastille — et consécration des quatorze petites bastilles qui entourent Paris.

— On sème des radis, des oignons blancs et plusieurs espèces de choux.

— Une émeute réussit et s'appelle glorieuse révolution. — Vers le 15, on marcotte les œillets. — On sait que Napoléon avait bravé les œillets rouges, et que la Restauration en a eu fort peur, moins cependant que des violettes. — Une fleur se fera une mauvaise affaire avec la police. — Saison des bains et des eaux ; — plus d'un dandy sans argent ira passer l'été à Saint-Denis pour raconter l'hiver suivant qu'il a perdu un *argent fou* à *Baden-Baden*. — Les femmes nagent, les hommes ne nagent plus. — Une des causes de cette bizarrerie est que les filles portent leurs cheveux nattés ou lissés en bandeau, et que les hommes se font friser ; — les jeunes garçons fument et lisent les journaux, — tandis que les jeunes filles font de la gymnastique. — Avant trente ans, les hommes seront devenus à leur tour le *sexe faible et timide*.

🐝 AOUT. — Récolte des cornichons, — troisième labour de la vigne. — Moisson des céréales : quelles que soient la qualité et la quantité des blés cette année, les journaux ministériels diront que jamais on n'a vu une aussi belle récolte, et qu'il en faut rendre grâce au gouvernement paternel sous lequel nous avons le bonheur de vivre ; — et les journaux de l'opposition, que les épis sont vides, que la moisson est misérable, et que c'est la faute du gouvernement tyrannique sous lequel nous avons le malheur de vivre.

— Jours caniculaires. — La police continuera à jeter des boulettes pour les chiens attaqués de la rage, dont le signe caractéristique est que l'animal atteint ne mange pas. — Des citoyens, voyant la patrie en danger, se réuniront chez Véfour et feront un excellent dîner; — les journaux de leur parti célébreront avec enthousiasme le courage et le généreux dévouement dont ils auront fait preuve dans cette occasion. — Ceux du parti opposé traiteront la chose de gueuleton, mais feront à leur tour une ripaille semblable, à propos de laquelle ils feront à leur tour éclater leur courage et leur généreux dévouement.

SEPTEMBRE. — Des phénomènes sans nombre viennent étonner la France : de tous côtés il naît des veaux à deux têtes — et des enfants prodigieux. — On creuse les fondations d'une maison et l'on trouve un trésor. — On rencontre une fille sauvage dans la forêt de Montmorency; — d'innombrables centenaires sont cités dans tous les départements. — Il tombe dans plusieurs localités des grêlons gros comme des melons. — Un sansonnet, — commensal d'un savetier des faubourgs, récite aux passants la Charte constitutionnelle. — Plusieurs cochers de place rapportent des bourses oubliées dans leurs voitures. — Si un mendiant meurt, — on trouve chez lui sept cent mille francs en or cachés dans une vieille chaussette. — Un chasseur tue un cygne. — Il porte au cou un collier en argent, — sur lequel sont écrites plusieurs choses qui prouvent qu'il a appartenu à Charles XII, roi de Suède. — Si une femme accouche, — ce ne peut être de moins que de douze enfants, — tous bien portants et parfaitement conformés.

En un mot, — de toutes parts, on n'entend parler que de miracles et de prodiges; — tout cela parce que, la session des Chambres étant terminée, — les journaux ne savent comment remplir les deux colonnes qu'ils avaient l'habitude de consacrer au compte rendu des débats législatifs.

OCTOBRE. — Ouverture de la chasse. — Vu le prix des ports d'armes, la division des propriétés et la destruction des forêts, — il sera mangé des mésanges et des pinsons qui reviendront à l'heureux chasseur qui en aura *chargé* son carnier à trois francs la pièce. — Les feuilles de la vigne deviennent pourpres, — celles des poiriers oranges, — celles des ormes jaunes. — Les philanthropes inventeront un nouveau pain de sciure de bois. — M. Gannal embaumera plusieurs médecins. — La récolte de vins de M. Duchâtel sera de médiocre qualité. — Vers le 15, chute des feuilles ; — plusieurs journaux de toutes couleurs seront victimes de cette époque fatale. — Le 28 octobre, — selon un vieux proverbe, — on ne trouve plus une seule mouche vivante :

A la Saint-Simon (28 octobre),
Une mouche vaut un mouton.

Nous demandons la permission d'excepter les *Guêpes* de cette condamnation.

NOVEMBRE. — Récolte des nèfles et des pommes d'api ; — plantation des arbres fruitiers ; — la régie des tabacs imaginera de vendre dix sous (cinquante centimes) de nouveaux cigares en feuilles de betteraves ; — elle sollicitera du gouvernement l'autorisation pour les collégiens de fumer en classe ; — cette extension augmentera considérablement ses recettes, qui se sont élevées l'année dernière à quatre-vingts millions. — On rira beaucoup d'un mot de M. de Rambuteau ; voici ce mot, que le préfet de la Seine prononcera du 17 au 20 novembre : — quelqu'un lui demandera quel est l'inventeur de la régie. « C'est *Tabaca*, répondra M. de Rambuteau.

— Comment ? que voulez-vous dire ?

— Ne voyez-vous pas sur tous les bureaux : TABACA FUT MÈRE DE LA RÉGIE ? »

C'est ainsi que M. de Rambuteau écrit et prononce ce qu'on lit en effet sur les vitres des bureaux de tabac : *Tabac à fumer de la régie.*

Le 25 novembre, la Sainte-Catherine, fête des filles, où comme le dit une vieille chanson :

> Aucun jardin n'est resté vert ;
> L'amour et l'hymen, *malins drilles*
> Exprès, pour punir les filles,
> Ont mis leur fête l'hiver.

Quand on voit une de ces belles jeunes filles au visage calme, au maintien modeste, aux cheveux lissés sur le front, aux regards doux et incertains, — l'imagination ne la sépare guère de son vêtement, il semble qu'elle ait des pieds de satin, — et que ce nuage bleu que forment autour d'elle les plis de la gaze qui descendent jusqu'à terre — soit son corps.

Mais qu'il est difficile de ne pas rompre ce charme mystérieux, — cet amour sans désir, — cet amour religieux et poétique !

Il suffit d'une mère qui vienne dire : « Ma fille est un peu malade, — elle a monté à cheval, elle a les *cuisses* rompues. » Ou : « Ne cours pas, on verrait tes *jambes.* » Ou : « Je lui ai acheté des *chemises* de batiste — ou des *jarretières.* » Et combien peu de mères savent se priver de pareilles mentions !

DÉCEMBRE. — Il semble que l'âge d'or va renaître : les femmes aiment leurs maris, les enfants entourent leurs parents de respect, les domestiques sont empressés et laborieux, les portiers sont polis. — C'est surtout à prendre du 15 de ce mois que ces changements se font apercevoir d'une manière sensible ; — toutes sortes de beaux sentiments sont tirés du cœur comme les fourrures des cartons ; — les uns comme les autres secoués, brossés et remis à neuf. — En ce mois finira une année qui aura eu, comme celles qui la suivront et celles qui l'ont précédée, cinquante-deux dimanches, et aura été remplie des mêmes passions, des mêmes sottises, des mêmes craintes, des mêmes désirs ; — la forme seule change un peu, — le fond reste toujours le même, — malgré les opinions contradictoires et de ceux qui se félicitent du progrès — et de ceux qui se plaignent que le monde dégénère.

FOIRES ET MARCHÉS. —Plusieurs réélections auront lieu à la Chambre des députés. Les journaux avertiront de l'époque des foires et marchés qui seront tenus à cet effet dans divers départements ; — les voix y seront payées à leur valeur. — MM. les maires garantissent aide et protection aux marchands. — Une danseuse verte sera rengagée au théâtre de l'Opéra. — Un publiciste, ardent ennemi du pouvoir, sera nommé sous-préfet dans une ville du Nord. — Une jeune cantatrice enlèvera à une rivale qui a plus de talent qu'elle, — mais qui a du talent depuis longtemps, un rôle écrit pour ladite rivale dans un opéra-comique de M. Auber. — Plusieurs bureaux de tabac seront accordés à plusieurs femmes quelconques, sur la recommandation des honorables MM. ***, — ***, — ***, etc. — Madame Lebœuf, femme du député de ce nom, sera invitée aux bals de la cour. — Un jeune peintre sans talent, — neveu d'un député de l'opposition, recevra du ministère de l'intérieur des travaux extrêmement importants. — Il sera accordé une nouvelle direction de théâtre. — Le *Journal des Débats* protégera le gouvernement *actuel*. — Mademoiselle de ***, qui est si belle, — épousera M. ***, qui est si laid. — Des places seront données en foule à toute sorte de gens. — Des croix d'honneur seront distribuées.

ANECDOTES. — Un ancien administrateur poursuivait depuis quelques mois M. Villemain de ses demandes et de ses réclamations. — Il y a quelques jours, le ministre reçoit une dernière lettre dans laquelle l'ex-fonctionnaire annonce qu'il est désespéré, — qu'il est réduit à la plus affreuse misère, etc., etc.

M. Villemain envoie sous enveloppe une réponse consistant en un billet de cinq cents francs.

Le lendemain, il lui est remis une lettre ainsi conçue :

« Monsieur, je demandais justice, — mais je ne demandais pas l'aumône ; ne croyez pas acheter mon indépendance par vos bienfaits. — Je vous renvoie votre billet de cinq cents francs, pour lequel, sans doute, vous vous êtes trompé d'adresse. — Votre serviteur, etc. »

M. Villemain admire — et tourne le feuillet pour reprendre le billet de cinq cents francs annoncé. — Il ne le voit pas ; il cherche à ses pieds, — peut-être l'a-t-il fait tomber en ouvrant précipitamment la lettre : — il n'est pas à ses pieds. — Il cherche dans ses poches, — peut-être l'y a-t-il mis par distraction : — il n'est pas dans ses poches.

L'ex-fonctionnaire n'avait pas renvoyé le billet. Il s'était contenté de l'envoi de la lettre superbe — qu'il avait montrée à trente personnes.

※ Un jeune écrivain, le baron T***, nous contait dernièrement des particularités curieuses sur les chemins de fer aux États-Unis. — Je regrette de ne me rappeler que les choses sans me rappeler la façon dont il les disait.

Aux États-Unis on ne s'amuse pas à niveler le terrain, — à aplanir des côtes, à supprimer des montagnes ; — on jette deux rails d'un endroit à un autre, — sur les montées, sur les vallons, dans l'herbe, — puis on lance les wagons sur ces rails et l'on va le plus vite possible ; — les vaches et les bœufs — paissent sur le chemin ; — les wagons sont précédés d'une sorte de proue qui les ramasse, qui les entraîne et les jette plus ou moins broyés à droite et à gauche.

※ Tout cela donne lieu à une foule d'accidents ; souvent

un rail se brise, — le bout brisé — alors se redresse, et dernièrement une de ces lances de fer a percé un wagon et blessé plusieurs voyageurs.

On remarquait, à ce sujet, à quel point les choses changent sous nos yeux chaque jour, — mais tout progrès n'est pas une amélioration ; — pendant bien longtemps, il est vrai, les voyageurs ont traversé les chemins ; — mais, quelque ami que l'on soit du changement, — on ne saurait approuver cette tendance révolutionnaire que manifestent les chemins à traverser à leur tour les voyageurs.

Lorsqu'il s'agit, à l'Académie, de distribuer les derniers prix de vertu, — un académicien, M. D***, — racontant à ses collègues — la belle conduite d'une pauvre fille qui, sur son travail, avait, pendant plusieurs années, nourri une famille à laquelle elle n'était alliée que par sa générosité, — dit par distraction : « Et cette vertueuse fille — trouvait moyen, sur son faible gain, de donner chaque jour à cette misérable famille deux *kilomètres* de pain. »

Tout le monde se mit à rire de ce *lapsus linguæ* — et à s'extasier sur cette immense tartine. — Un des confrères de l'académicien prit la parole et dit : « Messieurs, loin de rire comme vous de la distraction qui a fait dire à notre collègue kilomètres pour kilogrammes, — je le féliciterai de cette protestation contre une langue barbare imposée à l'Académie française par la police de Paris. »

André entre chez M***, qui peint dans son atelier. « Bonjour. — Bonjour. — Comment vas-tu ? — Bien, et toi ? — Très-bien. — Tu n'en as pas l'air. — Tu as raison, — ça va mal. — Diable ! est-ce que tu es malade ? — Non. »

André prend une pipe, la bourre de tabac, — l'allume, la laisse éteindre, — la rallume, fredonne un air. — Pendant ce temps, M*** continue à travailler. « Rien ne me réussit, — dit André, — je n'ai pas de travaux, je n'ai pas d'argent, — j'ai des dettes, — je voudrais être mort. » M*** alors pose son pinceau sur son chevalet, — le regarde d'un air surpris — et dit : « Ah! tu voudrais être mort!— eh bien! tu n'es pas dégoûté. »

🙢 L'enseigne du marchand de nouveautés du coin de la rue de Seine est toujours décorée de l'ordre de la Légion d'honneur.

🙢 Comme on parlait de M***, — quelqu'un demanda : « A-t-il des filles? — Non, répondit M. Romieu, — et tant mieux pour elles. »

🙢 Un journal qui a publié les portraits d'un grand nombre de célébrités contemporaines, en mettant au-dessous quelques vers souvent assez heureux, — nous a paru s'être trompé en faisant imprimer ceux-ci au-dessous du portrait de M. Étienne Arago, vaudevilliste, et frère de M. François Arago, l'astronome :

> Dans la famille on sait d'avance
> Comment le partage se fit :
> *François* prit toute la science,
> *Étienne* garda tout l'esprit.

Ce qu'il y a de remarquable en ceci, c'est que le journal en question suit une ligne politique dans laquelle l'admiration sans bornes pour M. François Arago est de rigueur.

Or, si l'on s'en rapportait aux susdits vers, M. Étienne ayant *gardé tout l'esprit*, — M. François n'en aurait aucun vestige ; — il est vrai que, ledit M. François ayant pris *toute* la science, M. Étienne resterait avec la plus profonde ignorance de toutes choses ; — je crois que chacun de ces deux messieurs serait en droit de se plaindre ; — mais que dira M. Jacques, un troisième frère, qui fait des livres et des vaudevilles? — que lui restera-t-il? Et n'y a-t-il pas aussi un quatrième frère, M. Emmanuel, qui est avocat? quel est son lot? — et je ne sais combien d'autres, car la famille des Arago est nombreuse comme celle des Atrides, — et elle a fait autant de vaudevilles que celle des Atrides a causé de tragédies.

※ J'aurai, quelque jour, à vous parler longuement d'un monsieur qui sera quelqu'un de ces jours député, — et qui n'est pour le moment que membre du conseil municipal de Nîmes — et chevalier de la Légion d'honneur, comme tout le monde.

Ce monsieur a été bonnetier, — comme M. Ganneron a été fabricant de chandelles; — comme M. Ganneron, il a fait une belle fortune dans son commerce.

On raconte qu'à un voyage de quelques jours que fit à Nîmes une des princesses de la branche aînée — l'ex-bonnetier trouva moyen d'être, par le conseil municipal, nommé chevalier d'honneur de la duchesse. — Il était au comble de la joie, — il prenait tous les prétextes pour parler à voix basse à la princesse. « Mais que dit-il donc ainsi? demanda quelqu'un. — Vous le voyez, répondit-on, il parle *bas*. »

Jusqu'ici cela me serait parfaitement égal, — mais ce qui me l'est moins, — c'est que ce monsieur, qui arrivera un jour à la Chambre — comme défenseur des intérêts populaires — comme dévoué à la classe malheureuse, — loue sept francs par an à de pauvres diables le droit de ramasser des escargots dans ses bois.

※ A une des dernières élections — l'affaire était chaudement disputée. — Le parti de l'opposition fit boire un électeur outre mesure.

Le parti contraire s'aperçut de la chose, — et, pensant, selon toutes probabilités, que ce serait une voix gagnée pour ses adversaires, — prit sans façon l'électeur aviné, et le mit comme un paquet dans la diligence de Paris qui passait.

Le lendemain — on vote — et tout s'explique : — l'électeur envoyé à Paris devait voter pour le candidat conservateur. — Les amis du candidat de l'opposition n'avaient pas voulu le griser pour qu'il votât avec eux, — mais l'enivrer tout à fait pour qu'il ne votât pas, — n'ayant pu, par aucun moyen, le décider à passer sur leur bord. — Les conservateurs avaient donc fait, dans l'intérêt de leurs adversaires, ce que ceux-ci n'avaient pas osé faire pour eux-mêmes.

☙ Le procès de Besson est terminé — il a été condamné à mort.

Nous avons déjà donné notre opinion sur cette scandaleuse affaire. — Besson, domestique de M. de Marcellange, est chassé par lui pour avoir menacé de le tuer ; — la femme et la belle-mère de M. de Marcellange prennent Besson à leur service particulier. — M. de Marcellange est assassiné, la rumeur publique accuse Besson, — on le met en prison ; — là, les dames de Chamblas lui envoient un lit, — et chaque jour un plat de leur table ; — un témoin — plus qu'un témoin peut-être, — Marie Boudon, — a été emmenée en Suisse par les dames de Chamblas et n'a pas reparu.

Des charges tellement fortes s'élèvent, aux débats, contre les dames de Chamblas, que le procureur du roi en est atterré et se trouve presque mal à l'audience.

Cependant je ne sais quelle égide protége ces femmes, — on arrête et on condamne des témoins pour faux témoignage, — on ne surveille même pas les dames de Chamblas ; — cependant Besson est condamné à mort, donc la plus grande indulgence accuse les dames de Chamblas au moins de faux témoignage, — puisqu'elles ont juré qu'il n'avait pas quitté leur maison l jour où il assassinait son maître à six lieues de là.

Les journaux de toutes parts avertissent le ministère public que les dames de Chamblas sont en fuite, — le ministère public fait la sourde oreille — le procès s'instruit de nouveau : — on ne trouve plus les dames de Chamblas, — le ministère public n'ose pas élever la voix contre elles, — l'avocat de la famille Marcellange, qui demande vengeance de la mort du malheureux assassiné, — n'ose risquer que des allusions ; — enfin, vaincu par la rumeur, par l'indignation publiques, — le procureur du roi — finit par parler ; mais sa pensée est entourée de nuages.

Il parle des dames de Chamblas avec une respectueuse terreur : — « Elles sont en fuite, dit-il, — elles ont une punition terrible, seule punition que le monde puisse leur infliger, — l'exil et les remords. »

Vraiment, monsieur, croyez-vous que Besson, que vous venez de faire condamner à mort ; Arzac, qui est aux galères, ne s'arrangeraient pas parfaitement de cette *terrible punition, l'exil et les remords ?* — Laissez seulement ouverte un instant la porte de leur prison, et vous verrez avec quel empressement ils se condamneront eux-mêmes aux *remords et à l'exil,* — cette terrible punition.

En un mot, voici le résultat de votre jugement : — je parle ici au procureur du roi, aux juges et aux jurés.

Arzac est condamné aux travaux forcés — pour avoir porté un faux témoignage en faveur de Besson.

Ce qui est prouvé aux débats, — prouvé pour vous jusqu'à l'évidence, — puisque vous avez condamné Besson à la peine de mort, — puisque pour vous Besson a assassiné M. de Marcellange, — c'est que les dames de Chamblas ont, — comme Arzac, — rendu un faux témoignage en faveur de Besson — et qu'elles ont rendu ce témoignage pour sauver l'assassin de leur gendre et de leur mari.

Je ne vous donne pas ici mon opinion, — je vous donne la vôtre, — la vôtre approuvée par un jugement terrible, — par une condamnation à mort.

Et si vous rapprochez de ce fait les autres circonstances des débats, — ne vous naît-il pas d'autres pensées dans l'esprit ? — D'où vient donc que ces pensées que tout le monde a, personne, — ni au tribunal ni dans la presse, n'a osé les formuler tout haut ? — Quelle puissance invisible protége donc ces deux femmes ? — quel danger mystérieux court donc l'imprudent qui parlerait hautement? quel prestige vous frappe donc tous de terreur ? — Ce danger, je veux le connaître, — et je vais m'y exposer pour le connaître.

Dans ma conviction, sur mon âme et sur ma conscience, — ou Besson est innocent, — ou madame de Chamblas et madame de Marcellange sont ses complices.

Par votre jugement vous avez déclaré qu'elles avaient rendu, comme Arzac, le pauvre berger qui est aux galères pour ce fait, un faux témoignage en faveur de Besson. Et quand ce faux témoignage a pour but de sauver l'assassin du gendre de l'une, du mari de l'autre, — comment l'appelez-vous?

« *Ou Besson est innocent, ou les dames de Chamblas sont ses complices.* »

Un homme fort petit — parlait de sa force prodigieuse devant M. Dorsay, — qui est d'une taille élevée : « Monsieur, disait-il avec ce ton haineux qu'ont les hommes de petite taille quand ils parlent des grands, — il n'y a pas un exercice de force ou d'adresse;—il n'y a rien, en un mot, que fasse un homme aussi grand que vous — que je ne m'engage à faire aussi bien que lui. »

M. Dorsay, — levant le bras, — toucha du bout du doigt le plafond du salon et lui dit : « Faites cela. »

Le dieu Cheneau prépare contre moi des foudres imprimées ; — je suis entré dans le sanctuaire à deux reprises différentes : la première fois, j'avais retrouvé dans une armoire un vieux paletot auquel il manquait des boutons. — Je suis allé chez M. Cheneau, — là je n'ai vu que son co-mercier. Je dois ici faire l'éloge desdits boutons, — je serai forcé de faire mettre un paletot neuf à ces boutons-là.

La seconde fois, j'ai pénétré dans l'arrière-ciel du dieu mercier, cette partie de l'Olympe chauffée par le charbon de terre, — éclairée par le gaz, — donne par son excessive chaleur un avant-goût des peines de l'enfer. — Le dieu serait blond — s'il avait des cheveux.

C'est un métier très-couru aujourd'hui que celui de Mécène ; — beaucoup de gens riches *protégent* les écrivains et les artistes de talent ou de réputation. Les écrivains leur font présent de leurs livres, — ou leur donnent des loges le jour qu'on représente leurs pièces ; les artistes jouent gratuitement à leurs soirées.

Ah ! c'est là ce que vous appelez des Mécènes ; mais c'est une spéculation sordide. — Je ne vous empêche pas d'apprécier la chose comme vous l'entendez, — mais c'est comme cela.

Mademoiselle R*** est une jeune artiste qui jouit en ce moment d'une grande réputation. — Il est d'assez bon genre de l'avoir dans son salon. — Si elle se faisait payer, cela serait fort cher, — on pourrait encore ne pas la payer, — on m'a dit qu'elle ne le veut pas ; — mais il faudrait lui faire de riches cadeaux. — Il faut donc la recevoir comme amie.

Mademoiselle R*** est dans une position qui l'expose à beaucoup de récits ; — on accepte facilement sur elle, comme sur tous les gens en évidence, les anecdotes les plus saugrenues. — Quelques-unes sont vraies, — la plupart sont fausses ; — beaucoup de gens les croient toutes.

Mais chez madame Réc*** on ne souffre pas la moindre atteinte à la renommée de la jeune actrice ; — si vous l'accusiez même de la moindre légèreté, vous seriez fort mal venu. — M. de Châ***, habitué de la maison, est prêt à prendre la cuirasse et la lance contre le téméraire qui parlerait inprudemment de la vertu sans tache de mademoiselle R*** : elle serait, hors de là, mère d'une nombreuse famille, qu'elle serait chez madame Réc*** vierge immaculée jusqu'à la fin de ses jours.

Parce que mademoiselle R*** lit chez madame Réc*** les vers de M. de Châ***, que si on admettait sur elle la moindre des choses, on ne pourrait plus la recevoir comme amie, — parce que, ne la recevant pas comme amie, il faudrait lui faire des cadeaux ou ne la plus avoir à ses soirées.

Dans une pièce appelée les *Abeilles*, que l'on a dernièrement représentée aux Variétés; — chacune des abeilles porte un nom de fleur; — la censure a fait débaptiser l'une d'elles, qui s'appelait *Capucine*, parce que, M. Guizot demeurant sur le boulevard des *Capucines*, le public, en y mettant un peu de malice, pourrait trouver dans ce nom une allusion politique.

Le *Télémaque*, dont nous avons parlé dans le dernier numéro des *Guêpes*, — est encore sous l'eau avec ses immenses richesses, y compris les millions de M. Hugo; M. Taylor, entrepreneur du sauvetage, a pris la fuite, abandonnant, sans les payer, trente-cinq ouvriers qu'il avait fait venir d'Angleterre; ces malheureux ont travaillé pendant cinq ou six mois, et restent sans pain, sans ressources et dans l'impossibilité de retourner chez eux. — On assure que le *Télémaque* n'a pas bougé de place et qu'il est tout aussi enterré dans le sable qu'au commencement de l'opération; — au dernier moment et pour faire prendre encore quelques actions, on aurait fait marcher quelques personnes sur un plancher soutenu entre deux eaux, en leur persuadant que c'était le pont du navire.

Il y a dans chaque administration des heures fixes pour l'ouverture et la fermeture des bureaux; messieurs les employés du ministère des finances s'enferment au verrou dix minutes ou un quart d'heure avant l'heure fixée pour la fermeture, dans la crainte que quelqu'un, arrivant à l'extrême limite de l'heure indiquée, ne vienne retarder leur départ de quelques instants; — des intérêts graves sont à chaque instant compromis par l'*indépendance* de ces fonctionnaires subalternes; — chaque jour, des personnes croyant pouvoir se fier au règlement affiché, arrivent cinq ou six minutes avant l'heure fatale et trouvent les portes fermées.

Comme je parlais tout à l'heure des Mécènes, j'en ai oublié un et un véritable, un homme qui rendait des services réels à des *gens de lettres*. Il est vrai qu'il est mort, et c'est précisément pour cela que j'ai à vous parler de lui. C'était M. A***. M. A*** protégeait les arts et quelquefois, en particulier, celui de la danse; — quelques journalistes avaient trouvé moyen de lui faire redouter une appréciation fâcheuse de cette protection. — D'autres menaçaient l'objet de la protection. — Puis, ils empruntaient de l'argent à M. A***; celui-ci consentait à prêter, mais seulement contre des lettres de change; — les lettres de change étaient enfermées au fond d'un secrétaire, et le bienfaiteur ne songeait nullement à s'en faire jamais payer : seulement, à l'échéance, il avait soin de les faire protester — et de faire de temps en temps ce qu'il fallait pour que *ses titres* ne fussent pas périmés, afin de conserver une garantie contre de trop fortes exigences ou contre quelques excès d'ingratitude. « La reconnaissance, disait-il, est un sentiment délicat qui a besoin d'être étayé d'un peu de crainte. » M. A*** est mort subitement; ses héritiers ont trouvé les lettres de change parfaitement en règle, et ont annoncé l'intention formelle de les faire payer, — par suite de quoi plusieurs personnes ont cru devoir passer cet hiver à la campagne.

Février 1843.

FÉVRIER. — Ce mois-là — mon cher père mourut; Gatayes alla trouver quelques-uns de mes amis et leur dit : « Nous allons faire le numéro des *Guêpes*. — Alphonse Karr s'en est allé au bord de la mer. »

Ce numéro fut fait par Ad. Adam. — E. d'Anglemont. —

FÉVRIER 1843.

Le vicomte d'Arlincourt. — R. de Beauvoir. — H. Berthoud.
— L. Desnoyers. — J. Ferrand. — Th. Gautier. — Gavarni.
— L. Gozlan. — V. Hugo. — J. Janin. — A. de Lamartine.
— Vicomte de Launay. — H. Lucas. — Mallefille. — Méry.
— H. Monnier. — A. Soumet. — E. Sue.

Je leur renouvelle ici mes remercîments; — je ne crois pas devoir, pour cette nouvelle édition, m'emparer de ce qui me fut prêté alors et a sa place dans leurs œuvres. Je conserve seulement la notice écrite par Ad. Adam.

HENRI KARR. — Henri Karr est né vers 1780, à Deux-Ponts (Bavière); son père, maître de chapelle du duc de Bavière, était aussi son ami. Cela nous surprendra peut-être un peu, nous autres habitants d'un pays où, dit-on, règne l'égalité; mais cela paraît fort ordinaire en Allemagne, pays d'aristocratie et de préjugés, où l'on a celui de croire que par la raison que l'on est musicien on n'est pas nécessairement un imbécile et que l'on peut être bon à donner quelques conseils, fût-ce même à un prince. Celui dont nous parlons affectionnait donc particulièrement son maître de chapelle, et comme la Révolution française venait d'éclater, il le chargea d'une mission délicate auprès du gouvernement révolutionnaire et l'y envoya en qualité de légat. En ce bon temps, le respect dû aux personnages diplomatiques n'était pas la vertu dominante des favoris du pouvoir. On avait l'usage alors de vous emprisonner dès que vous étiez *suspect*, suspect de quoi? on l'ignorait, on l'ignore à peu près encore: quoi de plus suspect qu'un Bavarois? Le père d'Henri Karr fut donc emprisonné au palais du Luxembourg. Peu habitué à ce genre de réception, il tomba malade et ne tarda pas à succomber à une hydropisie de poitrine, à l'âge de trente-six ans.

Voici donc Henri Karr, à peine âgé de quinze ans, seul soutien de sa mère et de ses frères et sœurs, sans aucune ressource. A l'aide de son piano et de son violon, car, dans sa jeunesse, il jouait aussi très-bien de cet instrument, il combattit la mauvaise fortune ; mais les affaires politiques prirent une tournure très-défavorable en Bavière, tandis qu'elles commençaient à s'améliorer en France. Henri Karr partit alors pour Paris, où il arriva à l'âge de vingt-deux ans, sans protection, ignorant même la langue du pays, et plus embarrassé dans la nouvelle patrie qu'il voulait se faire qu'il ne l'avait jamais été dans son pays natal. Heureusement il y avait, à cette époque, une providence pour les artistes : c'était la maison des frères Érard ; là, la plus généreuse hospitalité accueillait les étrangers et les nationaux, il n'y avait nulle distinction, nulle étiquette, point de différence d'opinions ; vous étiez artiste, donc vous étiez de la maison. Ce fut à cette porte qu'alla frapper Henri Karr ; elle s'ouvrit à deux battants devant lui, et dès lors il eut une famille. Mais que pouvait-on faire pour le pauvre artiste ? Ignorant notre langue, il ne pouvait donner de leçons, et il n'avait point encore essayé de composer. Les frères Érard eurent l'idée d'offrir à Karr de rester à demeure chez eux pour faire entendre leurs instruments aux étrangers qui venaient pour les acheter. Soit que cette nécessité eût développé chez leur protégé une spécialité dont ils étaient loin de se douter, soit que les qualités naturelles de l'artiste le portassent à la perfection de cette branche de l'art, toujours est-il que Karr se trouva sans rival pour faire valoir un instrument. On ne peut se faire une idée du talent qu'il déployait dans ces occasions. Je vous conterai tout à l'heure comme quoi il donna une preuve éclatante de sa supériorité. Karr resta pendant vingt ans, je crois, dans la maison Érard, autant comme ami que comme employé ; mais ses ressources s'étaient accrues ; dès qu'il put parler français, les leçons ne lui manquèrent plus, et puis il se mit à composer des morceaux de piano d'un style facile et à la portée des moyennes forces. Leur succès fut immense. On ne peut en expliquer la prodigieuse quantité que par l'inexplicable facilité avec laquelle il les composait. Nous l'avons vu souvent, chez les marchands de musique, achevant d'écrire, sans même l'avoir essayée, la fantaisie qu'on venait de lui commander une heure auparavant. Ces morceaux avaient une grande qualité : c'était, outre la facilité d'exécution, un naturel et une conséquence parfaite, ce qui s'explique naturellement, puisque c'était, pour ainsi dire, de l'improvisation écrite. Mais, quel que fût leur succès, Karr faisait trop voir aux éditeurs le peu de peine qu'il se donnait pour produire ces œuvres qui s'enlevaient par centaines, et on ne peut se figurer les prix fabuleux de mesquinerie avec lesquels on le rétribuait ; d'ailleurs l'insouciance de Karr était telle, qu'il ne s'inquiétait jamais de la modicité de ce prix, et qu'il avait l'air de remercier l'éditeur qu'il venait d'enrichir. C'est ainsi que s'est écoulée la douce vie d'Henri Karr. Il y a peu de temps qu'il reçut la décoration de la Légion d'honneur, en même temps que Thalberg, ce favori de la fortune à qui aucun bonheur n'a manqué : talent, naissance, richesse ; celui-là a eu tout en partage ; et, de plus, son caractère est si aimable, qu'il ne compte que des amis. Mais revenons à Henri Karr. J'ai parlé de sa supériorité pour faire entendre un piano ; je veux vous raconter une circonstance où il eut l'occasion de déployer tout son talent.

C'était en 1827. L'exposition de l'industrie avait lieu au Louvre. Érard avait fait disposer un orgue magnifique (le premier qui ait paru en France avec les mutations de jeu à la pédale) dans une des salles basses où se fait maintenant l'exhibition des travaux de sculpture. Outre l'orgue, les pianos et les harpes occupaient une partie de ce local. Karr touchait les pianos, Léon Gatayes jouait les harpes, et moi je jouais l'orgue. Te rappelles-tu, Gatayes, comme nous étions heureux alors ? Et pourtant tu n'avais pas de chevaux à monter, tu courais le cachet, quand tu trouvais des leçons, et moi j'étais bien fier quand un éditeur me donnait quinze francs d'une romance et cinquante francs d'un morceau de piano : nous avons eu depuis ce temps-là presque tout ce que nous avions rêvé, et cependant nous regrettons cette époque d'insouciance et de folle vie où nous voudrions bien revenir. Nous avons bien des choses de plus aujourd'hui, mais alors nous avions seize ans de moins.

Notre concert attirait une foule immense : le Français est fou de musique gratis. Le fait est que nous faisions de fort jolies choses, et je ne sais pas s'il y a eu beaucoup d'exemples d'improvisations à trois, surtout aussi heureusement réussies. Nous avions surtout une fantaisie sur l'air : *Il pleut, bergère*, où chacun faisait sa variation, puis l'orgue simulait un orage avec une vérité parfaite, et nos trois instruments se réunissaient dans un finale qui n'était jamais le même, et qui avait un succès fou. Tout Paris venait nous entendre : Rossini y vint aussi, ce fut là que je le vis pour la première fois : je voulus me distinguer et je jouai d'une manière déplorable; j'étais si troublé de me sentir ce colosse sur les épaules, que je ne savais plus ce que je faisais, mes doigts barbotaient sur le clavier, mes pieds s'embarrassaient dans les pédales, c'était une cacophonie épouvantable. Jamais je ne fus si malheureux.

Le jour de la visite du jury d'exposition arriva. Les autres facteurs de pianos avaient leurs instruments exposés dans les salles du premier étage, encombrées d'étoffes et de tapis et d'une sonorité bien moins favorable que les salles basses, où étaient les pianos d'Érard. Déjà les pianos d'Érard avaient été examinés, les membres du jury étaient dans les salles du premier étage, lorsqu'un facteur de pianos, et des plus renommés, demanda que ses instruments fussent entendus à côté de ceux d'Érard et dans les mêmes conditions. On accéda à sa demande. Lorsqu'on vint proposer au père Érard de faire porter un de ses pianos au premier étage pour être comparé à ceux d'un rival, il bondit de fureur : cet homme de génie, qui, en fait de pianos, a presque tout inventé, sentait si bien sa supériorité sur ses confrères, qu'il n'en voulait reconnaître aucun ; pour lui les deux mots *piano Érard* étaient inséparables ; hors de sa maison il ne se fabriquait pas de pianos ; il n'y avait que les envieux qui pussent propager un bruit si exorbitant. Il ne voulut jamais laisser emporter son instrument, et nous eûmes toutes les peines du monde à le faire consentir à laisser descendre celui de son rival. « Eh bien! s'écria-t-il, puisque vous le voulez tous, qu'il vienne ; qu'on apporte son plus grand piano à queue, et je le combattrai avec un petit piano à deux cordes. » — Pour le coup nous le crûmes fou, mais il n'y eut pas moyen de le dissuader. Notre effroi pour l'honneur de la maison s'augmenta encore lorsque nous vîmes que le piano à queue du rival d'Érard allait être joué par un des plus célèbres pianistes. Pendant dix minutes, celui-ci tint ses auditeurs sous le charme de son jeu savant et harmonieux. Quand il eut fini, Érard fit un signe à Karr, qui alla se placer devant le piano à deux cordes. Gatayes et moi nous tremblions pour Érard et pour Karr : mais ni l'un ni l'autre n'avaient peur ; la belle tête d'Érard avait perdu la contraction de colère qui l'agitait un instant auparavant, pour reprendre cette dignité calme qui était son expression habituelle ; la bonne grosse figure de Karr était riante et narquoise ; il y avait déjà du triomphe dans son malin sourire. Je ne sais ce que ce diable d'homme avait dans ses doigts, mais nul pianiste n'avait cette élégante facilité, ce charme brillant que l'on croyait venir de l'instrument et qui n'avait pas l'air d'appartenir à l'exécutant, dont il était pourtant la qualité essentielle. Il ne faisait pas de grandes difficultés, mais il surmontait la plus grande de toutes, celle de plaire, et il réussissait toujours. Le morceau qu'il improvisa n'était pas si savant que celui de son adversaire ; il se serait gardé, sur ce petit instrument, d'aborder le style grandiose qui en eût démontré l'insuffisance ; il fut gracieux, léger, coquet ; bref, au bout d'une trentaine de mesures, il avait gagné la partie.

Érard eut encore cette année la médaille d'or ; mais cette fois ce fut bien à Henri Karr qu'il la dut.

Henri Karr vient de mourir d'une attaque d'apoplexie, dans sa soixante-troisième année. Sur la fin de sa vie, tout son bonheur était dans les succès et la réputation de son fils : je ne le rencontrais pas de fois qu'il ne m'en parlât : il avait fait abnégation de sa personne et de sa réputation, il vivait tout entier dans celles d'Alphonse. Consolons-nous donc de la perte de cet artiste estimable en songeant aux jouissances qu'il a su trouver pendant ses dernières années dans les succès de celui en qui il se sentait revivre, et puisse l'hommage d'amitié que nous rendons tous au fils rejaillir encore sur la mémoire du père !

Ad. ADAM.

Mars 1843.

Le vendredi 13 janvier. — A monseigneur l'archevêque de Paris, pour les besoins de l'Eglise. — La grande politique et la petite politique. — Chandelle et lumière. — M. Lehoc. — Le dieu Cheneau. — Les *Guêpes* refoudroyées. — Messieurs les savants et mesdames leurs inventions. — M. de Lamartine et les journaux. — Sur quelques décorations. — Chiromancie. — Catholique. — M. Jouy. — M. Jay. — Ciguë. — Confiscation.

A MONSEIGNEUR L'ARCHEVÊQUE DE PARIS.

Vendredi 13 janvier.

« 13. — Jésus monta à Jérusalem.

» 14. — Et trouva au temple des gens qui vendaient des bœufs et des brebis et des pigeons, — et les changeurs qui y étaient assis.

» 15. — Et ayant fait un fouet de cordelettes, il les jeta tous hors du temple, — et les brebis et les bœufs, — et répandit la monnaie des changeurs, et renversa les tables.

» 16. — Et dit à ceux qui vendaient des pigeons : Otez ces choses d'ici et ne faites pas de la maison de mon Père un lieu de marché. » (*Évangile* selon saint Jean.)

Monseigneur, le vendredi — treize janvier de cette année, un fils suivait avec quelques amis le corps de son père, le cortége s'arrêta rue Saint-Louis, vis-à-vis l'église de Saint-Denis-du-Saint-Sacrement, et on porta le corps dans l'église.

Des menuisiers travaillaient dans l'église, sciaient des planches et enfonçaient des clous à coup de marteau ; — il ne se trouva personne pour leur imposer silence ; il y avait bien là un homme, mais il offrait de l'eau bénite et tendait la main ; il y avait bien là une femme, mais elle passait dans les rangs des chaises, et tendait la main. Un des amis du mort alla trouver les ouvriers et ne put leur faire suspendre leur travail qu'en leur donnant de l'argent. Le suisse vint chercher le fils du mort et un de ses amis et les mena à la sacristie. — La sacristie leur parut répondre à ce qu'on appelle les *coulisses* dans les théâtres. — En effet, il y avait là deux hommes dont l'un s'habillait et revêtait le costume du rôle qu'il avait à jouer. — L'autre, qui avait fini le sien, remettait l'habit bourgeois.

Un vieux prêtre — faisait au fils du mort — quelques questions dont il inscrivait les réponses sur un registre ; — pendant ce temps les deux hommes qui changeaient de vêtement causaient et riaient tout haut. — Je remarquai surtout celui qui allait entrer en scène ; — c'était un grand drôle — déguisé en prêtre ; — il avait des cheveux noirs huilés — prétentieusement aplatis sur les tempes ; — il riait et parlait comme personne de bien élevé n'oserait rire et parler dans un endroit où il y a quelqu'un qui fait des questions et quelqu'un qui répond. Je ne parle ni de la solennité du lieu, — ni de la solennité de la cérémonie ; et pendant ce temps— le fils, arraché à son profond recueillement, sentait dans son âme la douleur s'aigrir en colère et en haine. — Son ami l'entraîna — à la triste stalle — où il devait assister à cette représentation. — En effet, la chose commença.

Le personnage aux cheveux huilés ne tarda pas à faire son entrée; il avait revêtu avec la chasuble — un air contrit, humble et béat ; il tenait les yeux modestement baissés à terre ; — il portait à la main une bourse — et allait à chaque personne demander quelques'sous — en faisant des révérences ; — il ne riait plus, car c'était le *moment sérieux* de la cérémonie, — le moment de la recette. — Quelque riche que soit devenue l'Église, elle n'a pas pour cela cessé d'être humble, et, pour montrer cette humilité, elle ne laisse jamais passer une occasion de demander l'aumône. Le drôle aux cheveux huilés, — d'une voix cauteleuse et caressante, — bien différente de sa voix de la sacristie, — accompagnait chacune de ses révérences de ces mots : « Pour les besoins de l'église, s'il vous plaît. »

Ces paroles m'ont frappé, monseigneur, et j'ai songé que l'Église est dans une mauvaise voie.

Ce n'est pas des quelques gros sous — que cet homme recueille dans sa bourse — que *l'Église a besoin,* — pensai-je alors, — mois c'est de croyance et de foi dans son propre sein.

Quoi! monseigneur, c'est au moment où un fils et des amis brisés par la douleur vont demander à l'Église et à la religion des consolations pour eux et des prières pour leur père et leur ami, — qu'ils ne trouvent que de mauvais comédiens qui ne prennent pas la peine de savoir leur rôle — et de le jouer décemment!

Il y avait là des poëtes, des musiciens, des soldats, — et tout ce monde-là était décent et recueilli, — tous, excepté les prêtres, monseigneur.

Tout le monde priait pour le mort, — excepté les prêtres, qui l'insultaient.

Tout le monde avait l'air de croire et d'espérer en Dieu, — tout le monde... — excepté les prêtres.

Jamais, dans mes écrits et dans mes paroles, je ne me suis mêlé aux attaques vulgaires contre la religion du pays — et contre l'Église; — loin de là, j'ai souvent élevé la voix contre leurs ennemis; — mais jamais l'Église et la religion n'ont eu d'ennemis aussi dangereux que de semblables ministres; — jamais l'impiété ne leur a porté d'aussi terribles coups que de pareils prêtres.

Pour les besoins de l'Église, monseigneur, — je vous demande justice.

Pour les besoins de l'Église, monseigneur, je vous demande un désaveu de semblables choses et de semblables gens.

Pour les besoins de l'Église, monseigneur, que les prêtres aient l'air de croire en Dieu.

Pour les besoins de l'Église, si ce sont des comédiens, qu'ils apprennent leur rôle; qu'ils respectent leur public — et qu'ils ne laissent personne dans les coulisses.

Pour les besoins de l'Église, déguisez mieux les marchands que Jésus-Christ a chassés du temple, qui y sont rentrés et en ont fait une boutique — où ils ne vendent, il est vrai, ni bœufs, ni brebis, ni pigeons, — mais des prières qui ne partent que des lèvres.

J'aimais mieux ceux qui vendaient des bœufs et des brebis et des pigeons : ils n'étaient que marchands; — ceux-ci sont marchands — et voleurs.

Pour les besoins de l'Église, — monseigneur, — montrez que vous ne voulez pas que les prêtres agissent ainsi; — montrez que l'Église peut être un asile sûr pour la douleur, — et qu'elle n'y doit pas rencontrer l'insulte et le mépris.

Pour les besoins de l'Église, — faites, comme Jésus-Christ votre Maître, un fouet de cordelettes — et chassez ceux-ci du temple — pour qu'on n'abatte pas un jour le temple lui-même sur vous tous.

Pour le fils du mort, — il est allé pleurer et prier, — loin de là dans la campagne — au bord de la mer, — là — où tout parle de Dieu, — sous la voûte bleue de cette belle et grande église — qui est toute la nature, — là où il n'y a pas de prêtres impies et sacriléges.

🐝 Il se dit depuis quelque temps des choses plus qu'étranges — à propos du droit de visite, — sur lequel les *Guêpes* se sont expliquées assez clairement.

On a un peu parlé de dignité nationale, d'honneur et de fierté légitime. — A quoi un pair d'abord, puis tous les partisans et tous les journaux du ministère ont dit : — « Ce sont des préoccupations étrangères à la *grande* politique. »

Ce mot m'a expliqué bien des choses qui se sont passées sous mes yeux, et que je n'avais pas parfaitement comprises en leur temps.

De brusques revirements d'opinions, — des principes défendus aujourd'hui et attaqués demain, des personnes vénérées et adulées d'abord, puis ensuite traînées dans la boue.

Des haines irréconciliables se terminent par des alliances honteuses au profit d'autres haines communes.

Le mensonge, — la mauvaise foi, — l'injustice, — tout cela, c'est de la grande politique.

Au contraire, — ne se vendre ni aux avantages d'un parti ni aux promesses d'un autre, — petite politique.

Juger d'après sa conscience et parler d'après son jugement, — petite politique.

Dire la vérité à tout le monde, sûr tout le monde et sur toute chose, — petite politique.

N'admettre ni la fourberie ni la lâcheté, — petite politique.

Dieu nous délivre de ces grands Machiavels de comptoir et

de leur grande politique — et de leurs grandes phrases, et de leurs grandes sottises, et de leurs grandes apostasies, — et de leurs grandes lâchetés.

SUR MESSIEURS LES SAVANTS ET SUR MESDAMES LEURS INVENTIONS. — Nous avons à plusieurs reprises signalé certains progrès de la science qu'il nous a paru utile de dénoncer à la prudence publique.

La gélatine moins nourrissante que l'eau claire, mais plus malsaine, — que l'on continue à donner aux malades dans les hôpitaux.

Une nouvelle pomme de terre — grosse comme un pois.

Un cerfeuil nouveau, mais vénéneux, etc.

Voici quelque chose d'aussi nouveau, — mais de plus inquiétant.

Les moutons et les bœufs sont sujets à la pleurésie ; on a imaginé depuis quelque temps de leur faire avaler, quand ils en sont atteints, — *une once d'arsenic.*

C'est-à-dire de quoi empoisonner cinquante personnes.

Les moutons et les bœufs guérissent, — mais ceux qui les mangent ensuite courent le plus grand risque d'être empoisonnés et de mourir.

On ne peut plus se fier aux côtelettes de mouton, ni aux biftecks.

De bonnes gens qui ont passé toute leur vie à se priver de champignons — dans la crainte d'un accident — se trouveront empoisonnés par la soupe et le bouilli, — cette nourriture considérée jusqu'ici comme au moins assez innocente.

Ce n'était pas assez que M. Gannal et ses disciples — eussent trouvé le moyen d'empailler le rosbif, — d'embaumer les rognons de mouton — et de nous faire manger des côtelettes qui sont nos aînées — et des œufs frais — dont les poulets auraient quarante ans ;

Il faut qu'on empoisonne la viande.

Cette découverte des savants serait réputée une infamie si quelqu'un l'exerçait même à la guerre contre ses ennemis.

Le parti conservateur qui est *arrivé aux affaires* — a horreur de toute supériorité d'un de ses membres : — il veut que les choses restent ce qu'elles sont; — tout homme d'action et de puissance le gêne, l'embarrasse et lui inspire de l'ombrage.

L'opposition, au contraire, — qui veut arriver, — accepte volontiers des recrues, — sauf à faire plus tard, — en cas de succès, — précisément ce que font aujourd'hui les conservateurs.

Toujours est-il que lorsque M. de Lamartine vint apporter aux conservateurs l'appui d'un nom célèbre, d'un beau talent, d'un beau caractère, — il fut accueilli d'abord assez froidement, — puis ensuite, l'objet de la jalousie et de la malveillance de son parti, qui ne le trouvait pas assez médiocre, et dans lequel il voyait plus d'adversaires réels que dans l'opposition qu'il combattait avec eux.

Il a abandonné solennellement ce parti et s'est rangé dans l'opposition.

L'opposition l'a laissé se placer à sa tête, — à côté de ses chefs les plus prônés.

Ce qu'il y a d'assez singulier en ceci, c'est de rapprocher ce que disent aujourd'hui les journaux de l'opposition sur M. de Lamartine de ce qu'ils en disaient alors.

« Il se perdait dans les nuages...., il ferait mieux de chanter Elvire. — ..... On l'avertissait de reprendre sa harpe ou son téorbe, » etc., etc.

Aujourd'hui, — c'est un concert d'éloges mérités : « M. de Lamartine est un homme — sérieux, — éloquent. »

Le vendredi, — 3 mars 1843, M. Chambolle a dit dans le journal le *Siècle:*

« M. de Lamartine a parlé ; — *il ne faut pas prétendre à*

analyser ce *majestueux tableau* de la situation de la France vis-à-vis de l'Europe; il ne faut point tenter de reproduire *les élans, les images* de cette *parole souveraine.*

» M. de Lamartine *serait notre adversaire* que nous payerions à son talent le *même tribut d'éloges;* ce talent laissera après lui une *trace lumineuse, éclatante,* et *honorera à jamais notre pays.*

. . . .

» Les nobles intérêts qu'il sait si bien comprendre, » etc.

Nous aimons à voir cette impartialité dans un député et dans un journaliste; — c'est comprendre et exercer convenablement et la dignité de la presse, et celle de la représentation nationale.

« *Nous payerions* LE MÊME *tribut d'éloges* à M. de Lamartine — quand *il serait notre adversaire.* »

A la bonne heure, ce n'est plus là cet aveuglement, cette mauvaise foi de l'esprit de parti — qui accordent tout le talent, toutes les lumières, toutes les vertus, aux gens dont on se sert, — et qui accablent d'injures les gens qu'on rencontre dans un parti opposé au sien. — Voilà comment des hommes à conviction font une guerre loyale et honnête, — voilà des sentiments qui font plaisir à entendre professer. — M. de Lamartine *serait l'adversaire* de M. Chambolle, que M. Chambolle lui payerait *le même tribut d'éloges.*

Félicitons M. Chambolle — .....

PADOCKE. Ah çà! maître, à quoi pensez-vous? que faites-vous?

LE MAITRE DES GUÊPES. — Ce que je fais, Padocke, je fais comme ferait M. Chambolle, je rends justice à un homme dont je ne partage pas les idées. — M. Chambolle payerait à M. de Lamartine le même tribut d'éloges, quand même M. de Lamartine serait son adversaire.

Je paye à M. Chambolle un tribut d'éloges...

PADOCKE. Pardon, maître, mais vous n'avez pas de mémoire. Ouvrez le numéro des *Guêpes* qui a paru le 1ᵉʳ septembre 1840.

LE MAITRE DES GUÊPES. Pourquoi faire, Padocke?

PADOCKE. Ouvrez-le, — vous verrez.

LE MAITRE DES GUÊPES. — Le voici ouvert, Padocke.

PADOCKE. Cherchez à la page 365.

LE MAITRE DES GUÊPES. Page 365, — nous y voici!

PADOCKE. Très-bien!... lisez...

LE MAITRE DES GUÊPES. « 25 août. — Il est arrivé un grand malheur à ce pauvre M. Chambolle, — député et rédacteur en chef du journal le *Siècle*.

« Ledit M. Chambolle, dans le numéro du *Siècle* d'aujourd'hui 25 août 1840, — numéro tiré à soixante-douze mille exemplaires, — ainsi que le journal l'affirme lui-même, — M. Chambolle a imprimé que... « *M. de Lamartine est un » niais.* » — Ce pauvre M. Chambolle, — je prends la plus grande part à l'accident qui lui arrive, — et je le prie d'agréer favorablement mes compliments de condoléance. »

PADOCKE. Eh bien! maître?

LE MAITRE DES GUÊPES. Eh bien! Padocke!

PADOCKE. Eh bien! maître, M. de Lamartine était alors l'*adversaire* de M. Chambolle, et il me semble que M. Chambolle ne lui payait pas tout à fait le *même* tribut d'éloges.

Le dieu Cheneau vient de fulminer contre moi une seconde lettre. — La foudre du dieu, cette fois, n'est pas tirée à un seul exemplaire, comme le dernier tonnerre. — Ce céleste carreau — a pris la forme d'une brochure de trente-deux pages, — format in-8°, — imprimée chez Paul Dupont, rue de Grenelle-Saint-Honoré, 53.

Jamais mortel n'a été aussi complétement réduit en poudre — que celui qui fut l'auteur des *Guêpes*; — laissons fulminer le dieu :

« Je ne donnerai pas de nouveaux développements — pour

me faire comprendre de M. A. Karr; je vois bien que la faculté de comprendre manque aux *Guêpes*. — Les *Guêpes* sont légères, — tellement légères, qu'elles ne peuvent, à ce qu'il paraît, changer leur nature; — pourquoi se cassent-elles le nez elles-mêmes! Ces insectes ne font que produire la douleur et le désordre. — Pauvres *Guêpes*, vous vous servez encore de plumes d'oie pour écrire. — Les *Guêpes* n'ont vraiment reçu que le baptême d'eau, — je ne saurais trop le répéter.

» Oui, monsieur A. Karr, — je suis mercier; — si j'étais Dieu, comme vous le dites, je ne serais pas le Dieu des *Guêpes*; — j'emploierais mieux mon loisir!

» Je me sens la force de soutenir les hostilités des *Guêpes*, car je défie même les corbeaux.

» Votre réponse du mois dernier ne se conservera pas, je vous en préviens!...

» J'espère que vous serez pardonné, vu votre manque de conception.

» Je vous plains de ne pas comprendre. — M. Jouin, sur lequel vous demandez des renseignements, n'est pas à Paris; — laissez les absents tranquilles.

» Depuis longtemps le monde est la dupe de prétendus savants qui, comme vous, se posent sur le premier piédestal venu pour juger la faculté de chacun, — comme s'ils en avaient les capacités; — ils déblatèrent, — ils battent la campagne; — ils sifflent comme des serpents.

» Il est temps que l'on brise ces fausses muses qui produisent la démence — dans le jugement, — dans l'entendement humain; — que les *Guêpes* restent *Guêpes*.

» Si M. A. Karr se fût annoncé quand il est venu chez moi, je me serais procuré le plaisir de le recevoir. — CHENEAU. »

« AVIS. — Toute critique qui ne me sera pas adressée sera considérée comme critique honteuse. — CHENEAU. »

Une autre brochure, — cette fois en vers, m'appelle : « atroce frelon. »

Un troisième monsieur — a découvert dans les livres hébreux — que Beelzebuth — veut dire roi des mouches, — et il en tire la conséquence que je suis Beelzebuth.

Un M. Prosper Lehoc, — épicier, propriétaire et *fils unique* de feu M. Lehoc, — *décédé notaire royal*, — a publié récemment deux ouvrages ; — l'un est un *Traité de l'Épicerie* avec un *Traité spécial de la chandelle* en forme d'appendice.

L'autre ouvrage est un *Traité du véritable gouvernement représentatif, basé sur la force, la prudence et la justice.*

« Mon travail, dit M. Prosper Lehoc, a eu pour but de faire des peuples de la terre un seul et même peuple de frères. — Je pense y être parvenu. »

Des deux livres de M. Lehoc, l'un est consacré à la chandelle, — l'autre aux lumières.

Il répand à la fois la clarté — dans les appartements et dans les âmes ; — il épure le suif et les lois.

M. Lehoc nous permettra cependant de nous étonner un peu de voir le gouvernement actuel, — le gouvernement représentatif dont nous jouissons, — nié et sapé dans sa base par un épicier. — Que peuvent donc encore demander les épiciers, — aujourd'hui que leur règne est arrivé, — aujourd'hui qu'ils se sont emparés du royaume de la terre en échange du royaume des cieux, qui semblait leur avoir été spécialement réservé?

Pour la préparation de la graisse, M. Lehoc ne se sert pas de l'huile de vitriol, — comme on fait à Rouen.

UN LECTEUR. Ah çà ! que voulez-vous dire, — Grimalkin?

GRIMALKIN. Je parle du Traité de la chandelle de M. Lehoc.

LE LECTEUR. Ah! je croyais que nous en étions au Traité du gouvernement représentatif.

GRIMALKIN. Aimez-vous mieux parler du gouvernement représentatif? — parlons du gouvernement représentatif.

Nous disions donc que M. Lehoc ne veut plus du gouvernement représentatif tel qu'il est aujourd'hui ; — il n'en veut pas plus que de l'huile de vitriol pour préparer la graisse de ses chandelles.

M. Lehoc est pour l'extension illimitée du vote électoral — « Un rayon de la divinité constitue le sentiment et la conscience de chaque citoyen (épicier ou autre); c'est ce qui fait que les hommes doivent nécessairement tous concourir à la représentation nationale. »

On ouvre la porte,—le vent emporte la brochure de M. Lehoc, — Où en étais-je?... — Ah! m'y voici.

« La théorie que j'ai écrite est pour l'instruction des jeunes gens qui se destinent à cette carrière.— Ma méthode est simple et empêche la chandelle de couler... »

Ah! me voici encore à la chandelle !— il me semblait cependant que j'en étais à une phrase pareille dans la partie politique des œuvres de M. Lehoc.

Ah! la voici :

« C'est spécialement pour servir de guide aux électeurs que j'ai composé cet ouvrage.

» Tel est, en peu de mots, ce que l'on s'empresse d'offrir à tous les États. »

De la chandelle?

Non, le gouvernement représentatif, le véritable gouvernement représentatif,—le gouvernement représentatif de M. Lehoc.

« Le gouvernement représentatif (le vrai, celui de M. Lehoc), met infiniment d'*ordre* et d'*économie* dans sa *trésorerie* (pourquoi pas dans son comptoir!);— il règle la dépense sur la modicité des revenus, » etc.

Cette fois, je crois que c'est M. Lehoc qui a confondu la chandelle et le gouvernement représentatif. Ces préceptes, mêlés par erreur à la partie politique, appartiennent sans aucun doute — à l'épicerie en demi-gros et en détail.

Certes, jamais à aucune époque les hommes n'ont eu autant de chefs pour les conduire, autant de philosophes pour les réformer, — autant de rois disponibles pour-les gouverner, autant de dieux et de prophètes — pour recevoir leur encens ou leur moquerie.

Ce qui manque aujourd'hui, — ce sont des hommes qui veuillent bien être gouvernés, — c'est une place à prendre, une spécialité à occuper.

On voit de temps à autre dans les journaux que différents citoyens ont reçu d'un ministre des médailles—pour avoir, au péril de leur vie, sauvé celle d'autres citoyens. — Ces citoyens sont toujours des hommes du peuple — et des ouvriers.

Le cœur et le bon sens disent que, de toutes les décorations, ces médailles sont sans contredit les plus honorables.

En effet, — les mieux méritées d'entre les autres croix ont été données pour des traits de courage et de dévouement, — qu'il est juste de récompenser par des honneurs;—mais ce n'est pas trop que de demander qu'on traite aussi bien l'homme qui a exposé sa vie pour en sauver un autre — que celui qui a mis la sienne au hasard — pour en tuer trois ou quatre.

J'ai parlé plus d'une fois de la sottise et de l'infamie qui ont récompensé tant de fois des services honteux — du même signe que d'autres ont payé de vingt blessures et de mille dangers.

Je ne parle aujourd'hui que des médailles d'honneur ; — comme il faut nécessairement les mériter pour les obtenir, comme on ne peut les obtenir que d'une seule manière,—comme il est écrit dessus la cause pour laquelle on les donne,—comme elles ne sont guère gagnées, ainsi que je le disais tout à l'heure, que par des gens du peuple et des ouvriers, — comme on n'en peut récompenser aucune infamie, le pouvoir les donne avec une négligence et un dédain honteux.

Le ruban qui les attache n'est pas même un ruban qui leur soit spécialement affecté, — c'est un ruban tricolore — que tout le monde a le droit de porter, — aussi bien que les femmes portent des rubans roses et lilas.

Chez les Romains, qui donnaient des couronnes pour récompenses honorifiques, — la *couronne civique*, qui était une couronne de chêne, — était particulièrement estimée. — Cicéron eut soin de la demander après avoir découvert la conspiration de Catilina, — et Auguste fut si fier de l'obtenir, qu'il fit graver une médaille sur laquelle il était représenté couronné de chêne avec ces mots :

Ob cives servatos. (Pour avoir sauvé des citoyens.)

Il n'y avait que deux couronnes qui fussent mises au-dessus de celle-là : — c'était la couronne obsidionale, qu'on obtenait pour avoir délivré une armée romaine assiégée, — et la couronne triomphale, — qui était, pour un général en chef, le prix d'une victoire complète en bataille rangée.

Toutes les autres étaient au-dessous ; — la couronne de chêne avait même certains priviléges et certains honneurs qu'on ne rendait à aucune des autres.

En général, on ne fait pas grand cas de la croix d'honneur tant qu'on ne voit pas pour soi des chances de l'obtenir ; — mais vous voyez tout doucement les journalistes qui en ont le plus médit s'abstenir ou en parler avec plus de respect à mesure qu'ils s'approchent d'une position qui leur permet d'y aspirer.

Il est singulier, de notre temps, de savoir qu'au même instant, à la même minute, un soldat s'expose au feu ennemi, — se précipite à travers les dangers et affronte la mort en Afrique;

Tandis qu'à Paris un monsieur — vend sa voix ou sa plume à un ministre, — ou l'accable de basses adulations, — et que tous deux sont également récompensés par une même et identique croix d'honneur. Pour ce qui est des *médailles* dont nous parlons, elles sont toujours l'objet du dédain, parce que, je le répête, on ne peut compter ni sur un hasard, ni sur une lâcheté pour les obtenir.

Je connais un homme qui a été l'objet, depuis quinze ans, de cent brocards et de mille lazzi, et dans le monde et dans les journaux, — parce qu'il porte quelquefois une médaille de ce genre, même de la part de gens qui seraient plus qu'embarrassés s'il leur fallait écrire sur leur croix, — comme c'est écrit sur les médailles, — la cause qui la leur a fait obtenir.

Je n'ai jamais pu découvrir le côté plaisant de la chose.

Je pense qu'il serait du bon sens, de la justice, de la philosophie, — et je dirais de la philanthropie, si les spéculateurs n'avaient rendu ce mot ridicule, — de ne pas montrer de dédain officiel pour cette décoration; — serait-ce trop demander que d'abord on cessât de l'attacher au ruban tricolore, — qui appartient à la politique, — et ensuite qu'on lui affectât un ruban particulier?

Je suis assez curieux de savoir ce que répondra à cette demande le ministre dans les attributions duquel se trouve la chose, et auquel je vais faire adresser cette réclamation.

DICTIONNAIRE FRANÇAIS-FRANÇAIS. — BOURSE. — On a institué dans les colléges royaux — des *bourses* et des *demi-bourses* — au moyen desquelles les enfants de vieux soldats ou de vieux fonctionnaires qui ont servi l'État avec distinction et sont restés pauvres — peuvent être élevés gratuitement.

Ce bienfait était également destiné à permettre de faire leurs études à des enfants de parents pauvres, mais dont l'intelligence promettait des citoyens utiles.

Je prie M. Villemain, ministre de l'instruction publique, de me démentir si je me trompe en affirmant — que la moitié des bourses est donnée uniquement, sur la demande des députés, — à des enfants qui ne sont dans aucun des cas ci-dessus mentionnés, — à des enfants même dont souvent les parents sont riches, — et dont quelques-uns ont cinquante mille livres de rente. — Une *bourse* est donnée, non pas à un enfant pour qu'il fasse ses études, mais à un électeur ou à un député, pour qu'il donne sa voix.

🙢 CABALE. — Un auteur appelle *cabale* tout public qui siffle ; — eût-il rempli la salle de gens salariés ou d'amis furibonds ; eût-on insulté et un peu rossé les vrais spectateurs, l'auteur appelle alors les souteneurs de sa muse — *un public éclairé.* — (Voir ce mot.)

🙢 CABARET. — Nos ancêtres allaient dîner *au cabaret.* — Les cabarets étaient des asiles fort décents présidés par d'excellents cuisiniers et où ils causaient librement. — On dîne aujourd'hui dans des temples de mauvais goût, remplis de dorures et de glaces, — où tout est si cher que les pauvres gens qui les fréquentent affectent des goûts bizarres ou des maladies plus que fâcheuses — pour y restreindre convenablement leur écot : l'un *adore le bœuf bouilli,* — un autre n'aime plus *que les choux ;* — la plupart, par raison de santé, ne boivent que de l'eau. — On allait au cabaret pour dîner ; on va au Café Anglais ou au Café de Paris pour être vu y dîner.

🙢 CADMUS. — Le Phénicien Cadmus a inventé la guerre civile et l'alphabet. — Son alphabet se composait seulement de seize lettres ; il serait curieux de calculer combien de sottises on écrit tous les jours rien qu'avec les huit lettres que les modernes y ont ajoutées.

🙢 CADRAN. — Il n'y a rien de si faux que les heures du *cadran* et ses divisions ; le temps ne peut avoir jamais qu'une durée relative. — Un jour peut se traîner plus lentement qu'un mois, — un mois échapper plus rapide qu'un jour. — Le temps doit se *jauger* et non se mesurer, c'est-à-dire non s'apprécier par ses dimensions extérieures, mais par ce qu'il contient. — Il y a telle année qui, si on l'épluchait comme une noix, — si l'on en retranchait les cartilages et les pellicules amères, tiendrait à l'aise dans certains jours. — Il y a une heure dans notre vie pendant laquelle nous avons plus vécu que dans le reste de nos jours.

Le *cadran* encore met de la préméditation dans toute la vie. — C'est un tyran qui vous prescrit la faim, la soif, le sommeil. — C'est aussi un reproche perpétuel. — Jamais je n'ai regardé un *cadran* sans m'apercevoir que j'étais en retard pour quelque chose.

CALOMNIE. — Quand vous avez passé toute votre vie dans une perpétuelle surveillance sur vous-même, pour ne pas donner prise à la médisance, vous n'avez atteint qu'un seul but, c'est de forcer les gens à vous calomnier.

CONDAMNATION. — Pour avoir donné un soufflet à Paul Pierre est condamné à payer une amende.

— Qui reçoit cette amende? Paul, sans doute?

— Non, c'est S. M. Louis-Philippe Ier, roi des Français.

— Comment ! est-ce toujours ainsi ?

— Oui... à moins cependant que ce ne soit Paul qui paye l'amende.

— Paul... qui a reçu le soufflet?

— Cela arrive quelquefois.

CHEVALIER. — Un chevalier était autrefois un homme d'armes couvert d'acier, — à la démarche noble et puissante, — au poignet de fer, à la poitrine large, — prêt à affronter les périls les plus extravagants pour sa dame et pour son roi.

Aujourd'hui on ne peut entrer dans un salon — sans voir une vingtaine d'hommes vêtus de noir, — maigres, chauves, chétifs, — et qui sont des chevaliers. — M. Sainte-Beuve est chevalier.

CAFÉ. — Endroit où, sous prétexte de prendre du café à la crème, on va tous les matins apprendre les sottises, les niaiseries et les calomnies qu'on répétera toute la journée.

CATHOLIQUE. — Certains carrés de papier, — le *Constitutionel*, par exemple, — si célèbre par sa crédulité — en excepte la religion du pays, — il protége de *son égide* — tout ce qui s'élève contre elle : — l'abbé Chatel, sacré par un épicier, — l'abbé Auzou, ancien comédien, ont droit à ses éloges ; — il est protestant, il est mahométan, il est guèbre, — il est tout, excepté catholique ; — il demande la *liberté des cultes* pour les autres religions, — mais il ne veut pas l'accorder à la religion de la majorité des Français ; — si l'on fait une procession à l'époque de la Fête-Dieu, — il dénonce Dieu à la police — et signale ses tendances contre-révolutionnaires.

Mais — à l'époque où le duc d'Orléans épousa une princesse luthérienne, — tous les journaux de cette couleur jetèrent feu et flammes, — ils invoquèrent la religion du pays, — et peu s'en fallut que MM. Jay et Jouy ne prissent les croix des croisés.

CIGUE. — Autrefois, quand un homme s'élevait au-dessus de la foule — et excitait l'envie et la haine de ses concitoyens, il arrivait quelquefois qu'on l'exilait ou qu'on lui faisait boire la ciguë ; — ce sort, dont il n'y a que des exemples peu nombreux, — est aujourd'hui non-seulement fréquent, mais inévitable.

Aussitôt qu'un homme se manifeste au public par quelque talent, — tout le monde se rue sur lui en fureur, — on le tire par les pieds et par les vêtements pour le remettre au niveau de la foule, — si toutefois on ne peut le renverser sous les pieds et l'écraser ; — puis chaque jour, au moyen des journaux, — on lui fait boire quelques gorgées d'injures et de calomnies ; — le public qui, sans s'en rendre bien compte, — n'est pas fâché de voir le *grand homme* amené aux proportions humaines, — croit alors tout ce qu'on lui raconte, sans examen et sans restriction.

CONFISCATION. — Il n'y a plus de *confiscation ;* — seulement on peut condamner n'importe qui à des amendes et à des frais dépassant dix fois la valeur de ce qu'il possède, — et que la justice fait vendre. C'est absolument — comme l'abolition de la *conscription*, si heureusement remplacée par le *recrutement;* — c'est absolument comme ce mot qu'on a prêté à un roi : *Plus de hallebardes.* — En effet, le roi est escorté par des hommes armés de sabres et de carabines, — ce qui, du reste, est à peine suffisant.

Avril 1843.

A. M. Arago (François). — Le dieu Cheneau. — M. de Balza . — Quirinus. Un mot. — Une ordonnance du ministre de la guerre. — A M. le rédacteur en chef du journal l'*Univers religieux*.

A M. ARAGO (François). — Je me proposais, monsieur, de vous taquiner un peu sur cette comète — que vous n'avez pas vue, — et qui me donnait beau jeu — pour dire une fois de plus à quoi s'exposent les astronomes qui s'occupent trop des choses de la terre. La Fontaine a gourmandé l'astrologue qui ne regarde pas assez à ses pieds ; — je vous ai souvent reproché de regarder trop aux vôtres, — et d'être plus sensible à la fumée et au bruit de ce monde où nous sommes qu'il ne paraît convenir à un homme auquel la science permet de vivre au ciel.

Mais vous avez soutenu à la Chambre des députés, sur une chose terrestre, — une thèse que je dirais parfaitement juste et raisonnable, — avec des mots plus ambitieux que ceux que j'emploie, — si les *Guêpes* n'avaient à diverses reprises soutenu la même thèse depuis quatre ans, — à savoir le ridicule profond qu'il y a à faire passer dix ans aux jeunes gens à apprendre les deux seules langues qui ne se parlent pas ; j'ai de plus prouvé que ces langues seraient inutiles au plus grand nombre si on les savait, — mais qu'on ne les sait pas après les avoir apprises pendant dix ans ; — à savoir — la sottise qu'il y a à donner à tout un pays une éducation littéraire et républicaine.

🙦 Éducation dont la première moitié conduit à l'hôpital, — et la seconde au mont Saint-Michel, — quelquefois aux galères, — quelquefois à l'échafaud.

🙦 Éducation qui, si elle réussissait, ferait de la France un pays de poëtes, — et qui, ne réussissant pas, en fait un pays d'avocats — et d'ambitieux mécontents, — un pays de gens dont personne ne se trouve bien à sa place, — de gens qui tous ont des désirs et des besoins impossibles à satisfaire.

🙦 Vous avez eu raison et mille fois raison, — monsieur, — et vous avez eu raison avec esprit. — Il y a bien des gens auprès desquels cela a dû faire tort à vous et à votre opinion.

L'homme en général n'aime et ne respecte que ce qui fait un peu de mal. — Il y a longtemps déjà que j'ai retourné le vieux et faux proverbe : « Qui aime bien châtie bien » en celui-ci : « Aime bien qui est bien châtié. »

Il n'y a de grandes passions que les passions malheureuses. — L'homme n'aime pas d'ordinaire la femme dont il est aimé. — Ses vœux, ses désirs, ses soumissions, sont presque toujours pour celle qui le maltraite, l'humilie, — le sacrifie et l'insulte. — Les anciens adoraient les furies, — la guerre, — la peste, — la fièvre, — la mort, et autres divinités peu aimables. — Les modernes rendent un culte semblable à l'ennui, — qui est pis que toutes les autres ensemble.

Ce dieu infernal — a sur la terre des temples qui sont toujours pleins, — et des ministres qui sont entre tous vénérés, écoutés, engraissés et enrichis. — Presque toutes les places, les dignités, les honneurs, reviennent de droit aux gens qui ennuient leurs contemporains, aux gens qui débitent de longs discours, qui écrivent de gros livres — également ennuyeux, — qu'on aime mieux admirer que de les écouter ou de les lire. — Ceux-là seuls paraissent avoir raison, — et sont écoutés ; — on a respecté en eux — le dieu — le dieu terrible — dont ils prononcent les oracles et dont ils célèbrent les sacrés mystères.

Mais si on s'avise de mêler quelque enjouement à la raison ; — si l'on combat le faux, l'absurde et le mauvais avec les armes légères et terribles de l'ironie et du sarcasme, — les gens sourient, — vous trouvent très-drôle, — vous lisent ou vous écoutent volontiers, — mais prennent tout ce que vous dites ou tout ce que vous écrivez pour des calembours et des coq-à-l'ane.

Ils vous mettent au nombre des bouffons et des jocrisses, — de Brunet, ou d'Arnal, ou d'Alcide Touzet.

Ces braves gens — ne se représentent le bon sens et la raison — qu'avec l'air refrogné — et de mauvaise humeur ; si vous souriez, tout est perdu.

🐝 Vous avez eu raison, — monsieur, — et vous avez eu l'imprudence d'avoir raison avec esprit, — et d'employer l'ironie — contre une chose plus ridicule qu'aucune qui ait jamais succombé sous les coups du bon sens. Quelle est donc, en effet, cette langue, ce latin, — qui jouit de tant de priviléges ? — il n'est pas de sottises et de saletés qui ne soient admises, religieusement apprises et admirées, — si elles sont écrites en latin : — en latin on livre aux jeunes gens la fameuse églogue de Virgile : — *Formosum pastor Corydon.*

🐝 En latin, — on apprend que les abeilles naissent de la corruption d'un animal mort.

🐝 En latin, — on apprend par cœur toutes les faussetés sur la physique, sur la chimie.

L'églogue *Formosum* est une chose infâme, — ainsi que celle du *bel Yolas* ; le livre d'*Aristée et des abeilles* — est une sottise insigne.

Mais c'est écrit en latin, — c'est écrit en beaux vers!

Étonnez-vous donc ensuite si vous faites une nation de bavards et d'avocats; — plus tard — on apprend si on peut, — et combien en ont le temps — puisque le latin prend toute la première jeunesse — et vous conduit aux portes de la vie civile et sérieuse? — on apprend — quelques-uns, du moins, un sur trois cents,— que les abeilles ne viennent pas de bœuf pourri.

Absolument comme les gens qui font apprendre deux langues aux enfants : — l'une, composée de mots ainsi faits : Maman, — nanan, — dada, — papa, — dodo, — lolo, etc. ; — l'autre, qui dit les mots : Mère, — friandise, — cheval, — père, — lit, — lait, etc.

Certes, — et je puis parler ici sans qu'on m'accuse de ressembler au renard qui avait perdu sa queue dans un piége, — j'ai été ce qu'on appelle un *élève distingué* dans l'Université, — j'ai ensuite professé le latin et le grec, — j'ai rendu, sous ce prétexte, — à de pauvres enfants que je retrouve hommes aujourd'hui éparpillés dans les diverses conditions de la vie, — je leur ai rendu une partie de l'ennui que m'avaient donné mes professeurs; — je serais fâché de ne pas savoir ces langues, — qui, de temps en temps, me permettent de lire de belles pensées écrites en beau style.

Mais si c'est une des choses les plus agréables qu'on puisse savoir, — c'est une des moins utiles — dans les besoins et les nécessités de la vie.

Sur soixante élèves qui composent d'ordinaire une classe de collége, c'est un grand malheur s'il doit y avoir un poëte. — Eh bien! toute l'éducation pendant dix ans n'est faite que pour ce poëte.

Les autres — qui seront — notaires, — ou ferblantiers, — médecins — ou droguistes, — suivent les mêmes cours, — et passent, entre autres choses, trois ans à apprendre à faire des vers latins, et quels vers, bon Dieu!

J'aimerais autant les voir jouer à la balle pendant dix ans, — au moins cela ne leur donnerait pas d'idées fausses — et serait tout aussi utile aux diverses professions qu'ils doivent embrasser.

Quoi! — on passe dix ans à apprendre, — que dis-je? à ne pas apprendre le latin.

En effet, — demandez à vous-même, demandez à ceux que vous connaissez : « Êtes-vous capable de lire Martial en latin? — êtes-vous capable d'écrire une lettre en latin? » Trouvez-moi dix hommes de quarante ans — qui fassent sans faute un thème — qu'on donnerait à des élèves de cinquième, — et qui obtiendraient la première place dans une composition avec des enfants de dix à douze ans !

On passe dix ans — à ne pas apprendre le latin.

Et on ne connaît pas — les lois de son pays; — on entre dans la vie sans savoir ni ses droits, ni ses devoirs en rien.

Mais on sait, — non, je veux dire, on a appris le latin.

Et c'est avec ce bagage — qu'on vous lâche les jeunes gens à même la vie.

Ne perdez pas courage, — monsieur, — ceci est plus grand que de renverser un ministre ; — ceci doit renverser une sottise funeste.

Pour moi, — monsieur, — je ne vous dirai rien de la fameuse comète, — vous ne l'avez pas vue, — mais vous avez découvert une grosse bêtise sur la terre.

La comète continue sa route absolument comme si vous l'aviez vue. — J'ai peur que la grosse bêtise ne poursuive la sienne absolument comme si vous ne l'aviez pas vue.

Néanmoins, monsieur, vos paroles ne seront pas perdues, — de même que je n'ai pas regretté celles que j'ai laissé échapper sur ce sujet — depuis quelques années.

Il est bon de dire de temps en temps aux pédants qu'ils sont des pédants, — aux sots qu'ils sont des sots, quand ce ne serait

AVRIL 1843.

que pour que la sottise n'invoque pas un jour le bénéfice de la prescription contre la logique et le bon sens.

🙢 « Monsieur Alphonce Karr, je me vois forcé de faire ressortir la différance de vos habitudes. Je remarque à l'instant que votre critique de jenvier dernier contre moi dégénère en compliments, je vous avoue que j'attache peu de prix aux éloges que vous faites de mes boutons ; j'aime mieux votre critique : iusqu'à ce que vous fassiez usage de votre conception (1) !

» Puis-ie être estimé des écrivains de notre époque? moi je ne les flattes pas : mais je leur dit de cruelles vérités ! je ne leur ressemble ni en *style* (2) ni en principe ; ils sarrêtent à la forme, et moi au fond (3). Je n'écrit pas pour flatter, pour plaire, ni pour faire un trafic (4) : ma plume ne s'exerce pas à tracés (5) des choses légères ou futiles : excepté quand je m'y trouve forcé, par exemple, pour me faire comprendre des *Guêpes*, je ne pui (6) m'en dispenser.

» Monsieur Alphonce Karr, vous êtes venu chez moi, vous m'avez parlé sans vous faire connaître : rougissez-vous de prononcer votre nom? Pourquoi gardez-vous l'incognito? C'est s'introduire dans les maisons comme le font les *Guêpes*, etc. Quel mérite, monsieur A. Karr, vous êtes-vous reconnus en avouant vos démarches honteuses (7)?

» Vos émules je le sai ne se promènent pas toujour couvertes de chapeaux à trois cornes (8) ; d'après vous, *si le dieu Cheneau ou Chainon avait des cheveux, il serait blond* (9).

» Les *Guêpes* avaient sans doute formé le projet, de me saisir ou de *mattaquer* par ma partie supérieur, car vous annoncez monsieur A. Karr que je *nai* pas de cheveux. C'est encore une nouvelle métode pour *adesser* des compliments. On voit par les paroles ci-dessus que M. A. Karr se résigne à son sort, et son introduction incognito chez moi *la* conduit à prévoir et à déclarer qu'il n'avait pas prise sur ma partie supérieur, en disant que je n'ai pas de cheveux.

» Je ne désespère pas de vous monsieur *Car* dans cette pensée il y a du sel.

» Mais puisque vous vous introduisez en secret, je suis étonné que vous *n*ayez pas parlé au public (10) de...

» Si je parle ainsi c'est que je crois utile de me mettre à la porté des *Guêpes*.

» Au revoir monsieur Alphonse Karr.

» Cheneau, 15, *rue Croix-des-Petits-Champs*. »

4 mars 1843.

(1) Vous avez tort, dieu Cheneau ; — vous n'avez fait, que je sache, ni le soleil, ni la lune, — ni le ciel, ni la terre : — vous faites des boutons, je ne puis parler que de vos boutons.

(2) En effet, dieu Cheneau, j'avais remarqué déjà que vous n'écriviez ni comme Hugo, ni comme Lamartine. — Hugo ne met pas d's à *je flatte*, et Lamartine ne met pas de *t* à *je dis*.

(3) Que ne vous arrêtez-vous à votre fonds de boutonnier ?

(4) Il est vrai que votre libraire M.*** met vos livres dans un grenier, — et a répondu à quelqu'un, qui est allé les demander de ma part, — qu'il n'avait pas le temps de monter là-haut et de chercher ça. — En effet, ça n'a pas trop l'air d'un trafic ; — pour le second point, — vos livres plaisent plus aux lecteurs des *Guêpes* que vous ne l'imaginez.

(5) Madame de Girardin écrit l'infinitif tracer avec un *r*.

(6) J'ai ici une lettre de M. Eugène Sue, un autre écrivain de *notre époque* ; — il écrit : — *je ne peux*. — Décidément vous avez raison, vous n'écrivez pas comme eux.

(7) Démarche honteuse! J'allais acheter des boutons — et un peu dans son temple adorer l'Éternel, — mais accessoirement, et pouvais-je croire votre puissance aussi bornée, dieu Cheneau, que de supposer que j'avais besoin de vous dire mon nom? D'ailleurs — je venais d'être foudroyé par la poste, — **et**

je n'étais pas trop rassuré en votre présence. Je vous ai parlé,
— mais pour vous dire timidement : « Deux douzaines de boutons, combien? » Et, dieu Cheneau,—à l'exemple des rois mages,
— je vous ai offert L'OR; — pardonnez-moi de n'avoir pas joint l'encens et la myrrhe. — Vous m'avez rendu ma monnaie,
— tout est dans l'ordre. Je ne me suis reconnu là aucun mérite,
— seulement quelques personnes me paraissent avoir la bonté de m'en reconnaître un peu plus depuis que j'ai remplacé les vieux boutons de mon paletot par les deux douzaines que j'ai achetées chez vous.

(8) Je crois, *Dieu* me pardonne (pas le dieu Cheneau,
— l'autre), je crois que le dieu Cheneau m'appelle mouchard.

(9) Ah! voilà où le dieu est blessé. — Achille était invulnérable partout, excepté au talon. — Mais il avait un talon :
— le dieu Cheneau est vulnérable *aux cheveux* qu'il n'a pas.

Samson avait sa force dans ses cheveux ; — c'est au contraire dans les cheveux — qu'il n'a pas — que le dieu Cheneau a toute sa faiblesse.

(10) Ici je suis obligé d'effacer deux lignes pleines de gros mots; — le dieu se laisse aller à une colère d'un genre tout particulier, et dont je ne trouve d'analogie dans aucuns souvenirs.

Prométhée fut attaché à un rocher, et condamné à être le souper immortel d'un vautour. — Les paysans qui se moquèrent de Latone furent changés en grenouilles. — Apollon écorcha Marsyas. — Jupiter se servait de la foudre, Hercule d'une massue, Diane de ses flèches ; Saturne avait une faux, Neptune un trident.

La foudre, l'arme vengeresse du dieu Cheneau, — n'a aucun rapport avec toutes celles-là. Je suis plus qu'embarrassé pour la désigner, — de même que la vengeance qu'il tire de moi. Je ne puis vous le dire, et il faut pourtant que je vous le fasse comprendre. Je voudrais trouver quelque analogie.

Phaëton fut précipité dans le Pô.

La vengeance rêvée par le dieu Cheneau contre moi est toute contraire : sa foudre est de celles qu'on est exposé à recevoir sur la tête le soir quand on rentre tard et qu'on passe trop près des maisons; — mais comme le dieu Cheneau fait de temps en temps imprimer en brochures les lettres qu'il m'écrit, — on pourra voir quelque jour — ce qu'il m'est impossible d'écrire et de faire imprimer, — à savoir les menaces du dieu :

Tantæne animis cœlestibus iræ ?

AVRIL 1843. — Il faut que je fasse amende honorable à M. de Balzac [1].

J'avais fait prier Janin de m'envoyer — un écrit récent de M. de Balzac. — Janin, — par oubli — ou pour ménager ma sensibilité, — m'avait envoyé la chose moins quatre feuillets : — ces quatre feuillets qu'on m'envoie parlent de moi; — les paragraphes y sont séparés par huit portraits, — c'est-à-dire quelque chose comme ma tête avec un corps de guêpe. — Cette plaisanterie a été imaginée il y a un an par un dessinateur appelé M. Benjamin.

Ce qui est entre les portraits est copié sur une plaisanterie faite sur les *Guêpes* par le *Charivari*, il y a deux ans.

Décidément, — mon pauvre monsieur de Balzac, votre muse est réellement fille de mémoire, — vous n'inventez que ce que vous vous rappelez.

---

[1] En relisant les *Guêpes* pour cette nouvelle édition,—j'avais effacé ce chapitre, qui n'est qu'une réponse à une attaque faite un peu légèrement en ce temps-là contre moi dans un journal. Les lecteurs des *Guêpes* savent mon admiration pour Balzac. — Le journal n'existait plus ; il ne m'était resté aucune aigreur contre le grand écrivain. — Mais un hasard m'apprend que l'article du journal auquel je réponds ici a été recueilli et figurera dans les œuvres complètes de Balzac. — Je dois donc, à mon grand regret, conserver la réponse comme on conserve l'attaque. A. K.

La plaisanterie du *Charivari* était bonne ; j'avais raconté un voyage bien innocent que j'avais fait avec Gatayes, et où il n'était question que de la mer, — de l'herbe, — du soleil, — et des premières fleurs des cerisiers. — La parodie de ce voyage fut rapprochée de mon épigraphe, — que je crois avoir plus d'une fois justifiée depuis quatre ans.

« Ces petits livres contiendront l'expression franche et inexorable de ma pensée sur les hommes et sur les choses, en dehors de toute idée d'ambition, de toute influence de parti.

» Il n'y a pas un seul journal qui oserait faire imprimer mes petits livres. »

La plaisanterie, — dis-je, — était bonne comme plaisanterie, — et j'en ai ri en son temps.

Mais, répétée par M. de Balzac, et répétée sérieusement, elle exige une réponse.

Voici ce que dit M. de Balzac :

« Aussitôt dix ou douze soldats ont levé la bannière de l'in-32, en imitant l'inventeur, — dont l'invention consistait à tâcher d'avoir de l'esprit tous les mois. — Ce fut une épidémie, » etc.

Voilà ce que dit M. de Balzac.

Or, ce n'est pas douze, mais vingt-huit in-32 qui ont surgi après les *Guêpes*. — Le second était fait par M. de Balzac, — lequel n'a pu en faire que trois.

Il manquait à M. de Balzac plusieurs choses pour réussir.

Les *Guêpes* ont été une publication honorable ; — elles n'ont jamais rien attaqué — ni rien loué pour aucun intérêt.

Elles ont dit à tous ce qu'elles ont cru la vérité sur tout et sur tous.

Rien ne les a fait reculer quand elles ont cru soutenir ce qui était juste et vrai.

Elles n'ont jamais hésité à rectifier les quelques erreurs dans lesquelles elles sont tombées.

Le *National* et le *Journal du Peuple*, journaux démocratiques,

— ont avoué qu'elles avaient été plus loin qu'eux dans l'appréciation sévère de certains faits politiques.

Tous les partis les ont citées ou attaquées tour à tour, — parce qu'elles n'appartenaient qu'à un seul parti, — à celui du grand, du juste et du vrai, — et qu'elles rendaient justice à tout le monde.

🐝 Elles n'ont à se reprocher que d'avoir été un peu trop indulgentes pour certaines extravagances de M. de Balzac, — dont elles aiment le talent; ce qui fut cause qu'à une époque où le directeur de la *Revue de Paris* plaidant contre M. de Balzac — pour un prétendu abus que celui-ci faisait d'un ouvrage vendu à la *Revue*, — pria la plupart des écrivains contemporains de signer un blâme formel contre M. de Balzac, — l'auteur des *Guêpes* fut, je crois, le seul qui refusa sa signature.

Or, — quand M. de Balzac fit sous le nom de *Petite Revue parisienne* — une imitation des *Guêpes*, — c'était tout simplement, comme il ne s'en cachait pas, dans l'intention bénigne d'écraser ma publication sous la sienne.

Mais, comme je l'ai dit, — il manquait à M. de Balzac plusieurs choses pour réussir. La fin prématurée de la *Petite Revue parisienne* — peut en faire soupçonner quelques-unes. Voici quelle fut cette fin.

M. Roger de Beauvoir, attaqué gratuitement et violemment dans le deuxième numéro de la *Petite Revue*, envoya deux amis à M. de Balzac. Deux amis de M. de Balzac convinrent avec ceux de M. de Beauvoir — que M. de Balzac mettrait une rectification dans son prochain numéro, qui était le troisième. — Ce numéro parut sans la rectification imposée et promise. Les amis de M. de Beauvoir revinrent à la charge ; — ceux de M. de Balzac refusèrent de l'assister après son manque de parole.

Deux autres témoins s'engagèrent à une nouvelle rectification : la *Petite Revue* cessa de paraître.

🐝 M. de Balzac a donc tort de parler avec tant de dédain d'une publication — que, quelle qu'elle soit, il a essayé d'imiter.

🐝 Malgré les sages avertissements que les *Guêpes* avaient donnés à la reine Pomaré, — en lui décrivant exactement les bienfaits du gouvernement constitutionnel, — cette souveraine sauvage — a décidément donné elle et son royaume à la France ; — les grands journaux l'annoncent un an après les *Guêpes*.

🐝 *Quirinus by Felix out of dam. — Of Hercule.* Ce doit être un cheval, mais je ne suis pas sportman. Eh bien ! *Quirinus* est un cheval d'assez noble origine, mais mal élevé, c'est-à-dire qu'il est arrivé à cinq ans sans avoir été dressé, exercé, ni éprouvé, et de plus qu'il a été soumis toute sa vie à un système aussi débilitant qu'économique ; foin, un peu ; eau et air, à discrétion ; avoine, il a pu en entendre parler. Cet animal, de formes fantastiques, d'un caractère atroce de sauvagerie, en un mot de l'extérieur le plus repoussant, fut exhibé il y a quelques mois à une vente publique, pour la plus grande délectation de la gent maquignonne et de la jeunesse dorée. Un jeune étranger faillit être expulsé du Jockey-Club, pour en avoir voulu donner mille francs. Heureux d'en être quitte pour mille brocards.

🐝 Eh bien ! ce *Quirinus*, qui, malgré tout cela, est de pur sang, vient d'être acheté comme étalon par l'administration des haras. Combien ? — Nous l'ignorons. — Si c'est plus de mille francs, pourquoi ne pas l'avoir poussé à la vente *coram populo* ? Si moins, doit-on donner aux éleveurs de pareils étalons, et notez qu'un très-beau et très-bon cheval, mieux né et mieux élevé, *Pourceaugnac*, a été refusé en vertu d'un règlement qui ordonne que tout cheval de pur sang doit, avant de se reproduire, faire ses preuves parce que noblesse oblige. Pourquoi donc refuser *Pourceaugnac*, bon en apparence, et prendre *Quirinus*, mauvais en apparence ; tous deux sans preuves ? Ah ! voilà.

Quirinus sort du haras de Viroflay, acquisition récente de M. Talabot, gendre du ministre du commerce.

🐝 On se rappelle quelle indignation on excita, dans le temps, contre la malheureuse reine Marie-Antoinette — en faisant courir le bruit — que, entendant dire que le peuple était malheureux et qu'il n'avait pas de pain, — elle avait répondu : « Eh bien ! qu'il mange de la brioche. » Le hasard m'a fait un de ces jours derniers rencontrer un livre daté de 1760 — où on raconte le même mot d'une duchesse de Toscane, — ce qui me paraît prouver à peu près que le mot n'a pas été dit par Marie-Antoinette, mais retrouvé et mis en circulation contre elle.

🐝 Il est impossible d'avoir une idée plus malheureuse et plus inopportune que celle qu'a eue récemment le maréchal Soult en faisant couper les moustaches de l'armée; — on sait la peine qu'eût Napoléon, — qui était Napoléon, — à faire couper les tresses de ses soldats : — la moustache est une coquetterie qui sied bien au soldat. — Je suis fort partisan d'une discipline sévère, mais je trouve ridicule et odieux de faire aussi inutilement sentir le joug aux militaires par des ennuis et des tracasseries qui n'ont aucun but utile, même en apparence. Quelques personnes croient que M. Soult a été poussé à cette exécution par une raison, et cette raison la voici : on avait remarqué souvent que chaque ministère de M. Soult était signalé par des révolutions dans les armes et dans les costumes de l'armée. —Chaque changement donne lieu à des fournitures, chaque fourniture à des marchés, —chaque marché à des tripotages ; on en médisait. — M. le maréchal aura voulu faire passer quelque changement de ce genre à la faveur d'un changement sur lequel il n'y a rien à gagner pour personne.

🐝 Une lettre signée : un membre du clergé de Saint-Denis-du-Saint-Sacrement — a été accueillie par plusieurs journaux. Cette lettre, qui a la prétention d'être une réponse à celle que j'ai adressée dans le dernier numéro des *Guêpes* — à l'archevêque de Paris, est pleine d'invectives grossières contre moi. — Les jupes, quel que soit le sexe qui les porte, — sont censées désigner la faiblesse,— laquelle abuse souvent même de l'abri. — Voici donc la seule réponse que j'y puisse faire, et que j'invite à publier les journaux qui ont inséré cette lettre.

« Monsieur, vous avez admis dans votre journal — une lettre signée : un membre du clergé de Saint-Denis-du-Saint-Sacrement. — Je compte sur la sagacité de vos lecteurs — pour leur faire comprendre combien les invectives que m'adresse l'auteur de cette lettre—répondent peu victorieusement à la juste plainte que j'ai élevée; cependant il est trois points sur lesquels j'ai quelques mots à dire; — je vous prie, — et au besoin je vous somme de publier dans un prochain numéro — la réponse que je vous envoie,—et qui *est nécessitée* par le reproche de *calomnie* qui m'est adressé.

» 1º Votre correspondant ne nie pas que des ouvriers aient bruyamment travaillé pendant une cérémonie funèbre ;

» 2º Il ne nie pas non plus que,—à la sacristie, pendant que le fils du mort donnait des explications nécessaires,—un sacristain et un autre homme habillé en prêtre — se soient livrés à des excès de gaieté plus qu'indécents.

» 3º La grotesque *provinciale* du membre du clergé de l'église de Saint-Denis-du-Saint-Sacrement me menace du procureur du roi, — et moi, monsieur, je maintiens la vérité de ce que j'ai avancé. — Je défie votre correspondant, et avec lui les *certains paroissiens* dont il parle, — de m'attaquer en justice sur la lettre que j'ai adressée à l'archevêque de Paris. — De nombreux témoins sont prêts à proclamer la vérité.

» Je ne ferai aucune remarque sur les phrases dans lesquelles ce pauvre homme se plaint avec tant de cynisme et de colère qu'on ait donné peu d'argent à l'église, et avoue si naïvement— que, de recueillement et de décence, on n'en pouvait pas faire davantage pour le prix.

» Le fils du mort n'avait pas vu dans cette circonstance douloureuse une occasion de faste ; — il n'avait fait demander qu'une simple présentation à l'église. Un de ses amis avait pris ce soin et avait payé pour lui ce que l'église avait demandé. — Il ne savait pas, — comme le membre du clergé de Saint-Denis-du-Saint-Sacrement nous l'apprend aujourd'hui, qu'il fallait payer à part pour que le mort ne fût pas insulté — et que cela était l'objet d'un tarif particulier.

» Agréez, monsieur, etc. »

Mai 1843.

Exécution de Besson. — Un rouleau d'or sauvé. — Invitation à déjeuner noblement refusée. — La Trappe. — Saint Philippe et saint Jacques. — Une idée érotique du préfet de police. — Discours de l'archevêque de Paris et réponse du roi. — Le peuple et les badauds. — M. Pasquier et M. Séguier. — D'un voleur qui voit la mauvaise société. — Une profession nouvelle. — Un député aimable. — M. Arago a rompu avec les comètes. — L'enquête de la Chambre sur les élections de Langres, d'Embrun et de Carpentras. — Le député de Langres et le député de Saint-Pons.

Je crois avoir démontré d'une manière inattaquable — que, dans le procès qui a suivi l'assassinat de M. de Marcellange, — si Besson était l'auteur du meurtre, les dames de Chamblas en étaient les complices. — Besson a été condamné, comme on sait. — Les dames de Chamblas continuent, selon la remarquable expression du ministère public, — à être *condamnées à des remords perpétuels*, — Besson a été guillotiné également à perpétuité.

※ M. de C*** voyageait, il y a quelques jours, avec sa femme et un domestique. — Ils sont arrêtés par des voleurs et aussi dépouillés qu'on le peut être. — On ne leur laisse que leurs chevaux, leur voiture et leur domestique, — probablement faute d'un moyen sûr de s'en défaire avantageusement. « Qu'allons-nous faire maintenant? dit M. de C***, il y a loin d'ici à une ville d'où je puisse écrire à Paris pour me faire envoyer de l'argent. — Monsieur, dit madame de C***, — j'ai sauvé un petit rouleau d'or. — Vraiment, ma chère amie? vous avez fort bien agi; — mais comment avez-vous fait pour le dérober à la curiosité plus qu'impertinente de ces messieurs? Je vous avouerai que, même comme mari, j'ai été fort contrarié de la minutie de leurs investigations sur votre personne. — Oh! j'avais bien caché mon or, — dit madame de C*** en devenant fort rouge. — Il paraît que vous l'aviez bien caché; mais, enfin, ce devait être quelque part, et ils m'ont paru chercher partout. — Oh! partout!... » Et madame de C*** devint encore beaucoup plus rouge. « Mais, oui, ma chère amie, partout; — c'est du moins ce qu'il m'a semblé. »

M. de C*** insiste encore beaucoup, malgré l'embarras de sa femme; — enfin, après une réponse qui probablement l'éclaire, il lui dit : « Diable! pourquoi ne m'avez-vous pas dit cela, je vous aurais priée de cacher aussi ma tabatière, que je regrette infiniment. »

※ Nouvelle lettre du dieu Cheneau, — qui me déclare « qu'il est forcé, dans ses épîtres, de descendre à la hauteur de ma conception; » — que « je ferais bien d'employer toutes mes facultés, attendu que je n'en ai déjà pas trop. »

Le dieu Cheneau ajoute que « mes inspirations sont froides et stupides; » — si je trouve « quelques partisans, c'est parce que — un sot trouve toujours un plus sot qui l'admire. »

Après quoi M. Cheneau — me dit « qu'il n'y a pas de fiel dans son cœur, et qu'il ne m'en veut pas le moins du monde. »

En effet, M. Cheneau termine sa lettre de la façon la plus paternelle.

« *Je vous autorise* à venir avec un de vos amis me demander à déjeuner ; je m'arrangerai pour que vous soyez plus satisfait de ma table que de mes réponses. »

Voilà ce que j'appelle se conduire en dieu.

Aux petits des oiseaux (aux *Guêpes*), il donne la pâture.

Mille remercîments, dieu Cheneau ; mais j'ai peu de confiance dans les festins donnés par le ciel ;—ceux qui sont restés dans la mémoire des hommes ne sont pas, vous l'avouerez, encourageants, sans parler des divers festins dont je ne parle pas par respect, tels que la manne du désert, — nourriture purgative.

Cinq pains et deux poissons pour cinq mille hommes ;

La célèbre tartine d'Ézéchiel,— les noces de Cana où on fait du vin avec de l'eau ;

Les pains apportés par un corbeau à un autre prophète.

Je rappellerai Saturne — mangeant des pierres ; — Proserpine condamnée à l'enfer pour un grain de grenade ;— Tantale qui ne mange pas du tout — et Prométhée qui est mangé ! — Permettez-moi, dieu Cheneau, de ne pas accepter votre nectar et votre ambroisie, et de me contenter de vos réponses.

On lit dans plusieurs journaux l'anecdote que voici :

« Un Anglais de distinction visitait le couvent de la Trappe. L'abbé lui présenta successivement tous les religieux condamnés à un silence perpétuel. Arrivé près de l'un d'eux, il dit : « Vous voyez ici, milord, un malheureux soldat qui, ayant eu
» grand'peur du canon à la journée de Waterloo, déserta le
» champ de bataille, et vint ensuite, désespérant de son hon-
» neur, se jeter dans notre ordre. » A ces mots, le frère changea de couleur, le combat terrible qu'il éprouvait dans son âme se peignait sur ses traits altérés ; mais, fixant tout à coup le cru-

cifix, il joignit les mains, tomba humblement à genoux devant l'abbé, et se retira pâle et silencieux de la salle.

» L'Anglais, ému de cette scène, demanda à l'abbé pourquoi il avait si durement accusé ce malheureux. « Milord, répondit
» l'abbé, je l'ai fait pour vous prouver l'empire que la religion
» peut exercer sur l'homme. Ce frère a été un des plus braves
» officiers de l'armée ; il a fait des prodiges de valeur dans
» cette bataille ; vous avez vu le combat qu'a excité en lui ma
» fausse accusation ; mais, en même temps, vous avez été té-
» moin de sa résignation et de son humilité. »

Il n'y a à tout cela qu'un petit inconvénient, — c'est qu'il n'est pas vrai que les trappistes soient condamnés à un silence perpétuel. — Je suis allé à la Trappe, — et j'ai été reçu par un frère qui cause fort bien ; je lui ai demandé si, en qualité de frère hospitalier chargé de recevoir les voyageurs, il avait une permission spéciale pour rompre le silence auquel les trappistes sont soumis. — Il sourit et me dit : « Je sais qu'on fait sur nous d'étranges histoires dans le monde ; — notre silence consiste à ne pas avoir entre nous de conversations futiles, — à ne pas parler en traversant l'église, — ou le cimetière, — ou d'autres lieux consacrés, — ou pendant certaines prières. — Ne dit-on pas aussi, ajouta-t-il en souriant de nouveau, que nous creusons nous-mêmes notre tombe, et qu'en nous rencontrant nous nous disons l'un à l'autre : « Frère, il faut mourir! » — Vous pouvez voir par vous-même qu'il n'en est rien. »

S. M. le roi Louis-Philippe ayant découvert qu'il y avait encore une trentaine de Français qui ne portaient pas la croix d'honneur, — a réparé cette omission involontaire et a daigné l'envoyer à quinze proviseurs de colléges de province et à quinze substituts et procureurs — à l'occasion de sa fête.

La Saint-Jacques *tombe* le même jour que la Saint-Philippe ; — les almanachs, obligés de mettre la Saint-Philippe en lettres majuscules, — ont supprimé saint Jacques, — mis à la porte ainsi du calendrier. — La Saint-Jacques est la fête de M. Laffitte.

Le préfet de police — a imaginé un singulier moyen de célébrer la fête du roi; — il a accordé amnistie pleine et entière à cent cinquante filles publiques détenues à Saint-Lazare — pour avoir aimé hors des heures permises par la police. — Ces cent cinquante demoiselles, rendues aux félicités publiques, — ont pris une part active à la fête, — et quelques-unes ont orné le soir le carré Marigny, aux Champs-Élysées, de danses un peu risquées.

Monseigneur Affre — a tenu au roi un discours un peu entortillé, — dont le vrai sens est qu'il conseille à Sa Majesté de rétablir les colléges de jésuites; — à quoi Sa Majesté a répondu par un discours non moins entortillé qu'elle priait monseigneur Affre de se tenir tranquille et de se mêler de ses affaires.

Certains journaux traitent un peu le peuple en comparses d'opéra-comique. — On lit dans le *National :* — « Il y avait aux Champs-Élysées un débordement de badauds. »

Je prendrai la liberté de demander au *National* — si ces badauds — ne sont pas les mêmes figurants qu'il intitule le *grand peuple* et le *pays* dans d'autres circonstances.

Dans les discours que MM. Pasquier et Séguier ont adressés au roi à l'occasion de sa fête, — quelques personnes ont paru regretter que ces messieurs n'aient pas trouvé moyen de mettre dans ces discours un peu de la variété qu'ils ont mise dans leurs serments et dans leur dévouement depuis trente ans.

Un homme accusé de vol est interrogé par le président sur l'emploi de son temps; il répond qu'il a passé quelques heures dans un estaminet du boulevard du Temple. « Voilà un joli endroit et une belle société! » dit le président!

Nous demanderons à M. le président s'il a jamais invité ce pauvre diable à venir passer la soirée chez lui — et s'il pense qu'il ait le choix d'une société plus relevée.

🐜 Un voleur, interrogé sur ses *moyens d'existence*, répond qu'il joue la *poule* au billard et qu'il est heureux ; — c'est un état tout nouveau : — heureux au billard.

🐜 Un électeur a avoué qu'il s'était décidé à nommer M. Pauwels, parce qu'on lui avait dit que c'était le plus *aimable*. — Il y a tant de choses représentées à la Chambre — qu'on ne saurait trop se féliciter de voir un député élu comme *aimable*.

🐜 M. Arago a annoncé qu'*un de ses élèves* venait de découvrir une nouvelle comète. — M. Arago, fâché contre les comètes, ne daigne plus s'en occuper lui-même. — Cela rappelle un peu M. Willaume, qui *mariait les gens* et annonçait en *post-scriptum* dans les journaux que *son secrétaire plaçait les domestiques*.

🐜 Lors de la présentation des tableaux devant le jury de l'exposition, un des membres de cet aréopage juste et éclairé, M. Bidault, s'absenta pendant quelques instants. — Pendant son absence, cinq de ses paysages furent étourdiment refusés. — A son retour, il trouva la besogne fort avancée. « Ah ! ah ! dit-il, vous avez fini les paysages ! eh bien, j'espère que vous êtes contents de moi cette année. » Les *juges* comprirent qu'ils venaient de faire une sottise en repoussant par mégarde les œuvres d'un de leurs complices. — Sur un signe d'intelligence, le gardien alla prendre dans le tas refusé les cinq tableaux Bidault et les glissa avec ceux acceptés.

🐜 A la bonne heure, — nous y voilà ; — je suis un peu comme la plupart de nos amis et de nos parents, — qui trouvent une douce consolation pour les malheurs qui nous frappent — dans la joie de les avoir prédits et de nous *l'avoir bien dit*.

L'enquête sur les élections contestées, — livrée à l'impression par la Chambre des députés, — nous donne déjà un avant-goût de ce que deviendra la vie privée en France, — où tout le monde veut arriver à la vie politique. — Une partie de la Chambre s'est épouvantée de ce quelle avait fait elle-même ; — la commission a émis le vœu qu'on ne fît plus d'enquêtes de ce genre ; — la moitié de la Chambre a gémi sur une publicité qu'elle avait autorisée elle-même ; — les coulisses de la ville de Carpentras et autres lieux ont été ouvertes au public, — qui a pu y voir plusieurs autres petites pièces, — *non destinées à la représentation.*

Beaucoup de députés se sont récriés contre une publicité à laquelle chacun d'eux servira de pâture.

Ah ! vous voulez du gouvernement représentatif, messieurs ! ah ! vous voulez qu'on vous envoie à la Chambre pour discuter tous les intérêts du pays ! — Vous voulez qu'on mette entre vos mains la fortune publique et l'honneur du pays, — et vous ne voulez pas qu'on examine si les moyens qui vous ont fait envoyer à la Chambre ne sont pas précisément ceux qui vous devraient faire exclure de toute participation au gouvernement du pays.

Vous voulez faire dire dans les journaux qui vous poussent que vous avez toutes les vertus — et vous ne songez pas que c'est autoriser d'autres journaux à faire observer qu'il vous en manque quelques-unes et à dire lesquelles ! — Vous n'êtes pas encore au bout, messieurs. — Vous en verrez bien d'autres.

Attendez un peu, — et l'on voudra savoir à quelle époque chacun de vous mange des pois verts, — et à quelle femme du monde ou d'ailleurs il adresse des hommages, — et s'il est aimé pour lui-même ; — et, dans le cas où il achèterait son bonheur, — quel est le prix qu'il y met. — On voudra savoir où vous allez le soir — ou d'où vous sortez le matin ; — on le dira, — on l'imprimera, et l'on aura raison.

Quoi! — messieurs, — de temps en temps — un homme inconnu, — ayant fait une fortune dont on ne connaît pas plus le chiffre que les éléments, — viendra prendre sa part du gouvernement du pays, — et la seule chose dont vous voulez qu'on s'enquière, c'est combien il y a de portes, combien il y a de fenêtres à sa maison !

Vous voulez qu'on dise : « Monsieur un tel possède trois portes cochères, — deux bâtardes, — vingt-cinq fenêtres ; — qu'il gouverne la France : *dignus est intrare.* — Vive M. un tel ! soumettons-nous à ses lois ! » Vous voulez que l'on se contente d'être gouverné par le plus grand nombre des portes — et par la majorité des fenêtres.

Toute autre investigation qui ne porte pas sur vos portes et fenêtres vous semble indiscrète — et de mauvais goût.

Pardon, messieurs, il n'en peut être ainsi. — Vous voulez à la fois les bénéfices et les splendeurs de la vie politique et les douceurs secrètes de la vie privée.

Non, messieurs, les vertus politiques ne consistent pas seulement dans l'entêtement aveugle à suivre telle ou telle bannière, — il y a encore deux ou trois petites choses accessoires dont il est prudent de s'informer, et on s'en informera.

Je sais bien, messieurs, que c'est désagréable — pour des bourgeois, — encore hier marchands de n'importe quoi, de voir ainsi produire au grand jour — des détails, des habitudes, des mœurs qu'on n'a pas préparés pour le public à une époque où on ne savait pas qu'on deviendrait gouvernement. — Mais soyez de bonne foi, — vous direz qu'il n'en peut être autrement.

Voyons, — monsieur Ganneron, — quand vous vendiez des lumières des huit à vos concitoyens, — auriez-vous fait un long crédit à un épicier qui vous eût paru faire des dépenses au-dessus de sa fortune, ou qui vous eût semblé inepte, — ou peu exact, — et auriez-vous refusé de savoir ce qu'il en était ?

Non, certes, monsieur Ganneron.

Et vous, — monsieur Cunin-Gridaine, — auriez-vous confié une partie de draps un peu forte — à un commis voyageur qu'on vous aurait assuré seulement jouer un peu trop aux dominos ?

Et ne pensez-vous pas que les denrées que vous confie la France à tous sont un peu plus précieuses que celles vous *débitiez* au compte de vos commettants ?

Ce n'est pas ma faute, — messieurs, — si vous avez pensé que l'art de gouverner les hommes et les pays — fût le seul qu'il n'y eût pas besoin d'apprendre, — et pour lequel il n'y eût pas de nécessité de préparer sa vie. — Restez dans la vie privée, — vous qui aimez la vie privée, — personne ne vous force d'entrer dans la vie politique.

Pour ce qui est des enquêtes de la Chambre, du reste, — cela ne servira à rien, — si ce n'est à produire de temps à autres quelques scandales.

Les hommes sont les mêmes partout et toujours, — tous à vendre, — seulement pour différents prix, — payables en diverses monnaies. — Mais, si vous ne voulez plus d'enquête, — ô représentants du pays ! ou si vous voulez que vos enquêtes servent à quelque chose, rendez un décret — par lequel — l'avidité et l'avarice sont abolies, ainsi que la vanité et l'ambition. — Ordonnez que tous les Français soient également vertueux, probes, désintéressés. — Ordonnez que personne ne vende son suffrage — ni pour de l'argent, ni pour des honneurs (des honneurs au prix de l'honneur), ni pour aucun intérêt. — Et ensuite vous n'aurez plus à craindre qu'on achète des suffrages, — quand il n'y en aura plus à vendre. La difficulté est seulement de réussir sur le premier point. — En attendant, — voici quelques-unes des plus innocentes révélations amenées par l'enquête.

M. de Cajoc, sous-préfet, — a écrit une lettre dont voici un extrait : « Je ne veux pas qu'on mette tous les préfets à la porte, il y en a de bons ; mais je demande seulement qu'on m'en trouve une petite. » — Probablement une préfecture.

🏵 Madame de Cajoc — a écrit : « Les ministres ne veulent que des assassins et des gueux pour agents. »

🏵 ÉLECTION DE CARPENTRAS. — « Le sieur Rosty a constamment soutenu que, le jour du scrutin de ballottage, M. le sous-préfet de Carpentras, l'ayant pris à part, lui avait témoigné des doutes sur son vote, et avait voulu exiger de lui, sous peine de destitution, qu'il mît une marque particulière sur son bulletin. »

Ce n'est pas tout à fait conforme au vœu de la loi, qui exige le secret des votes.

« Le sieur Roubaud, électeur, nous a dit que, le 12 juillet au matin, le sieur Rosty fils, notaire, lui avait offert la somme de deux cents francs s'il voulait consentir à donner sa voix à M. Floret. »

Voici un notaire qui fait là un joli trafic ! — et c'est une charmante chose à faire par-devant notaire qu'un marché de ce genre.

🏵 « Les partisans de M. Floret imputent, au contraire, à ceux de M. de Gérente d'avoir acheté pour cinquante francs le vote de Roubaud. »

M. Floret a offert deux cents francs à Roubaud — et M. de Gérente seulement cinquante francs. — Il y a bien du risque que M. de Gérente soit innocent de la corruption. — Roubaud a dû préférer être corrompu par M. Floret, — attendu qu'on ne se fait pas corrompre pour l'honneur.

🏵 « Le sieur Bonnet aurait répondu qu'il s'était engagé à voter pour M. Floret, parce que celui-ci lui avait promis la veille une place de douze cents francs pour son neveu, dont il désirait se débarrasser. »

Quelque coquin de neveu probablement — comme on en voit tant. — M. Bonnet, j'en suis sûr, n'aurait rien accepté pour lui-même, — mais pour son neveu, qui ne sera plus à sa charge et qui l'embarrasse, — c'est bien différent !

🐝 « Si l'élection de Carpentras est validée, ce n'est pas parce que cette élection a été exempte de manœuvres, mais uniquement parce que les griefs les plus graves ne sont pas imputables au candidat élu. Et la meilleure manière d'atteindre ce but, ne serait-elle pas de proposer à la Chambre, en même temps qu'elle admet le député, d'infliger un blâme à ces manœuvres ? »

Pardon, messieurs de la commission, — c'est-à-dire que ce n'est pas le meilleur, mais le moins mauvais qui est élu ; — ce n'est pas celui qui n'a pas fait le moins — qui est déclaré honorable ; — disonc donc l'honorable M. Floret.

🐝 ÉLECTION D'EMBRUN. — « L'élection d'Embrun présente deux caractères bien marqués : tentatives de corruption pécuniaire de la part de M. Ardoin ; essai d'intimidation et violation du secret des votes de la part des amis de M. Allier. »

C'est gentil ; — voyons un peu lequel sera déclaré honorable de ces deux messieurs.

🐝 « Il s'est élevé, de l'ensemble des témoignages recueillis, la preuve morale des tentatives de corruption auxquelles avaient eu malheureusement recours les amis de M. Allier, et peut-être ce concurrent lui-même. Nous produirons, à cet égard, des déclarations et des aveux déplorables. »

Ce sera peut-être M. Ardoin.

🐝 « Le secret des votes a-t-il été violé par les désignations qui accompagnaient, sur la plupart des bulletins, les noms des deux candidats? Car ce procédé a été employé par les deux partis, c'est le procès-verbal de l'élection qui le déclare : « Le bureau (y est-il dit), après en avoir délibéré, a, en effet, remarqué que, de part et d'autre, les désignations inscrites sur les bulletins des électeurs porteraient atteinte au secret des votes et pourraient être contraires au vœu de la loi. »

La chose redevient douteuse.

✿ « Vous avez sous les yeux les dépositions des témoins; ils ne sont pas d'accord sur le nombre des bulletins avec des désignations. M. Bertrand de Rémollon a dit que tous les bulletins pour M. Allier, ou presque tous, soixante-dix-sept sur soixante-dix-huit, portaient des désignations. M. Janneau-Lagrave a dit qu'il y en avait un quart ou un tiers du côté de M. Allier. M. Achille Fourrat : les trois quarts des bulletins à peu près, dont cinquante environ du côté de M. Allier, et peut-être quarante-cinq pour M. Ardoin. M. Cézanne un tiers, et pour les deux candidats. M. Didier : des deux côtés à peu près en nombre égal. »

M. Ardoin a des chances pour être honorable; mais il n'en a guère de plus que M. Allier. — Voyons encore :

✿ « Le sieur Bonaffoux père a eu à déplorer des propos inconvenants et des coups de son fils; le fils était dans un état d'ivresse complet, et ce qu'il y a de plus remarquable, c'est que les témoins qui ont reproduit les griefs de Bonaffoux ont déclaré, les uns, qu'il leur avait dit que son fils l'avait menacé pour arracher son vote en faveur de M. Ardoin; les autres, en faveur de M. Allier, d'où résulte une grande incertitude sur les faits en eux-mêmes, et par conséquent sur la valeur des témoignages et sur l'intention des plaintes. »

Bonaffoux a battu son père; — mais pour qui et pourquoi a-t-il battu son père ? — en général, quand on bat son père, c'est pour quelqu'un ou pour quelque chose.

✿ « Cet arrêt déclare *simulés* les actes en vertu desquels ces sept électeurs auraient acquis, en mars et avril 1841, de M. Ardoin, candidat, l'usufruit, pendant neuf annés, de pièces de terre situées à Saint-Ouen et à Clichy, et reconnaît fausses et contradictoires les explications données par eux. »

Oh! diable, ceci est laid; — c'est, je crois, maintenant, — M. Allier qui est le plus honorable de ces deux messieurs.

« On disait que M. Ardoin était venu de Paris avec deux cent mille francs pour gagner les électeurs ; et l'un d'eux, en effet, était venu chez Jouve lui demander trois mille francs sur cette somme. *J'en veux ma part*, aurait-il dit naïvement.

« Chevalier, adjoint. Celui-ci avait reçu en prêt, de M. Ardoin, une somme de huit cents francs pour trois ans, sans intérêts. Il vota, le premier jour, pour M. de Bellegarde, que les amis de M. Allier portaient à la présidence du collége. Il paraîtrait qu'on avait donné à cet électeur un mot d'ordre qui ne se serait pas retrouvé dans les bulletins énoncés. Aux reproches de M. Jouve, le sieur Chevalier aurait répondu : « Je » ne voterai pour M. Ardoin que si, au lieu d'un prêt de huit » cents francs, on le convertit en don, en déchirant mon obli- » gation. »

» Chevalier aurait raconté ce fait en présence de cinq à six témoins. Et l'obligation a été déchirée. Chevalier aurait même ajouté : « Je dois mille francs à M. Julien, et j'aurais voulu » acquitter cette dette. » Il a voté le deuxième jour pour M. Ardoin. »

Les parts ne sont pas égales, — nous avons vu tout à l'heure un électeur qui demande trois mille francs. M. Chevalier fait la chose pour huit cents francs. — C'est un gâte-métier.

« Si M. Ardoin ne faisait rien par lui-même, il laissait faire des agents dévoués. Le nommé Martin, repris de justice ; le nommé Trinquier, sous le coup des réserves du ministère public pour altération de signature, allaient l'un et l'autre offrant de l'argent à qui voudrait en recevoir. »

C'est peut-être la première fois que ces deux messieurs offraient de l'argent au monde, — leurs antécédents judiciaires semblent, en effet, annoncer des exercices tout opposés.

« Ces personnes ont ajouté : « Si nous ne votions pas » pour M. Ardoin, dès le lendemain même de l'élection nous » serions poursuivis à outrance. »

Il est bon de se faire corrompre, mais il faut être honnête. — Vous avez promis de vous déshonorer ; un honnête homme n'a que sa parole, — si vous y manquez et que ça tourne mal, — tant pis pour vous.

🐜 M. Ardoin lui-même s'en est expliqué devant nous en ces termes : « Les électeurs qui votaient pour moi étaient hé-
» bergés chez Gauthier et chez Bellotte. Il y avait table ouverte
» pour dîner et pour déjeuner, à mes frais. C'était connu, je ne
» m'en suis pas caché. On peut bien traiter ses amis. Le préfet
» m'a fait une affaire en 1839, parce que j'avais amené mon
» cuisinier. Je crois que je le ferai encore. » M. Ardoin a ajouté qu'il avait habité l'Angleterre, et que là on faisait bien autre chose. »

Attendez un peu, — nous ne faisons que commencer, — et nous commençons bien ; — l'Angleterre n'est pas arrivée du premier coup où elle en est.

🐜 « Il n'a pu s'élever d'hésitation dès lors parmi les membres de la commission d'enquête que sur la manière de caractériser ces actes, et l'intention qui les avait inspirés. Les uns ont voulu les qualifier de *manœuvres coupables*, les autres de *tentatives de corruption*. La majorité de la commission a adopté une expression générale, qui comprend cette double pensée, et les a déclarés *faits de corruption électorale*. »

Cette pauvre commission a dû, en effet, se trouver bien embarrassée ; — il paraît que ce que ces messieurs ont fait ne constitue pas des *manœuvres coupables*, — ni des *tentatives de corruption*. — Quel bonheur que la commission ait enfin trouvé — le mot, — le vrai mot, — le seul mot qui rende exactement la chose ! — Cependant cette phrase rappelle un peu la fameuse distinction d'Odry entre les chiquenaudes, les pichenettes et les croquignoles.

🐜 « La minorité a dit qu'elle désapprouvait hautement, comme la majorité, les faits à la charge du concurrent de M. Allier (ah! c'est M. Ardoin qui ne sera pas honorable), mais qu'il lui était impossible de ne pas voir des actes d'intimidation dans l'ensemble des faits qui avaient caractérisé l'élection, notamment les actes relatifs à Ardoin de Briançon, à Bonnaffoux et à Chevalier. Ces actes ont été en quelque sorte avoués par M. de Bellegarde et par Joubert (M. Ardoin redevient honorable). La minorité a ajouté qu'il résultait de l'enquête qu'un grand nombre de bulletins, portant des désignations particulières, avaient été écrits en faveur de M. Allier ; et que si on n'avait pas découvert la preuve matérielle d'un concert, d'un registre et d'un contrôle, tout portait à croire que ce concert et ce contrôle avaient existé, particulièrement de la part des trois membres composant le comité électoral de M. Allier, placés tous trois auprès du bureau du président du collége, au moment du dépouillement du scrutin, de manière à pouvoir lire tous les bulletins qui portaient des désignations et à constater leur origine. (M. Ardoin continue à redevenir honorable.) Cette circonstance, réunie à d'autres indices, fortifiait la minorité dans la conviction où elle était qu'une atteinte sérieuse avait été portée au secret des votes, à la liberté de l'élection ; et que, pour mettre un terme à l'abus possible des bulletins avec des désignations, par une sanction sérieuse, elle était d'avis d'annuler l'élection de M. Allier. (Honorable M. Ardoin !)

» La majorité, au contraire, est d'avis que l'élection a été libre et pure, et vous propose l'admission de M. Allier. »

Oh ! mon Dieu ! — voilà M. Ardoin qui n'est plus honorable du tout ; — c'est maintenant M. Allier, — qui, du reste, a bien nanqué de ne l'être pas.

On a trouvé généralement cette conclusion de la commission : *l'élection a été libre et pure*, — un peu facétieuse.

ÉLECTION DE LANGRES. — Parlez-moi de Langres, à la bonne heure, — voilà un endroit où les choses se passent beaucoup mieux.

« Une multitude d'agents parcoururent la ville et les campagnes, obsédant les électeurs de promesses, de menaces, offrant des voitures pour se rendre à l'élection, et leur indiquant les auberges et les cafés où ils devaient être défrayés, et, de plus, dénigrant les compétiteurs de M. Pauwels, en les qualifiant d'aristocrates et de gentilshommes voulant la ruine du pays.

» La veille de l'élection on avait accaparé toutes les voitures et les chevaux de louage du chef-lieu pour amener, dès le matin, tous les électeurs de la campagne dont on redoutait l'indépendance du vote ; et ensuite, placés dans les maisons et auberges où ils étaient gardés à vue, on les extrayait de leur retraite dans un état voisin de l'ivresse, et on les accompagnait ainsi au bureau de l'élection. »

M. Ardoin et M. Allier hébergeaient les électeurs d'Embrun ; — mais M. Pauwels fait mieux : il grise les électeurs de Langres.

« M. Chauchart, membre du conseil général, a déclaré devant la commission qu'il avait vu dans le sein du collége un sieur Carbillet, chef d'instruction, amenant un électeur qu'il soutenait, attendu qu'il ne pouvait presque plus marcher. M. Beguinot de Montrol en a vu un tout à fait ivre, dont le billet a été écrit par un autre électeur. M. Renard, substitut du procureur du roi à Vassy, nous a dit : « Les électeurs dont M. Abreuveux » écrivait les billets n'étaient pas ivres, *mais ils étaient appe-* » *santis par le vin.* »

Distinguons : — regardez un peu comme on est méchant dans les petits endroits ; — on disait avoir vu ivres de pauvres électeurs qui n'étaient qu'appesantis par le vin ; — ce serait honteux d'avoir été exercer ivre un droit aussi sérieux.

OBSERVATIONS GÉNÉRALES. — « *Treizième question.* M. de Gérante a-t-il demandé et obtenu une demi-bourse dans un collége royal pour l'enfant de Raspail, petit-fils d'un électeur, et une autre pour l'enfant de Guillaume Siffrein, électeur ? — *R.* Oui, à l'unanimité.

» *Quatorzième question.* Ces démarches ont-elles eu lieu en vue de l'élection, et faut-il exprimer un regret que le candidat les ait faites ? — *R.* Non, sept voix contre deux. Il ne doit pas même être exprimé un blâme implicite.

» La majorité demande que le rapport énonce une crainte générale, et sans application aux faits actuels, qu'il ne soit fait abus des demi-bourses. »

Sans application aux faits actuels est un joli mot. — En effet; qui est-ce qui pourrait voir là le moindre rapport?—Les *Guêpes* ont récemment parlé des bourses de collége; à la commission la gloire d'avoir parlé des demi-bourses. — Est-ce qu'elle croit qu'on ne pourrait pas abuser un peu aussi des bourses entières?

« *Dix-neuvième question.* M. Floret a-t-il, le 11 juillet, déclaré à l'électeur Fabry qu'il donnerait des garanties, par écrit, des promesses qu'il lui ferait, si cet électeur voulait voter pour lui? — *R.* Non, six voix contre trois. Exprimer un regret à raison de la démarche de M. Floret dans cette circonstance. A l'unanimité. »

Exprimer un regret que M. Floret ait fait une démarche que vous déclarez qu'il n'a pas faite; — commission, ma mie, ceci n'est pas bien clair.

« *Quatrième question.* Des électeurs ont-ils été défrayés à l'auberge, pendant l'élection, par le même candidat? Est-ce là une manœuvre électorale? — *R.* Oui, à l'unanimité. »

J'espère bien que MM. les députés, surtout les membres de la commission, n'accepteront pendant la session aucun dîner, ni chez le roi, ni chez aucun ministre; — c'est une belle chose que l'indépendance, — mais qui ne résiste pas à un dîner, — selon la commission.

FAITS DE VIOLENCE IMPUTÉS A DES PERSONNES DU PARTI ALLIER. — *Sixième question.* L'électeur Bonnaffoux, de Caleyères, a-t-il été menacé et battu par son fils parce qu'il annonçait devoir voter pour M. Allier? Au contraire, les violences dont il s'est plaint avaient-elles pour objet de le forcer à voter pour M. Ardoin? — *R.* Quatre voix sont d'avis que, d'après l'enquête, des violences ont eu lieu parce que Bonnaffoux voulait voter pour M. Ardoin. Cinq voix, qu'il n'est pas prouvé dans quelle intention des violences ont été exercées. »

Décidément, Bonnaffoux fils n'a battu Bonnaffoux père que pour le battre.

CONCLUSION. — « *Dixième question.* Faut-il proposer à la Chambre d'annuler l'élection d'Embrun? — *R.* Non, cinq voix contre quatre. »

En effet, pourquoi annuler l'élection d'Embrun? — Est-ce qu'elle n'est pas *pure?* — Qu'est-ce qu'on demande à une élection? — D'être libre et pure. — Est-il rien d'aussi pur que l'élection d'Embrun?

« M. Pauwels et ses amis cherchent en vain à couvrir ces abus du prétexte des *usages du pays:* « On n'y fait pas un » marché, nous a dit M. Pauwels, sans que cela se passe au » cabaret. » Nous pensions, nous, qu'il n'en est que plus nécessaire d'apprendre aux électeurs qu'on ne se prépare pas ainsi à l'accomplissement d'un devoir civique aussi sérieux que l'exercice du droit électoral. »

Ah! prenez garde, messieurs, il y a alors bien des gens qui ne viendront pas aux élections.

« Ce qui caractérise l'intimidation, c'est l'absence forcée des électeurs, empêchés, par une terreur répandue à dessein, de venir exercer leur droit; et l'élection d'Embrun présente, moins que toute autre, ce caractère, puisque quatre électeurs seulement se sont abstenus, et que leur absence a été justifiée. »

Est-ce que messieurs de la commission n'appellent pas intimidation — l'action d'obliger un employé par la peur de perdre sa place; — un débiteur par la peur des poursuites, à voter autrement qu'ils ne veulent? — vrai, je ne suis pas satisfait de cette définition de l'intimidation.

« Là se borne, messieurs, l'examen des quatre griefs imputés par M. Floret à l'administration, dans une des séances du mois d'août dernier. Passons à la discussion des trois faits reprochés à M. Floret dans la même séance, en réponse à ses accusations. »

Comme nous l'avions remarqué, — quatre faits contre l'administration, trois faits seulement contre M. Floret. — M. Floret est vertueux; mais voici quelque chose à quoi, j'en suis sûr, personne ne s'attend, c'est qu'après le développement des jolies choses que je viens de vous dire en abrégé, — la commission ravie — s'écrie en finissant :

« Conservons précieusement cet esprit constitutionnel; il y va de tout notre avenir. »

Voilà de ces choses qu'on n'oserait pas inventer.

Le lendemain, la Chambre n'a pas été de l'avis de la commission; — elle a, il est vrai, annulé l'élection de M. Pauwels, — mais elle a également mis à néant celle de M. Floret. — Au moment où nous mettons sous presse, on ne sait pas encore ce qu'il sera fait de M. Allier.

Très-bien, messieurs, voici la Chambre purifiée. — Deux élections annulées d'un coup. — Maintenant, il ne reste pas à la Chambre un seul député qui ait employé la moindre brigue, — la moindre promesse, — pour se faire élire; — tous, sans exception, ont été violemment arrachés de la charrue ou de leur maison des champs.

Tous, sans exception, ont quitté avec regret la vie privée et les douceurs de la famille; — tous ont été élevés malgré eux à une dignité dont ils gémissent; — tous ont accepté ce mandat uniquement dans l'intérêt du pays et de leurs concitoyens.

Une chose seulement paraît un peu singulière; — voilà M. Pauwels exclu de la Chambre — comme corrupteur des électeurs, comme auteur de manœuvres coupables : — Très-bien, mais M. Pauwels était à la fois élu à Langres et à Saint-Pons. — L'élection de Langres est annulée ; — mais celle de Saint-Pons est maintenue. — Disons ce que nous voulons de l'élu indigne de Langres ; — mais respect à l'honorable député de Saint-Pons.

Juin 1843.

Le déluge. — On demande une famille honnête. — Suppression du mois de mai. — La rançon du mois de mai. — *Plus de mal de mer!* — Opinion de madame Ancelot sur une pièce de madame Ancelot. — Les douaniers de M. Greterin. — Utilité de la langue latine pour une profession. — M. le préfet de police faisant de la popularité. — La liste civile. — Les hommes du pouvoir et le peuple. — Le jury. — Les circonstances atténuantes. — Le bagne. — Brest. — Le duc d'Aumale. — Noble impartialité des journaux. — De la liberté des cultes en France. — M. Fould.

SAINTE-ADRESSE. — NORMANDIE. — Au moment où j'écris ces lignes, — une chose paraît complétement évidente ; — c'est que le ciel veut, par un nouveau déluge, en finir encore une fois avec le genre humain. — Si la chose ne va pas plus vite, c'est que Dieu n'a pas encore pu trouver une famille de justes à préserver — une famille de justes comme celle de Noé ; — une famille de quatre justes dont un gredin.

La composition de l'arche sera cette fois soumise à des modifications ; — il est parfaitement inutile d'y mettre un cheval, — espèce prochainement inutile et tombée en désuétude, — et dont le nom seul restera comme mesure de puissance pour exprimer la force des machines — en attendant que de nouveaux perfectionnements apportés à la vapeur et aux machines fassent éprouver le même sort à l'homme, — ce qui est déjà fort bien commencé en Angleterre et promet de s'établir en France.

🐝 En effet, qu'est-ce qu'un ouvrier aujourd'hui? une machine qui n'est pas même de la force d'un cheval, et qu'il faut alimenter avec du pain, avec du vin, avec de la viande,—tandis qu'on a de si bonnes machines qui ont la force de trois cents — de quatre cents, de mille chevaux, et qui ne mangent que de la tourbe! — L'homme avant peu deviendra un simple encombrement, — un préjugé.

🐝 Dieu, instruit par son premier déluge, — se gardera bien cette fois d'ordonner à la famille préservée de faire entrer dans l'arche un couple de tout ce qui existe.

Ce que, du reste, Noé ne fit pas autrefois, malgré l'ordre qu'il en avait reçu.

Ainsi que l'ont prouvé les savants qui ont retrouvé dans la terre des ossements d'animaux antédiluviens — qu'on n'a jamais vus vivants depuis le déluge, — ce qui prouve que Noé ne les avait pas fait entrer dans l'arche, — et il n'a pas l'excuse de les avoir oubliés par mégarde ou de ne pas les avoir vus, — attendu que quelques-uns de ces fossiles sont un peu plus grands que des éléphants.

Nous espérons pour les peuples de l'avenir que, dans ce nouveau déluge, plusieurs espèces aujourd'hui existantes seront perdues et supprimées;

Et qu'un jour viendra où on ne verra plus ces espèces que dans les musées et les cabinets d'histoire naturelle, à mesure qu'on les découvrira dans les couches de terre glaise;

Comme j'ai vu l'été dernier l'excellent et savant M. Lesueur — chercher, — trouver et reconstruire, — dans nos falaises de Normandie, — os à os, vertèbre à vertèbre, — une sorte de crocodile bizarre, appelée, je crois, *icthyosaurus*.

JUIN 1843.

❦ Les peuples qui seront créés après ce déluge — reconstruiront ainsi, — morceaux par morceaux, — une foule d'espèces aujourd'hui vivantes et régnantes et alors fossiles et antédiluviennes, — qui, j'espère bien pour eux, ne seront pas admises dans la nouvelle arche d'alliance.

❦ Alors on ira voir le dimanche, dans quelque muséum, un *avocat* antédiluvien — parfaitement conservé, donné au cabinet par M. ***; un *colonel de la garde nationale* fossile : — ce morceau curieux n'est pas complet, — il lui manque la partie de la tête connue sous le nom de bonnet à poil, etc., et autres *icthyosaurus*.

❦ Mais peut-être serons-nous sauvés d'un nouveau déluge, faute de pouvoir trouver la famille des justes en question : — quatre justes dont un gredin.

❦ En attendant, Dieu nous a supprimé le mois de mai.

Le mois de mai autrefois mois de soleil, — de fleurs, de parfums, d'amour et de rêveries, maintenant mois de pluie et de boue — et de froid — et de giboulées.

Les fleurs — se sont ouvertes sans s'épanouir, pâles, tristes, — affaissées, sans éclat et sans parfum, — les abeilles ont été noyées dans le nectaire vide des fleurs, — et aussi toutes ces charmantes fleurs qui, en même temps que celles de la terre, s'épanouissent dans le cœur au retour du printemps — elles n'ont pas fleuri faute de soleil.

❦ Dieu nous a supprimé le mois de mai — le mois de mai! Le printemps — un de ses plus précieux dons — les fleurs! à la fois les pierreries et les parfums du pauvre.

❦ Les fleurs — la *fête de la vue*, — comme disaient les Grecs.

❦ Les fleurs, qui exhalent avec leurs odeurs tant de si douces pensées, de si charmantes rêveries — les fleurs pleines d'un nectar qu'on respire et qui enivre d'une ivresse calme et heureuse; — Dieu nous a caché le ciel bleu — et les étoiles.

🐝 Dieu a mis un voile de nuages sur son soleil, et un voile de tristesse sur nos cœurs.

🐝 Comme j'ai fait une triste litanie de toutes les fleurs qui devaient fleurir dans le mois de mai — et qui se sont misérablement entr'ouvertes — sur la terre boueuse.

Nous étions trop riches, à ce que disaient les journaux et les hommes politiques.

🐝 Notre siècle, si fécond en progrès — selon eux, avait trop acquis et trop gagné ; — il avait toujours, selon eux, trop d'avantages sur les siècles précédents.

Il avait trop de lumières et trop de grands hommes ; il fallait expier tout cela.

🐝 Il fallait, comme le tyran de Syracuse, jeter à la mer notre plus belle bague ; — le malheur est un usurier et un créancier intraitable. — Ce que nous ne lui payons pas porte intérêt, et c'est un capital qui s'accroît.

🐝 O mon Dieu ! parmi les bienfaits dont vous nous avez comblés dans ces derniers temps, — n'auriez-vous pu nous reprendre autre chose que le mois de mai ? — Sans compter que voici le mois de juin, le mois des roses, — qui commence par des pluies diluviennes.

🐝 O mon Dieu ! rendez-nous le mois de mai — et reprenez-nous en place tout autre bienfait de la Providence — comme qui dirait, par exemple, — la pondération des trois pouvoirs.

🐝 Mon Dieu, rendez-nous le soleil — et reprenez-nous M. Ganneron.

🐝 Rendez-nous les fleurs et reprenez les philanthropes qui ont inventé le régime cellulaire et le mutisme dans les prisons.

🐝 Rendez-nous les parfums des fleurs, et reprenez-nous le jury avec ses circonstances atténuantes.

🐝 Mon Dieu, rendez-nous le muguet avec ses perles embaumées, et reprenez-nous M. Chambolle.

JUIN 1843.

⁕ Rendez-nous les pivoines, ces roses géantes, — dont la pluie a, cette année, dispersé les pétales de pourpre, — et reprenez-nous les pièces de théâtre de M. Empis, représentées par autorité de la liste civile.

⁕ Rendez-nous les iris dont le vent a brisé les tiges et déchiré les fleurs violettes, et reprenez-nous — M. Edmond Blanc, — cet intègre administrateur.

Rendez-nous notre mois de mai, — mon Dieu! Rendez-nous notre beau mois de mai, — et reprenez-nous quelques autres choses entre les plus précieuses que nous ayons. — Rendez-nous les glaïeuls aux fleurs roses et blanches, au port si gracieux, et reprenez-nous, si vous voulez, le dieu Cheneau avec son culte et ses boutons, avec son fil, ses aiguilles et son Évangile.

⁕ Rendez-nous ces belles juliennes aux rameaux blancs si parfumés le soir, — et reprenez-nous M. Cousin.

⁕ Rendez-nous nos beaux rhododendrons, et nos chèvrefeuilles ; — et, s'il faut une rançon, — reprenez-nous, mon Dieu! M. Dosne, le grand financier dont la France est si fière.

⁕ Rendez-nous nos azalées — qui grimpent et tapissent les maisons dans les romans de M. de Balzac, — mais qui, ici, se contentent de se charger humblement, à trois pieds du sol, — de belles fleurs jaunes, rouges, roses ou blanches, — et reprenez-nous, mon Dieu! M. Dupin et ses pasquinades sans courage.

⁕ Rendez-nous, mon Dieu! les amours des oiseaux dans les feuilles — et reprenez-nous le prêtre haineux, — si fort sur la mythologie des Persans, si faible sur les devoirs et les croyances du christianisme.

⁕ Mon Dieu! rendez-nous nos seringats, — qui sont les orangers des pauvres jardins, et reprenez-nous les bedeaux frénétiques et les sacristains convulsionnaires qui rédigent le journal religieux l'*Univers*.

Mon Dieu ! rendez-nous les digitales, les marguerites blanches et les boutons d'or, — et reprenez toutes ces belles choses, — les baïonnettes intelligentes, les fonctionnaires indépendants, les monarchies entourées d'institutions républicaines, etc., etc.

Rendez-nous les beaux thyrses blancs des marronniers et les haies d'aubépine, — et resserrez dans votre trésor M. Fulchiron, qui a découvert *le* mousson — que, jusqu'à lui, on avait appelé *la* mousson.

Rendez-nous les grappes d'or des ébéniers — et reprenez-nous M. Partarrieu-Lafosse, — le malencontreux défenseur du roi Louis-Philippe dans l'affaire dite *des lettres attribuées au roi.*

Rendez-nous, mon Dieu ! — les vers luisants dans l'herbe, — et reprenez-nous M. Aimé Martin, qui ne luit nulle part, et a fait sur la Rochefoucauld le beau commentaire dont les *Guêpes* ont fait une appréciation convenable.

Je guettais avec tant d'anxiété et de joie — la première rose d'un charmant rosier-noisette, qui me donne chaque année la première fleur ! — Eh bien, la pluie a détruit le bouton encore fermé. Que ne donnerais-je pas des splendeurs de ce temps-ci — pour racheter ma pauvre petite rose !

Rendez-nous, mon Dieu ! les premières roses, les roses de mai, — et reprenez-nous les différents accapareurs de consonnes — que les journaux appellent de grands, célèbres, d'illustres pianistes, — et qui *consentent* à se faire entendre si souvent chaque hiver.

Pour ma petite rose, mon Dieu ! — je donnerais M. Delessert, cet ingénieux préfet de police que vous savez ; — je donnerais cette belle galerie de bois que l'on a accrochée au flanc du Louvre ! — je donnerais les comédies de M. Bonjour, — et l'institution de la garde nationale, et les fortifications de Paris. — Je ne sais ce que je donnerais pour ma petite rose. — Reprenez tout cela, mon Dieu ! — et rendez-nous les roses de mai.

Pourvu que vous ne nous supprimiez pas les roses de juin !

☙ Mon Dieu ! rendez-nous le printemps, — rendez-nous le ciel bleu, — le soleil, — les nuits parfumées et les étoiles. — Rendez-nous ces éternelles magnificences, — et reprenez-nous les deux tiers au moins de nos grands citoyens, — de nos illustres, de nos célèbres, etc., etc., etc.

☙ Les journaux font à l'envi depuis deux ans l'éloge le plus pompeux des bonbons de Malte contre le mal de mer, — le mal de mer n'existe plus. — M. Granier de Cassagnac — qui en a fait une peinture si énergique, — qui en a tant souffert, et qui n'a eu que le tort d'affirmer que les anciens n'en avaient jamais parlé, — à quoi les *Guêpes* en ce temps-là — lui ont cité des passages de divers anciens qui s'en plaignaient amèrement, — M. Cassagnac lui-même ne peut voyager impunément sur mer.

☙ Ton baume est merveilleux ; — mais combien le vends-tu ?

Je ne le vends pas, je le donne, car c'est le donner que de ne vendre que trois francs des bonbons aussi miraculeux ; — trois francs, messieurs — rien que trois francs ! tous les journaux de tous les partis, de toutes les couleurs, sont unanimes sur ce point : — le mal de mer, que M. Granier de Cassagnac croit une découverte moderne comme l'imprimerie, — le mal de mer n'existe plus : — tous les journaux le disent en chœur tous les matins — comme des paysans ou des guerriers d'opéra-comique. — *Plus* de mal de mer ! il faudrait n'avoir pas trois francs dans la poche pour avoir le mal de mer aujourd'hui : — ouvrez un journal au hasard, — ouvrez-les tous, vous les verrez tous dire — de leur plus grosse voix — c'est-à-dire en lettres d'un demi-pouce : — « PLUS DE MAL DE MER. » — Il n'y a plus que les pauvres diables, les gens de peu, — qui vomissent.

☙ Vous avez le mal de mer : — donc vous n'avez pas trois francs ; — donc vous êtes un va-nu-pieds.

Les hommes au-dessous de trois francs sont les seuls aujourd'hui qui aient le mal de mer. On ne vomit plus qu'aux secondes places — sur l'avant du bateau.

🐝 Opinion de madame Ancelot sur une pièce de madame Ancelot.

« ... *Hermance ou un an trop tard,* — drame ou comédie, car cet intéressant ouvrage participe de l'un et de l'autre genre. — Madame Ancelot s'y livre, avec la finesse d'observation et avec la grâce du style qui la distinguent, à la peinture vraie et animée de la société, — c'est une admirable investigation de tous les mystères de l'âme; — c'est, en un mot, un ouvrage de longue et haute portée, etc.

🐝 Voilà bien des fois qu'on élève des plaintes sérieuses et légitimes sur certaines façons des subordonnés de M. Greterin, directeur des douanes, à l'endroit des voyageurs et surtout des voyageuses.

On prétend que les femmes sont soumises, sur quelques points de la frontière, à des visites minutieuses sur leurs personnes — et... (je cherche des mots pour *dire* décemment ce que *font* les employés de M. Greterin) à ces plaintes, il a répondu froidement que ces visites sont faites par des femmes.

Il me paraît que M. Greterin ne considère la pudeur des femmes que comme une coquetterie — qui n'existe qu'à l'égard des hommes — et qu'il n'y a aucun inconvénient à ce que des femmes portent les mains les plus hardies sur d'autres femmes. — M. Greterin se trompe : ces façons d'agir sont odieuses — et dignes d'un peuple sauvage.

🐝 J'avais tort, dernièrement, et j'avais tort avec M. Arago, lorsque pour la centième fois je parlais avec irrévérence de cette éducation exclusivement littéraire donnée à tout un peuple, et de ces deux langues, les deux seules qui ne se parlent pas. — Les plus forts hellénistes ne comprennent pas un mot du grec moderne;—et le latin d'église,—et le latin des savants, ne sont que deux variétés de cette langue connue sous le nom de latin de cuisine. — J'avais tort quand je demandais à quoi servait cette éducation.

On écrit de Presbourg, à la date du 20 mai : « L'empereur a ouvert aujourd'hui la diète de Hongrie par un discours en latin.

» L'assemblée était très-nombreuse et très-brillante, — presque tous les ambassadeurs résidant à Vienne avaient suivi l'empereur à Presbourg pour assister à cette solennité. »

Cette étude du latin pendant huit ans, contre laquelle je me suis imprudemment élevé, — sous prétexte qu'aucun professeur, — pas même M. le ministre de l'instruction publique, — n'oserait affirmer qu'il y a huit hommes sur cent qui sachent le latin après l'avoir appris huit ans, — sous prétexte encore que pour les quatre-vingt-douze autres il ne servirait absolument à rien s'ils l'apprenaient; — cette étude de latin, je dois le reconnaître aujourd'hui, est utile pour une profession de quelque importance : — elle est indispensable pour être empereur d'Autriche. — Si la couronne d'Autriche venait à manquer d'héritiers, — on la donnerait pour prix d'une composition en thème, et elle reviendrait de droit — *optimo* — au plus fort en thème.

J'ai d'abord failli ajouter que le latin était également utile pour la profession d'ambassadeur. — Mais, après quelques instants de réflexion, j'ai pensé qu'il faudrait connaître le discours de S. M. l'empereur pour décider si les ambassadeurs résidant à Vienne se sont plus ennuyés en ne comprenant pas ce que disait le prince — qu'ils ne se seraient ennuyés en comprenant son discours.

Néanmoins, les ambassadeurs devaient faire une bonne figure, — à peu près celle que font aux distributions des prix aux concours de la Sorbonne — les parents des lauréats, qui écoutent attentivement le discours latin d'usage, dont ils ne comprennent pas un mot, — sourient ou balancent la tête aux beaux endroits et applaudissent à la fin.

Comme l'autre jour j'entendais parler avec indignation de la liste civile — et du peuple écrasé par elle, — je ne fus pas fâché de savoir à quoi m'en tenir quant à moi, — et bien établir ce que me coûte le roi — et si je suis écrasé.

Parce que, dans le cas où je serais écrasé, — je joindrais naturellement ma voix aux cris qui se font entendre à ce sujet.

Or, voici mon compte exact avec le roi : — je paye mon trente-deux millionième des douze millions de sa liste civile, c'est-à-dire à peu près neuf sous par an.

D'autre part, comme abonné aux *Guêpes*, le roi me donne douze francs, sur lesquels, — après que j'ai payé — le papier, l'impression, le timbre, la poste, etc., etc., quand les libraires ont prélevé leur remise, etc., etc., — il me revient pour ma part la somme de trois francs.

Le roi me coûte neuf sous par an et me donne trois francs, — c'est cinquante et un sous de bénéfice net pour moi.

Je ne puis, en conscience, joindre ma voix aux cris qui se font entendre à propos de la liste civile.

S'il est quelque chose dont on ait abusé de ce temps-ci, c'est sans contredit le peuple.

A entendre les gens, — tant ceux du pouvoir que ceux de l'opposition, — tant ceux qui ne veulent pas lâcher les places et l'argent que ceux qui voudraient s'en emparer, — rien ne se fait que pour le peuple.

Ces pauvres gens ne veulent rien pour eux, — ils n'ont besoin de rien, ils n'accepteraient rien; — s'ils font tant de bruit, tant d'intrigues, tant de lâchetés, tant d'infamies, tant de trahisons, tant de mensonges, — ne croyez pas qu'ils en espèrent tirer le moindre bénéfice; — vous ne les connaissez pas : — c'est pour le peuple.

Certes, on en doit croire sur parole tant d'honorables personnages, — et je ne m'aviserais pas d'aller éplucher leurs actions pour voir si elles sont en tout conformes à leurs paroles.

Mais un hasard m'a cependant forcé de faire une observation.

Je lisais, en même temps que cinq ou six autres badauds, — l'affiche qui indique les prix du chemin de fer de Paris à Rouen, et je ne pus m'empêcher de remarquer — que — le prix des dernières places, fixé à dix francs, est déjà trop élevé, attendu qu'il est à peu près égal à celui que prenaient les messageries, — et supérieur à celui que prennent aujourd'hui certaines administrations ; — de plus, les waggons affectés à ces dernières places ne partent qu'à certains voyages et pas à d'autres, et cela, je crois, dans la proportion de deux voyages sur six ou sept.

🙡 Un assassin nommé Caffin vient d'être condamné par la cour d'assises de la Seine ; — mais, le jury ayant reconnu en sa faveur des circonstances atténuantes, il n'a été condamné qu'aux travaux forcés.

Il serait à désirer que MM. les jurés trouvassent moyen d'appliquer également les circonstances atténuantes aux victimes aussi bien qu'aux assassins.

La peine de mort est supprimée à peu près généralement pour MM. les assassins, par l'omnipotence du jury.

J'ai déjà expliqué qu'il en devait être ainsi dans un temps où la justice criminelle est rendue en très-grande partie par des marchands. — Le vol est devenu le crime le plus grave de tous et est relativement puni aujourd'hui bien plus sévèrement en France que l'assassinat.

🙡 C'est cependant le seul cas pour lequel il ne soit pas possible de demander l'abolition de la peine de mort.

En effet, — la loi, en fait de vol, ne se contente pas à beaucoup près de la peine du talion, — par exemple, de prendre sur les biens du voleur une somme égale à la somme dérobée par lui : — elle le frappe d'emprisonnement et de travaux forcés.

Mais, quand il s'agit d'assassinat, — il se trouve que le criminel, pris, convaincu, condamné, — trois chances que beaucoup évitent et qui sont les plus mauvaises qu'ils aient à redouter, on verra dans les prairies des moutons rouges et des moutons jaunes.

> Et duræ quercus sudabunt roscida mella...
> . . . .
> Nec varios discet mentiri lana colores
> Ipse sed in pratis aries jam suave rubenti,
> Murice, jam croceo mutabit vellera luto...

Nous avons déjà — le camellia à *odeur enivrante* de M. Rolle et l'*azalée grimpante* de M. de Balzac, — nous en verrons bien d'autres.

Quand je disais dernièrement que, les chevaux abolis, — on allait bientôt s'occuper de supprimer l'homme et de le remplacer par des machines, je ne sais si j'étais prophète ou si j'ai ouvert une idée à quelqu'un.

Toujours est-il que je vois depuis quelques jours dans tous les journaux une annonce ainsi conçue :

LE COMPTEUR MÉCANIQUE, — *adopté par tous les ministères,* — au moyen duquel on peut faire tous les calculs possibles *sans le secours* de la plume ni *de l'intelligence.*

Voici les employés des ministères remplacés déjà par une mécanique simple et peu coûteuse.

Je ne désespère pas de voir, d'ici à peu de temps, tout le gouvernement représentatif — fonctionner au moyen d'une seule et unique machine, — surtout si l'on accepte définitivement le principe de M. Thiers, si bien adopté par une partie de la Chambre et par une partie des journaux : « Le roi règne et ne gouverne pas. » — Ce ne sera certes pas le roi qui embarrassera beaucoup le mécanicien.

Je ne sais vraiment pas comment on est assez hardi en France pour ne pas être de l'opposition.

L'opposition accepte tous ceux qui se donnent à elle, les prône, les loue, les pousse autant qu'elle peut. — Il s'agit pour elle de combattre et de conquérir : — elle veut des soldats; ceux qui n'ont pas une grande valeur, elle tâche de leur en donner une.

Les conservateurs, au contraire, possèdent ; — ceux qui se donnent ou se sont donnés à eux leur semblent des associés qui veulent partager les dividendes.

De sorte que ceux qui s'allient aux conservateurs — reçoivent à la fois les injures de l'opposition et les mauvais procédés de leurs amis.

Les *Guêpes* se félicitent de se trouver si parfaitement d'accord avec M. de Kératry, — dans le fond et dans la forme de la pensée.

Les *Guêpes* ont dit, il y a deux ou trois ans, — à propos de la prétention qu'ont les avocats d'être les défenseurs de la veuve et de l'orphelin :

« Il n'y aurait pas besoin d'avocats pour défendre la veuve et l'orphelin, s'il n'y avait pas d'abord d'avocats qui les attaquent. »

M. de Kératry a dit ces jours passés dans la *Presse* :

« Je suis tenté de sourire de pitié quand ces messieurs s'arrogent fastueusement le titre de défenseurs de la veuve et de l'orphelin, qui pourraient se dispenser de recourir à cette tutelle parfois assez onéreuse, si d'autres avocats, pour un même salaire, n'avaient auparavant fait irruption dans le champ de cette même veuve et de ce même orphelin. »

Voici encore un fait analogue à un que j'ai cité il y a quelques mois : — J. Boulard, rencontré par trois hommes ivres, est attaqué et rudement battu, — par suite de quoi il passe cinq jours au lit et dépose une plainte contre ses agresseurs ; — ceux-ci, amenés devant le tribunal, ne nient pas le fait et cherchent à s'excuser en rejetant leurs torts sur le vin. — Le tribunal, usant d'indulgence, — écarte la prison et les condamne chacun à cent francs d'amende.

— Au profit de J. Boulard, sans doute?

— Non, — au profit du trésor, — au profit du gouvernement, — faible consolation encore pour un gouvernement vraiment paternel qui a eu la douleur de voir battre ainsi brutalement un de ses enfants dans la personne de Jean Boulard.

Il était question depuis quelque temps d'une grande fête chevaleresque et d'un magnifique tournoi qui devaient avoir lieu dans le Champ de Mars. — M. le préfet de police a refusé son autorisation; — nous nous permettrons de trouver que cette mesure de M. Delessert n'est pas adroite. — Les gouvernements ne peuvent que gagner à ce que le peuple s'amuse, — surtout, — comme dit l'héroïne de je ne sais quelle chanson bouffone, — surtout quand il n'en coûte rien.

A moins que M. le préfet, — jaloux de ses droits, ne veuille contribuer seul et exclusivement aux plaisirs et à l'amusement des Parisiens.

On raconte cependant que M. Delessert avait été, dans cette circonstance, victime d'une mystification.

On aurait fait croire ce qui suit à M. le préfet de police :

Ce tournoi, où des chevaliers armés de toutes pièces devaient jouter devant les dames, — selon les us et coutumes de l'ancien temps, — cachait des desseins plus sérieux. — Un chevalier mystérieux devait être au nombre des tenants, — vêtu d'une cotte de mailles et la visière sévèrement baissée, absolument comme Richard Cœur-de-Lion dans l'*Ivanhoé* de Walter Scott. — Sur son bouclier aurait été écrite la devise — *Déshérité*.

Après que le jeune prince aurait eu vaincu tous les champions qui se seraient exposés à ses coups redoutables, tous, par un coup de théâtre, se rangeant sous ses ordres, il aurait levé la visière de son casque, et laissé voir aux spectateurs assemblés le duc de Bordeaux.

Alors, à la tête de ses fidèles chevaliers, il se serait porté sur le château des Tuileries, — en essayant de soulever le peuple.

C'est ce que, assure-t-on, on a fait croire à M. Delessert.

☙ La mer commençait à remonter ; — le soleil couchant colorait de teintes rouges et violettes le sable humide de la plage ; — la mer unie et calme, — blanchie seulement sur ses bords par la marée montante, — semblait un grand manteau couleur d'aigue-marine avec une frange d'argent, — mais que signifient de pareilles comparaisons? — A quoi comparer la mer qui ne soit plus petit et moins beau qu'elle? — Elle était d'un bleu pâle et verdâtre ; — du soleil à mes yeux, s'étendait sur l'eau un large sillon d'un jaune lumineux.

Le ciel, — au couchant, — entre des bandes de nuages, était du vert de certaines turquoises, — les falaises se découpaient en noir sur la mer et sur l'horizon.

Tout à coup, — au détour de la hève, — parut un bâtiment d'une forme noble et majestueuse : — c'était le *Napoléon*, qui revenait au Havre.

Le *Napoléon*, — c'est-à-dire le bateau à vapeur à hélice, — le bateau à vapeur sans ces roues incommodes qui ont rendu jusqu'ici les bâtiments à vapeur impropres à la guerre ; — le bateau à vapeur — qui marche à la voile, quand le vent lui est favorable, aussi vite qu'un autre navire, et qui continue sa marche avec son charbon et ses hélices sans se ralentir quand le vent devient contraire, — en un mot, la réalisation d'un problème longtemps nié et traité d'absurdité et de folie.

On lisait le lendemain dans plusieurs journaux :

« Le bateau à vapeur, nouveau modèle, le *Napoléon*, construit au Havre, pour le compte de l'État, par M. Normand, est arrivé du Havre à Cherbourg mercredi 21, dans l'après-midi, pour éprouver sa marche et ses machines; il a fait ce trajet en sept heures. On sait que c'est le premier bâtiment français auquel est appliqué le *nouveau système* de propulsion consistant en une *vis* ou *hélice* mue par la vapeur, et qui, placée à l'arrière et immergée, tourne dans l'eau avec une vitesse considérable, de manière à faire filer au navire dix à onze nœuds en temps favorable. La force de cette hélice équivaut à un appareil ordinaire de cent vingt chevaux.

» Il y avait à bord du *Napoléon*, pour constater le résultat des expériences, une commission présidée par M. Conte, directeur général des postes, et composée de MM. de la Gatinerie, chef du service de la marine au Havre; Moissard, ingénieur des constructions navales et agent général du service des paquebots de la Méditerranée; Allix, sous-ingénieur; Bellanger, capitaine de corvette; Normand, constructeur, et Conte fils, secrétaire.

» Le bâtiment a parcouru trois fois notre rade dans toute sa longueur. MM. l'amiral préfet maritime, le sous-préfet de l'arrondissement, les chefs de service du port, les ingénieurs des constructions navales, et plusieurs officiers de la marine militaire et administrative, ont assisté à ces essais. Le sillage a été de onze nœuds. Cette grande vitesse témoigne assurément en faveur du *nouveau propulseur*.

» Le steamer le *Napoléon*, après avoir touché à Cherbourg et y avoir pris quelques pièces d'artillerie, s'est rendu devant Portsmouth et Southampton, où il a salué les forts. Ses saluts lui ont été rendus, et, après avoir fait l'admiration des nombreux visiteurs qu'il a reçus à son bord, il devait retourner au Havre, où il est attendu ce soir. »

Il y avait un homme qui n'était pas sur le *Napoléon*, — un homme qui n'avait pas été admis à prendre sa part de cette promenade triomphale, — un homme que les journaux ne nomment pas.

Cet homme était tout simplement Sauvage, l'inventeur des hélices; — Sauvage, qui, depuis treize ans, travaille et lutte : fut deux ans, d'abord, pour trouver et appliquer son hélice;

ensuite, onze ans contre l'incrédulité, l'envie et la malveillance.

C'était Sauvage, — l'homme qui, depuis treize ans, a dépensé tout l'argent qu'il avait, — toute la santé qu'il avait, — pour arriver à son but.

D'abord, en construisant le *Napoléon*, on avait essayé, *à grands frais*, de *perfectionner* l'hélice de Sauvage, — perfectionner, c'est-à-dire dépouiller l'inventeur ; — c'est-à-dire faire en sorte — que son brevet, qui n'a plus que quelques années à courir, — ne lui eût rapporté que la ruine et les avanies de toutes sortes, — tandis que le triomphe et l'argent seraient pour d'autres.

De perfectionnements en perfectionnements — on en est arrivé précisément au point de départ, c'est-à-dire à l'hélice de Sauvage, — à l'hélice du *Napoléon*.

J'eus en ce moment une des impressions les plus tristes que j'aie ressenties de ma vie.

Je savais que Sauvage — était enfermé dans la prison du Havre pour une misérable dette, contractée, sans doute, pour l'hélice, alors niée et aujourd'hui triomphante.

On regardait avec fierté rentrer le *Napoléon*, — et personne, excepté moi, peut-être, ne pensait à l'inventeur.

Le lendemain, les journaux disaient ce que je viens de copier plus haut.

J'allai voir Sauvage dans sa prison ; — il s'était parfaitement installé, — seulement, comme il étouffe dans une chambre fermée, — il laissait ouverte, la nuit, la fenêtre de sa cellule ; — mais les chiens de la prison — aboyaient avec fureur contre cette fenêtre ouverte et troublaient le repos de tous les prisonniers. — On lui enjoignit de fermer sa fenêtre : il essaya d'obéir, mais en vain ; à chaque instant, se sentant suffoqué, — il se levait, ouvrait sa fenêtre, et les molosses recommençaient leur vacarme.

Il prit un couteau et un morceau de bois, — et fit une

machine qui, lançant de très-loin aux chiens de l'eau et des boulettes de terre, les obligea à se réfugier dans leur niche et les réduisit au silence. — Il était heureux comme un roi de ce triomphe.

🐝 Depuis qu'il est en prison, — il joue du violon, — et il met de côté les cordes qui se cassent — pour en faire toutes sortes de machines ingénieuses. — Je trouvai sur sa fenêtre un bassin fait par lui avec une feuille de zinc. — Dans ce bassin était un bateau construit avec un couteau. Il avait trouvé tout simplement un moyen de diminuer et de réduire à presque rien le poids d'un bâtiment à remorquer.

Sur des bouteilles — était un modèle d'hélices appliquées à l'air pour faire un moulin; — l'une était en papier noirci; l'autre était formée avec les plumes d'oiseaux qu'il avait attrapés sur le toit de la prison.

Et je le trouvai là ne se plaignant que d'une chose, — que le *Napoléon* — ne répondît pas encore à ses espérances et à ce qu'il veut de son hélice.

Quoi! M. Conte est venu au Havre et a monté le bateau à hélice, et il n'a pas demandé où était l'inventeur de l'hélice!

Quoi! il ne s'est trouvé personne parmi tous ces hommes riches qui étaient fiers d'aller montrer aux Anglais cette invention française, qui allât demander à Sauvage la permission de lui prêter la somme nécessaire pour sa mise en liberté! — Quoi! le ministre de la marine, — quoi! le roi de France, — e laissent en prison depuis deux mois!

Est-ce donc ainsi qu'on récompense, en France, le génie et le dévouement à une idée féconde?

C'est une tache pour un pays, — c'est une tache pour une époque, — c'est une tache pour un règne.

🐝 Lorsque Molière, Boileau, Racine, Corneille écrivaient, — on les comparait à Térence, à Juvénal, à Euripide et à Sophocle; — puis on établissait clair comme le jour — qu'on n'avait jamais eu de bon sens qu'en grec, — que toutes les idées grandes et nobles avaient été exprimées en latin ; — que, depuis la mort des auteurs anciens, le genre humain était complétement idiot, — qu'il était incapable, désormais, de faire une phrase de son cru — et que la seule chose qu'il pût essayer était, à l'avenir, de traduire, de copier, d'imiter — les anciens.

Non pas que cette décadence eût été annoncée par quelque prodige; — le soleil continuait à faire épanouir les fleurs, — à mûrir les fruits des arbres; — l'intelligence humaine était seule arrêtée dans sa séve — et ne produisait plus que des fleurs pâles et sans parfum, des fruits âpres ou sans saveur.

Sous certains rapports, cependant, — on avait moins de modestie ; — en effet, on essayait bien parfois de rabaisser un peintre, en le comparant à Apelles ; — d'écraser un sculpteur avec Praxitèle, — mais cette tentative ne réussissait que médiocrement.

On racontait bien des prodiges — de la flûte de roseaux de Marsyas, de l'écaille de tortue à trois cordes (*testudo*), qui servait de lyre à Orphée ;

Des brins d'avoine (*avena*) et des tiges de ciguë (*cicuta*) sur lesquels les anciens faisaient de si belle musique.

Mais cela n'avait que peu de succès, — les violons d'alors ne s'en inquiétaient pas plus que les pianistes d'aujourd'hui ; on se croyait en progrès pour la musique ;

Et ainsi pour l'art militaire, — et ainsi pour l'industrie et ainsi pour les sciences.

Mais pour la poésie, — pour la littérature, — les modernes (Racine, Molière, Corneille) n'étaient que tout au plus dignes d'imiter les anciens, — ou d'expliquer leurs beautés.

Racine, — Molière, — Boileau, — Corneille, sont morts, — ils ont passé à l'état d'anciens, — c'est-à-dire d'hommes qui ne prennent pas de part de soleil, de gloire, ni d'argent ; — ils servent aujourd'hui — précisément à ce que servaient contre eux les anciens.

L'admiration exclamée pour les morts — n'est qu'un déguisement ordinaire de la haine pour les vivants.

Un autre procédé qu'emploie quelquefois l'envie, — mais dont elle use sobrement à cause qu'il est dangereux, — consiste à prendre un inconnu et à l'élever contre ceux dont l'éclat l'offusque et l'irrite.

Le succès de M. Ponsard et de sa *Lucrèce* — a été fait beaucoup moins pour lui que contre MM. Hugo, Dumas, etc.

Le procédé, comme je le disais, était dangereux — parce que M. Ponsard a du talent.

Aussi l'envie a-t-elle d'avance attaché des cordes à son idole pour abattre plus tard la statue qu'elle était forcée d'élever.

On n'a pas fait le succès de M. Ponsard seulement avec son talent; — pas si imprudente! l'envie veut bien détruire quelqu'un, et pour cela rien ne lui coûte, même de donner des louanges à un autre; — mais son instrument d'aujourd'hui deviendra plus tard son ennemi, si, vu la gravité des circonstances, — elle s'est crue forcée de se servir d'un homme de quelque valeur, ce qu'elle évite dans les cas ordinaires. — Les plus grands apologistes de la nouvelle *Lucrèce* — ont donc attribué une partie du succès au choix du sujet, aux sentiments vertueux, à l'imitation religieuse de Corneille; — de sorte que plus tard, — si M. Ponsard s'avise de vouloir prendre tout de bon la place à laquelle on l'élève aujourd'hui, on saura bien l'abattre au moyen de ses réserves prudentes.

Je respecte tous les bonheurs; — je fais un détour dans la rue pour ne pas déranger les enfants qui jouent aux billes; — dans la campagne, pour ne pas effaroucher un oiseau qui a trouvé deux grains de chènevis.

C'est pourquoi j'ai hésité à dire ce que je pense de la pièce de M. Ponsard. — Les hommes de talent se découragent facilement et on doit les flatter. — Les ravissantes choses qu'ils ont conçues, — les rêves brillants de leur imagination — sont toujours une critique assez terrible de ce qu'ils ont écrit — pour qu'on puisse sans grand danger leur en épargner d'autre ; — ils savent assez — et ils sentent avec désespoir — combien l'exécution d'une œuvre d'imagination reste au-dessous de sa conception.

Telle une femme, après avoir conçu dans des extases célestes, enfante avec douleur un enfant quelquefois assez laid ; — et certes je me serais tu, si l'on avait simplement proclamé M. Ponsard un des hommes de talent de ce temps-ci.

Mais, loin de là, on a voulu dresser au nouveau venu une statue faite des débris des statues brisées des dieux contemporains, — au lieu de la lui tailler simplement dans un bloc neuf.

Je dirai donc ce qu'il me semble de la *Lucrèce* de M. Ponsard.

La pièce manque totalement d'intérêt ; — l'histoire de Lucrèce, trop de fois prodiguée en thème à notre jeunesse, ne permet ni craintes ni hésitations ; — on sait parfaitement comment cela finira en prenant son billet au bureau.

Je ne ferai pas à l'auteur une grande chicane sur ce défaut, qui appartient à son sujet ; — mais n'a-t-il pas contribué lui-même à perdre les chances d'intérêt qui pouvaient rester à sa pièce — en mettant les principaux personnages et le public dans la confidence de la feinte folie de Brutus ? — n'a-t-il pas renoncé volontairement à l'effet qu'eût produit cette révélation, si, — la sibylle la faisant seulement soupçonner quand elle lui dit :

« Salut à toi, Brutus, premier consul romain ! »

elle n'avait lieu qu'à la dernière scène ?

Pour ce qui est du style, — je ne déteste pas ces *latinismes* que l'on a trop reprochés à l'auteur ; — cela a une force et une grâce particulières. — Le vers de M. Ponsard, un peu traînant, a néanmoins une sorte de noblesse et d'élégance bourgeoise qui ne s'élèvent pas au-dessus d'un certain degré, mais qui ne descendent pas non plus au-dessous. — Le sens est généralement clair. — Quelques pensées, les unes spirituelles, les autres raisonnables et nettement exprimées, — m'ont, avec quelques autres indices, laissé l'impression que, si la pièce de M. Ponsard est loin de mériter l'enthousiasme dont elle a été l'objet, — M. Ponsard a beaucoup plus de talent qu'il n'en a mis dans son ouvrage, qui reste cependant une œuvre estimable sous beaucoup de rapports, — et je serai bien étonné si M. Ponsard ne joue pas à l'envie, qui a cru se servir de lui comme d'un instrument, le petit désagrément d'avoir bientôt à chercher des instruments contre lui.

Il n'y avait rien de touchant comme d'entendre les gens de ce temps-ci, qui donnent de si charmants exemples, — s'écrier que le principal mérite de la tragédie nouvelle était dans les sentiments d'honnêteté et de vertu qu'elle renferme.

Je ne crois pas qu'il y ait au théâtre une seule tragédie qui ne soit fondée sur l'opposition du vice et de la vertu. — Les pièces de ce temps réputées les plus immorales ont leurs personnages honnêtes et leurs phrases vertueuses. — L'*Auberge des Adrets* n'a-t-elle pas la femme de Robert Macaire et son fils, — qui, avec le bon M. Germeuil, — offrent l'ensemble de toutes les vertus sans en excepter une seule?

Si vous voulez ne voir dans cette pièce que Robert Macaire et Bertrand, — reprochez alors à l'auteur de *Lucrèce* le personnage de Sextus Tarquin et celui de Tullie.

De tout temps la vertu a été au théâtre un emploi — et il y a eu des acteurs engagés exprès pour les rôles vertueux — tant ils sont un des éléments nécessaires et habituels du drame ; — certes, les drames de la Porte-Saint-Martin, tant décriés sous ce rapport, — ont produit plus d'effet que l'on n'en attend d'ordinaire de bons exemples et surtout de bons préceptes, —

M. Moëssard, — ce bon M. Germeuil, — a tant joué de rôles honnêtes dans les plus terribles mélodrames, — qu'il a fini par mériter à la ville un prix Montyon pour des actes très-sérieusement honorables.

🙢 Je profiterai de la circonstance pour dire une fois dans ma vie ce que je pense de Lucrèce, — comme femme, — après avoir dit ce que j'en pense comme tragédie.

Cet exemple éternel de la chasteté antique me paraît aussi mal choisi que possible.

Sextus Tarquin menaçait Lucrèce, si elle résistait à ses désirs, — de la tuer, et de tuer ensuite et de mettre auprès d'elle un esclave qu'il assurerait avoir surpris dans ses bras; c'est à cette menace que céda la femme de Collatin.

C'est-à-dire que Lucrèce sacrifia la chasteté à la réputation, — la vertu à la vanité; qu'elle aima mieux être souillée que de passer pour l'être.

Je reviens un moment aux sentiments vertueux étalés, sous prétexte de *Lucrèce*, par nos contemporains. — La Chambre des députés a été plus loin; — elle s'est élevée contre un roman de M. E. Sue, publié dans le *Journal des Débats;* — elle qui venait de nous offrir une foule d'honnêtes exemples dans les élections de Langres, de Carpentras, etc.; c'est, du reste, aux époques d'égoïsme et de corruption qu'on a vu de tout temps afficher la pruderie féroce — et la *vertu tigresse*.

🙢 Au moment du malheur qui vient de frapper M. Odilon Barrot, — il m'a été fait des révélations que j'ai recueillies avec empressement : — j'ai vu pleurer sur ce pauvre père et prier pour lui en même temps que pour sa fille Marie — des gens pour lesquels il a été bon et généreux dans l'ombre et dans le silence. — S'il était des consolations pour une pareille douleur, c'en seraient de plus sérieuses que celles qu'ont voulu lui offrir quelques journaux dans les débats creux, dans les luttes verbeuses de la tribune.

On assure que le roi a eu le bon goût et le bon cœur d'envoyer porter des paroles de sympathie à ce père accablé — au sujet de la mort de cette autre *Marie*, — qui laisse, comme la première, tant de regrets après elle.

≫≪ Il y a des sortes d'oiseaux sinistres qui ne sont pas, à mon gré, poursuivis d'assez de haine et de mépris.

Chaque année, si des pluies inopportunes, si des chaleurs trop ardentes viennent inspirer quelques craintes sur la récolte prochaine, — ils espèrent une *disette*, — même peut-être une *famine*. — Mais ils n'ont pas la patience de l'attendre, — ils accaparent les grains, — et, par toutes sortes de ruses et de moyens honteux de leur part, — aidés de la sottise publique — et de l'incurie de l'administration, — ils trouvent moyen de donner tout de suite au peuple un avant-goût de misère et de jeûne.

Quoi ! — parce que le blé de cette année n'est pas encore en fleurs, — parce que les pluies font craindre qu'il ne fleurisse pas bien, — cela augmente la rareté et le prix du blé récolté il y a un an !

Comment ne recherche-t-on pas, — comment ne poursuit-on pas avec persévérance les coupables auteurs de ces infâmes manœuvres, pour les livrer à des peines sévères et méritées ?

≫≪ M. Villemain a dit : « Les professeurs de l'Université ne manquent jamais une occasion de rappeler aux élèves ce qu'ils doivent à Dieu, — à leurs parents, — au roi et à leur pays. »

M. Villemain sait bien que ce n'est pas vrai. En septième, on traduit l'*Epitome historiæ græcæ*, et l'on fait des pensums ; — en sixième, le *de Viris illustribus*, — et l'on fait des pensums ; — en cinquième, *Cornelius Nepos*, — et le *Selectæ e profanis scriptoribus historiæ*, — et l'on fait des pensums, etc., etc. — Mais de morale, — mais de devoirs, mais de raison, pas un mot. — On appelle *devoirs*, au collége, les thèmes et les versions, — et on n'en connaît pas d'autres.

JUILLET 1843.

🌸 Il est une alliance d'idées monstrueuses, — qu'il était réservé à notre époque d'oser faire;—je veux parler d'*honneurs clandestins*.

Les *Guêpes* ont déjà parlé de la manière honteuse dont on distribue aujourd'hui les médailles après l'exposition de peinture. — Autrefois, le roi lui-même — les distribuait publiquement, — et le *Moniteur* — imprimait les noms heureux. — Aujourd'hui on apprend de temps en temps, tantôt par un journal, tantôt par un autre, que M. un tel ou madame trois étoiles a reçu une médaille d'or pour un *tableau remarqué* à l'exposition.

On ne saurait croire combien d'images grotesques sont ainsi honorées d'une récompense que l'on déshonore. Quelques médailles méritées — sont données par je ne sais quel subalterne, qui écrit au peintre désigné de venir chercher sa médaille chez lui. Si le peintre n'a pas d'amis dans quelque journal, — personne ne sait rien du prix qu'il a obtenu.

Il en est de même de la croix d'honneur. — Il arrive à chaque instant qu'on la voit si grotesquement figurer à certaines boutonnières, — qu'on n'ose pas même féliciter les nouveaux décorés, qu'on suppose embarrassés de leur première sortie. On en est venu au point, cependant, d'être un peu honteux d'une semblable prostitution ; — beaucoup de noms de légionnaires ne sont pas inscrits au *Moniteur*. Mais cet effet de la honte tourne au profit de l'audace. C'est par pudeur que l'on évite le contrôle qu'amènerait la publicité. Mais une fois ce contrôle évité, on n'a plus besoin de se gêner. Et on ne se gêne plus.

M. Donatien-Marquis et M. Lherbette, députés, ont demandé hautement à la Chambre la suppression de ces honneurs honteux et clandestins, — et l'insertion au *Moniteur* de tous les noms des légionnaires. — La Chambre n'a tenu aucun compte de cette proposition.

Pendant qu'on imprime les *Guêpes*, je remarque que le *National* est revenu avec une honorable humilité sur ce qu'il avait dit au sujet du malheur arrivé à M. Lacave-Laplagne.

Les journaux annoncent que Trouville fait construire un théâtre ; — je ne crois pas que Trouville ait raison. Ce qu'on va voir à Trouville, c'est la mer, c'est le départ et l'arrivée des pêcheurs ; — c'est la Touque, cette jolie petite rivière qui tombe dans la mer ; c'est la belle plage découverte à la marée basse, et placée si admirablement pour voir coucher le soleil.—Mais que voulez-vous que fassent les Parisiens d'une troupe de comédiens de huitième ordre que vous rassemblerez avec grande peine?

Savez-vous ce qui a fait depuis dix ans la fortune de Trouville? C'est son isolement, c'est son aspect calme, c'est tout ce que vous vous efforcez de lui faire perdre. — C'est que ce n'étaient pas des *bains de mer*.

Trouville est déjà loin d'avoir le charme que nous y trouvions il y a une douzaine d'années, — à l'époque où nous découvrions Trouville et Étretat, — sans compter que tout y est maintenant aussi cher qu'à Dieppe ou au Havre. — Le conseil municipal de Trouville semble avoir en vue ce que disait une femme du monde en traversant une grande forêt ; — on lui en faisait admirer la fraîcheur, le calme et le silence ; on lui faisait admirer les dômes de verdure d'où tombaient des chants d'oiseaux.

— Oui, dit-elle, c'est très-joli ; j'aime, comme vous, les forêts et les rivages ; —mais quel malheur que ces choses-là ne se rencontrent qu'à la campagne!

Comme on ne peut guère amener la mer à Paris, on cherche à mettre au bord de la mer tout ce qu'on peut de Paris.

Il est remarquable que, dans un siècle où l'on se pique d'incrédulité, les journaux publient l'annonce qu'on va lire — et que la profession de pythonisse soit encore une profession lucrative.

« Madame Declaire-Alzin, phrénologue-nécromancienne, — telle rue, tel numéro, reçoit depuis neuf heures du matin jusqu'à sept heures du soir ; — prix modérés. »

※ Les circonstances atténuantes vont leur train.

André Petit frappe son père à plusieurs reprises — et le menace de le tuer devant de nombreux témoins. — Le jury, ayant égard à ce que si l'accusé a frappé et menacé un homme — cet homme est son père, — et que ce sont des affaires de famille, et, en outre, considérant qu'André Petit a déjà été deux fois condamné pour vol ; que c'est un très-mauvais sujet ; — qu'on ne peut attendre d'un voleur obstiné et d'un mauvais sujet des actions bien vertueuses, — et qu'il serait même injuste de les exiger de lui ; — le jury s'empresse d'admettre en sa faveur des circonstances atténuantes.

Une fille a volé une montre, — ce n'est pas le besoin qui l'a poussée à cette action coupable. — Le jury eût sans doute été sévère ; — un vol commis par pauvreté, par besoin, peut se renouveler souvent ; — mais cette pauvre fille n'a pris la montre que parce qu'elle était si belle ; — ce n'est donc qu'un caprice, — qu'un vol isolé qui n'aura plus lieu ; — on admet en conséquence des circonstances atténuantes.

Il est à regretter que la cour, se joignant à la manière du jury, n'ait pas ordonné que l'accusée garderait la montre.

Auprès de Tulle, — Chassague offre à *son ami* Mathieu-Basile de l'accompagner dans une course nocturne ; — ils arrivent dans un endroit désert ; — Chassague renverse son ami à coups de bâton, — lui écrase la poitrine avec une pierre énorme, — croit devoir ajouter quelques coups de pied sur la tête, — après quoi il porte son ami dans un ruisseau — et lui enfonce la tête dans la vase à coups de botte.

On doit être bien malheureux d'avoir agi ainsi à l'égard d'un ami. — Le 17 juin, le jury, prenant en considération les regrets que doit éprouver l'infortuné Chassague, — regrets d'autant plus violents qu'il les dissimule, — admet en sa faveur des circonstances atténuantes.

※ Cour d'assises de la Seine. — (Audience du 1ᵉʳ juillet.

Présidence de M. Montmerqué.) — Annette Boulet est accusée de plusieurs vols domestiques. — Le jury, tenant compte de ce que la fréquence des larcins reprochés à l'accusée établit clairement que le vol est devenu une habitude; — que l'empire de l'habitude est irrésistible sur beaucoup de personnes; — admet, en faveur d'Annette Boulet, des circonstances atténuantes.

Cour d'assises de la Loire : — Damiens Grangeon, admis à l'hospice de Saint-Bonnet-le-Château, — achète des allumettes phosphoriques et croit devoir mettre le feu à l'hôpital. — Le jury, appréciant que le feu mis avec des allumettes phosphoriques, qui s'allument avec une promptitude aussi grande que celle de la pensée, — ne suppose pas la *préméditation* dont on pourrait accuser Grangeon s'il avait mis le feu à l'hospice au moyen de l'ancien briquet, qui donne le temps de la réflexion, — en conséquence, — admet des circonstances atténuantes.

Ces faits divers ne sont ni inventés — ni cherchés avec soin, je les extrais de DEUX *numéros* de la *Gazette des Tribunaux,* — et ils ne sont pas les seuls.

« Monsieur, j'ai l'honneur de vous inviter à une réunion qui aura lieu chez moi dimanche prochain; l'heure est fixée à midi. Je donnerai des explications et développerai ces mots : *Effort, Action, Providence ;* je crois pouvoir rendre sensible à chacun la loi immuable des minéraux, des végétaux, des animaux, des hommes et de Dieu lui-même.

» Votre serviteur compte sur vous pour la satisfaction de tous ses amis.

» Votre frère en Jésus-Christ, seul Dieu du ciel et de la terre.

» CHENEAU, C., rue Montesquieu, 2. »

Telle est la lettre que j'ai reçue de M. Cheneau et Cⁱᵉ, seul dieu du ciel et de la terre, comme il nous l'apprend.

Je regrettai de ne pouvoir contribuer par ma présence *à la satisfaction des amis du dieu.*

D'autres auraient craint d'être invités là comme une sorte d'agneau pascal, — sous les espèces duquel le dieu Cheneau se proposait de communier avec ses amis; — je sais que l'on attribuera mon absence à cette terreur; je sais qu'on m'accusera de lâcheté, mais j'ai pour moi ma conscience.

Heureusement que Grimalkin voltigeait par là, de sorte que j'ai su ce qui s'est passé dans le ciel Cheneau.

C'est le dieu lui-même qui ouvre la porte; au milieu de quelques assistants étaient deux chérubins — que Grimalkin a reconnus pour les deux commis qui sur la terre, — c'est-à-dire à la boutique, servent de commis à la maison Cheneau et P. Jouin. —Au milieu de la pièce était une belle table avec un tapis rouge, — un chérubin apporte une Bible; — le chérubin est jugé laid. — Le ciel Cheneau est tapissé de papier collé, — à peu près comme les chambres ordinaires. — Grimalkin frémit en voyant une porte murée, — le plâtre était encore frais. — Est-ce là l'enfer où le dieu Cheneau jette ceux qui doutent? — Le dieu Cheneau reparaît au bout d'un quart d'heure, et dit : « *Fiat lux.* » —Les chérubins ouvrirent les rideaux, les fenêtres et les jalousies, — et la lumière fut faite. — Elle ressemble beaucoup à celle faite par Dieu — l'ancien; — le dieu Cheneau ne paraît pas y avoir apporté de perfectionnement.

Voici celles des choses dites par le dieu auxquelles Grimalkin a cru trouver un sens :

« Dieu ayant reconnu qu'il ne serait pas convenable qu'il chantât ses louanges lui-même, — a créé les hommes pour cet usage. — Si l'homme était parfait, il n'y aurait ni maladies, — ni tremblements de terre, ni orages. — Les apôtres ont annoncé un nouvel avénement, une nouvelle manifestation; — cet avénement, cette manifestation, c'est le dieu Cheneau. — Nous ne recevrons pas l'esprit de Dieu directement, — cet esprit tombe de Dieu sur une région supérieure à nous, — d'où, sur *un degré angélique;* — enfin, de chute en chute, jusqu'à un troisième degré qui est la tombe,—lequel en fait ce qu'il peut. »

Dieu en trois personnes est une monstruosité. — Si Dieu le Fils a un père qui est Dieu, nous ne dirons pas : *Notre père*, mais *grand papa*. — Au reste, la parole par laquelle le dieu Cheneau se manifesta a quelques légères variantes avec celle que nous employons ; ainsi il dit : « Un *ac* (acte), — ce qui fut *fé*, — *voér* (voir), — *onl'l'a*, — *r'pondre* (répondre) — *l'euspril*, — *euspérituilement*, — etc.

🕷 Des hommes sont assis ou plutôt couchés sur des coussins aux deux coins d'une cheminée. Ils fument dans **de longues** pipes turques et boivent de la bière.

— Qu'as-tu, Alfred, que tu ne dis rien ?

— Moi ? — rien ; j'attends que tu parles.

— Alors cela pourrait durer longtemps.

— Je pense à une ravissante aventure.

— Penses-y tout haut.

— Je le voudrais bien, mais c'est que j'y joue un rôle un peu trop brillant et que cela t'humiliera.

— Raconte toujours, je n'en croirai que la moitié.

— Il y a huit jours, je reçus une invitation à une soirée, — ou plutôt à un bal modestement annoncé par ce post-scriptum : « *On dansera.* » Le nom de la personne m'était inconnu ; — j'allumai ma pipe avec l'invitation... Mais attends un peu que je remette du tabac dans celle-ci.

— Bien.

— A quelques jours de là, j'étais triste et ennuyé, il me prit des idées mondaines. « Ma foi, dis-je, je serais bien allé à ce bal. » Puis, un peu après, — je me dis : « J'irais bien à ce bal. Tiens, — mais c'est aujourd'hui ! Est-ce bien aujourd'hui ? — Oui, ma foi. Parbleu ! je vais y aller. » Je m'habille ; ceci était le plus difficile ; une fois moi habillé, le reste allait tout seul ; je m'habille, je fais demander un fiacre par le portier, j'arrive à la maison indiquée, tu sais une belle maison rue ***, qui a deux magnifiques statues de Coysevox, je m'étais arrêté cent fois devant cette maison; on m'annonce, mon nom produit le plus grand effet, je vais saluer la maîtresse de la maison, qui rougit et paraît embarrassée. Un moment je me trouve seul avec elle, elle me dit : « C'est M. Ernest qui vous a amené, ne l'oubliez pas. » Puis elle me quitte et s'occupe d'une femme qui entre. Ah! c'est M. Ernest qui m'a amené, et qui est ce M. Ernest, et pourquoi m'a-t-il amené? Un gros homme vient à moi et me dit : « Vous ne prenez rien? il y a un buffet. » Je m'incline; il ajoute : « Où est donc Ernest? je veux le remercier de vous avoir amené. — Monsieur, c'est moi au contraire qui lui dois mille remercîments. — Eh bien, savez-vous où en est son affaire! — Quelle affaire? — Eh! la grande affaire! — Ah! la grande affaire...? elle va bien. — Tant mieux! — Avez-vous salué ma femme? — J'ai eu cet honneur. — Dites donc, — êtes-vous comme Ernest, vous! » Me voici, cette fois, bien embarrassé; comment est Ernest? c'est égal, une réponse évasive : « Hum, hum, c'est selon. — C'est qu'il n'est bon à rien, il ne joue pas, il ne danse pas. — Je danserais volontiers, et, si je ne craignais d'arriver trop tard, j'inviterais la maîtresse de la maison. — En effet, son carnet doit être plein; mais elle se réserve toujours quelques contredanses pour les retardataires qu'elle veut favoriser; venez. » Il me conduit auprès de la maîtresse de la maison, qui me dit : « N'oubliez pas que je vous ai promis la seconde contredanse. — Mais que me disiez-vous? dit le gros homme. — J'avais engagé madame, mais elle m'avait quittée tout à coup pour aller au-devant d'une femme qui entrait, et je pensais qu'elle ne m'avait pas entendu. — Eh bien! sans moi, vous auriez fait une jolie chose; vous voilà maintenant occupé, je vous quitte : si vous retrouvez Ernest, dites-lui que j'ai à lui parler. » Me voilà seul au milieu de ce monde, je cherche à mettre un peu d'ordre dans mes idées. Tout le monde me connaît ici et je ne connais personne. La maîtresse de la maison veut me ménager un entretien avec elle; que va-t-elle me dire? — Je le saurai bientôt; mais moi, que vais-je dire? Si je connaissais Ernest seulement! La musique annonce qu'on va recommencer à danser. Je vais prendre la main de la maîtresse de la maison : c'est une femme de trente ans, jolie et bien faite, nous faisons la première figure sans parler; pendant que les autres dansent à leur tour, elle me dit : « Pour mon mari, il n'y a pas de danger; mais méfiez-vous d'Ernest : il ne sait rien, comme vous pouvez bien penser, c'est un ami, un véritable ami, mais devant lequel je rougirais trop; d'ailleurs, il ne se serait prêté à rien ; il fallait cependant que nous eussions une explication; parlez maintenant. » Heureusement qu'il — faut *faire l'été;* nous dansons; quand nous nous arrêtons, elle a heureusement oublié que nous en étions resté à une question qu'elle me faisait et elle me dit : « D'abord je veux vous rendre vos lettres. » Mon Dieu! pensais-je; mais je n'ai pas écrit de lettres, que je sache! Elle continua : « Il n'y a rien de si imprudent que d'écrire ainsi; je ne reçois pas une lettre, c'est par un grand hasard que je n'ai pas donné les deux vôtres à mon mari avant de les lire; je n'ai pas voulu vous répondre; j'ai pensé qu'il valait mieux vous parler; mais seule, je ne l'aurais jamais osé; dans un salon, au milieu du monde, je suis plus hardie ; il ne faut plus m'écrire, il ne faut plus passer des heures entières devant ma porte, c'est à me perdre. » Ah! mon Dieu! moi qui n'étais là que pour regarder la porte! — voilà un singulier quiproquo ; c'est égal, je réponds effrontément que maintenant que je puis me présenter chez elle, je n'ai plus de raison de rester devant la porte ; que je veux bien ne plus lui écrire, si elle me permet de lui parler. — La *pastourelle!* « Non, écoutez, il vaut mieux ne plus nous voir; — je suis mariée... vous le savez... j'aime et je respecte mes devoirs. » (Ah! trèsbien ; — dès qu'une femme appelle cela ses devoirs, — il n'y a pas à se décourager pour l'amour.) « Quoi, madame, ne plus vous revoir, après que depuis si longtemps ma vie entière vous est consacrée, après que je me suis accoutumé à mettre en vous toutes mes pensées, toutes mes espérances; non jamais! Si vous ne voulez pas que je vous dise que je vous aime, je vous l'écrirai dix fois par jour ; si vous ne voulez pas que je vienne vous voir chez vous, je m'installerai en face de votre porte, dans une échoppe d'écrivain public, et je n'en sortirai pas. — Vous m'effrayez! — Eh quoi! est-ce le sentiment que je devrais m'attendre à vous inspirer en échange de tant d'amour et de tant de respect? — Qui vous dit que ce soit le seul que j'éprouve? Mais ce que je puis vous dire, c'est que c'est le seul qu'il me convienne de montrer. » Après la contredanse, je la reconduis à sa place, je lui dis : « Pensez à l'échoppe. » Elle sourit, et je me perds dans la foule. Je cherche à deviner ce qui se passe, et ce dont je me fais l'effet d'être le héros. Quel rôle joue cet Ernest, et qui est-il lui-même? Quoi qu'il en soit, je ne vois dans tout cela rien que de fort agréable, et je vais aller jusqu'à ce qu'on m'arrête. On m'a dit qu'on danserait avec moi après trois contredanses consacrées à tout le monde. Nous reprenons notre conversation « Je pense beaucoup à mon échoppe, madame. — Et moi aussi, monsieur, mais vous me faites peur. — Défendez-moi de la faire, madame. — Oui, certes, je vous le défends bien. — Je vous remercie, madame. — De quoi donc, monsieur? — De la permission que vous me donnez de vous venir voir souvent. — Au fait, vous pouvez bien venir comme vingt autres hommes qui viennent chez moi; mais renouvelez-moi le serment que vous m'avez fait dans votre dernière lettre. » Me voici plus embarrassé que jamais : quel serment ai-je fait? N'importe, il ne faut pas hésiter. « Je le jure, madame, sur mon amour. » Elle rit. « Voilà une jolie manière de m'inspirer de la confiance! — Comment cela! je jure sur ce que j'ai de plus précieux. — C'est sur votre amour que vous jurez de ne me jamais parler d'amour! » (Ah! c'est là ce que j'avais juré!)

« Écoutez, madame, je ne veux pas vous tromper, je dirai ce que vous voudrez, je vous entretiendrai de ce qu'il vous plaira, mais rappelez-vous que tout ce que je vous dirai, sur quelque sujet que ce soit, voudra dire : *Je vous aime.* — Mais comment ferons-nous pour Ernest ? — Et que m'importe Ernest ? — Il m'importe beaucoup à moi, il faut le ménager. — Oh! je le ménagerai tant que vous voudrez. — A la bonne heure! — Oui, mais je ne le connais pas. — Comment! vous ne le connaissez pas! il n'a pas été vous porter une invitation ? — On m'a remis l'invitation sans me dire qui l'avait apportée. — Il m'avait dit qu'il vous connaissait beaucoup. — Je ne connais personne qui s'appelle Ernest. » Enfin, mon cher ami, — à force de causer, j'apprends une partie du mystère et je devine l'autre. Madame de*** m'avait vu sept ou huit fois arrêté devant sa porte, occupé à regarder les statues; elle a reçu deux lettres renfermant des déclarations d'amour où il y avait cette phrase banale : « Les instants les plus doux de ma vie sont ceux que je passe à contempler les lieux où vous êtes. » Elle me soupçonnait amoureux d'elle, elle m'a attribué des lettres. A quelques jours de là, comme elle sortait en voiture avec une femme, sa compagne m'a vu et a dit : « Tiens ! M. Alfred de Bussault ! — Qui ! ce jeune homme ? — Oui, vous ne le connaissez pas? — Non, vous le connaissez? — Oui, un jeune artiste, — un homme de talent. — Une figure noble et intéressante. »

— Ohé! monsieur Alfred, interrompit ici l'auditoire, qui vous a rapporté ce dialogue ?

— Personne, cela fait partie de ce que je devine.

— Ah! très-bien, je comprends.

— On ne veut pas répondre par écrit; comme on me l'a dit, on sera plus hardie en plein salon ; il faut m'inviter à une soirée ; mais comment faire ? A quelques jours de là, on amène la conversation sur les jeunes artistes; on dit qu'on a entendu dire de moi le plus grand bien. M. Ernest, — sorte de sigisbée, de *patito*, dont on accepte l'amour, les soins et les corvées, sans lui rien rendre, mais qui, étant toujours là, finira peut-être par trouver un moment. M. Ernest a une manie, c'est de se dire lié avec toutes les personnes qui jouissent de quelque réputation, pour se donner du relief, il dit : « Ah ! Bussault, je le connais beaucoup. — Amenez-le donc à une de nos soirées ; mais prenez la chose sur vous auprès de mon mari : je lui ai refusé d'inviter quelques personnes, et je ne tiens pas assez à voir M. Bussault pour m'exposer à ce que monseigneur m'impose des conditions. — Très-bien, je vous l'amènerai ; — je demanderai à votre mari une invitation pour un de mes amis » Or, il arrive que M. Ernest, qui ne me connaît pas, a mis simplement la lettre d'invitation chez moi, se proposant de trouver quelqu'un qui me le présente avant le jour du bal. Une affaire de famille l'a obligé de quitter Paris pour quelques jours. Enfin, j'ai obtenu, pour ce soir, la permission d'aller passer un quart d'heure, rien qu'un quart d'heure, auprès de madame de ***, qui est souffrante et fermera sa porte. Charmante soirée !

— Je comprends alors ta préoccupation ; mais tout me paraît un peu bien invraisemblable. Franchement, découds la broderie, et dis-moi ce qu'il y a de vrai au fond de ton histoire.

— Je le veux bien ; voici l'exacte vérité, sans broderie, sans le moindre ornement. Je pensais, en fumant, à une lettre d'invitation que j'ai reçue pour une soirée chez madame de ***, que je ne connais pas, ce qui m'a étonné. La soirée était pour avant-hier, et ce que je viens de te dire est ce que je pensais qui serait peut-être arrivé si j'avais eu un habit noir, et si, par conséquent, j'avais pu y aller.

FIN DU QUATRIÈME VOLUME.

TABLE DES MATIERES

1842

JUIN. — Un feuilleton de M. Jars, membre de la Chambre des députés. — Les vieilles phrases et les vieux décors.—Les enseignements du théâtre. — Un nouveau cerfeuil. — Les circonstances atténuantes. — M. Jasmin. — Un peintre de portraits. — La refonte des monnaies. — M. Lerminier. — M. Ganneron. — M. Dosne. — M. l'Herbette. — M. Ingres.— M. Boilay. — M. Duvergier de Hauranne. — M. Étienne.— M. Enfantin.— M. Enouf. — M. Rossi. — Le droit de pétition. — M. l'Hérault. — M. Taschereau. — M. d'Haubersaert. — M. Bazin de Raucou. — Madame Dauriat. — Les tailleurs. — M. Flourens. — Le *Journal des Débats*, Fourier et Saint-Simon. — Pétition de M. Arago. — Le droit de visite. — Un éloge. 1

JUILLET. — Dédicace à la reine Pomaré. — Dissertation sur les tabatières. — La cuisine électorale. — *Am Rauchen*. 26

AOUT. — Mort du duc d'Orléans.—La Régence.—Le duc de Nemours et la duchesse d'Orléans.—M. Guizot.—Un curé de trop.—Humbles remontrances à monseigneur Blancart de Bailleul.—Un violon de *Stra*, dit *Varius*.—Fragilité des douleurs humaines.—Sur les domestiques.—Correspondance. — M. Dormeuil. — Une foule d'autres choses. — M. Simonet. — Une Société en commandite. — Quelques annonces. — M. Trognon. M. Barbet. — M. Martin. — M. Poulle. — M. Pierrot. — M. Lebœuf. — M. Michel (de Bourges). — M. Dupont (de l'Eure). — M. Boulay (de la Meurthe). — M. Martin (du Nord), etc. — *Am Rauchen*. — *Wergiss-mein-nicht*. 54

TABLE DES MATIÈRES.

SEPTEMBRE. — La justice.—Ce qu'elle coûte.—Et pour combien nous en avons.—De quelques gargotiers faussement désignés sous d'autres noms. —Un directeur des postes.—Un gendarme et un voyageur.—Sur les chiens enragés. — La Régence. — Le duc de Nemours. — La Chambre des pairs. — M. Thiers. — M. de Lamartine. — Crime d'un carré de papier. — La Tour de François 1er et le *Journal du Commerce.*—Une montagne. 79

OCTOBRE. 105

NOVEMBRE. — Les inondés d'Étretat, d'Yport et de Vaucotte. — Le roi Louis-Philippe et M. Poultier, de l'Opéra.—Un philosophe moderne. — Les femmes et les lapins. — *Une mesure inqualifiable.* — M. Lestiboudois. — M. de Saint-Aignan. — Un dictionnaire. — Le véritable sens de plusieurs mots. — A. et B. 157

DÉCEMBRE. — Économie de bouts de chandelles. — Les alinéa. — Une lettre de faire part.—Qui est le mort ?—Le *Télémaque* et M. Victor Hugo. — Le procès Hourdequin. — M. Froidefond de Farge. — Un poëte. — Les philanthropes et les prisonniers de Loos.—M. Dumas, M. Jadin, et Milord. — Une lettre de M. Gannal. — M. Gannal et la gélatine.— Une récompense. — Le privilége de M. Ancelot. — Amours. — Les chemins de fer. — L'auteur des GUÊPES excommunié. — Un Dieu-mercier. — Ciel dudit. — Un marchand de nouveautés donne la croix d'honneur à son enseigne. — Le chantage. — Histoire d'une innocente. — Histoire d'une femme du monde et d'un cocher. — Dictionnaire français-français. —Suite de la lettre *B.* 169

1843

JANVIER. 201

FÉVRIER. 224

MARS.—Le vendredi 13 janvier.—A monseigneur l'archevêque de Paris, pour les besoins de l'Église. — La grande politique et la petite politique. — Chandelle et lumière. — M. Lehoc. — Le dieu Cheneau. — Les *Guêpes* refroudroyées. — Messieurs les savants et mesdames leurs inventions.—M. de Lamartine et les journaux.—Sur quelques décorations. —Chiromancie.—Catholique.—M. Jouy.—Ciguë.— Confiscation. . 230

AVRIL. — A M. Arago (François). — Le dieu Cheneau. — M. de Balzac. — Quirinus. — Un mot. — Une ordonnance du ministre de la guerre.— A M. le rédacteur en chef du journal l'*Univers religieux.* . . . 248

MAI. — Exécution de Besson. — Un rouleau d'or sauvé. — Invitation à déjeuner noblement refusée. — La Trappe. — Saint Philippe et saint Jacques. — Une idée érotique du préfet de police. — Discours de l'archevêque de Paris et réponse du roi. — Le peuple et les badauds. — M. Pasquier et M. Seguier. — D'un voleur qui voit la mauvaise société. — Une profession nouvelle. — Un député aimable. — M. Arago a rompu avec les comètes. — L'enquête de la Chambre sur les élections de Langres, d'Embrun et de Carpentras. — Le député de Langres et le député de Saint-Pons. 262

JUIN. — Le déluge. — On demande une famille honnête. — Suppression du mois de mai — La rançon du mois de mai. — *Plus de mal de mer!* — Opinion de madame Ancelot sur une pièce de madame Ancelot. — Les douaniers de M. Gréterin. — Utilité de la langue latine pour une profession. — M. le préfet de police faisant de la popularité. — La liste civile. — Les hommes du pouvoir et le peuple. — Le jury. — Les circonstances atténuantes. — Le bagne. — Brest. — Le duc d'Aumale. — Noble impartialité des journaux. — De la liberté des cultes en France. — M. Fould. 281

JUILLET. — La rançon acceptée. — Une nouvelle fleur. — Suppression de l'homme. — Les défenseurs de la veuve et de l'orphelin. — Jugement de Salomon. — Une conspiration. — Le *Napoléon*. — Les anciens et les modernes. — MM. Ponsard, Hugo, Dumas, etc. — *Lucrèce*. — M. Odilon Barrot. — Les oiseaux sinistres. — M. Villemain. — Honneurs clandestins. — Trouville. — Une annonce. — Les circonstances atténuantes. — Le dieu Cheneau. — Une invitation. 297

FIN DE LA TABLE DU QUATRIÈME VOLUME.

www.ingramcontent.com/pod-product-compliance
Lightning Source LLC
Chambersburg PA
CBHW060411170426
43199CB00013B/2089